汽车市场营销

主　编　刘雅杰　李　磊
　　　　　刘　丹
副主编　冯华亚　修玲玲
　　　　　郭大民

北京理工大学出版社
BEIJING INSTITUTE OF TECHNOLOGY PRESS

图书在版编目（CIP）数据

汽车市场营销 / 刘雅杰，李磊，刘丹主编. －－北京：
北京理工大学出版社，2021. 11
　　ISBN　978－7－5763－0646－0

Ⅰ. ①汽… Ⅱ. ①刘… ②李… ③刘… Ⅲ. ①汽车 －
市场营销学 － 高等职业教育 － 教材 Ⅳ. ①F766

中国版本图书馆 CIP 数据核字（2021）第 223602 号

出版发行 / 北京理工大学出版社有限责任公司
社　　　址 / 北京市海淀区中关村南大街 5 号
邮　　　编 / 100081
电　　　话 / （010）68914775（总编室）
　　　　　　　（010）82562903（教材售后服务热线）
　　　　　　　（010）68944723（其他图书服务热线）
网　　　址 / http：//www. bitpress. com. cn
经　　　销 / 全国各地新华书店
印　　　刷 / 三河市天利华印刷装订有限公司
开　　　本 / 787 毫米 × 1092 毫米　1/16
印　　　张 / 20
字　　　数 / 455 千字
版　　　次 / 2021 年 11 月第 1 版　2021 年 11 月第 1 次印刷
定　　　价 / 89.00 元

责任编辑 / 申玉琴
文案编辑 / 申玉琴
责任校对 / 刘亚男
责任印制 / 李志强

前 言

随着中国经济的快速增长和居民收入的迅速提高，中国汽车市场从 2000 年开始进入了快速发展时期。2009 年，我国汽车产销量已分别为 1 367 万辆和 1 364 万辆，就新车产销而言超过美国成为世界第一。2017 年，我国汽车产销量分别达到 2 901.5 万辆和 2 887.9 万辆的历史峰值。之后，汽车产销量呈现出小幅下滑的趋势，2020 年，产销量分别为 2 522.5 万辆和 2 531.1 万辆。这表明，我国的汽车产业已从成长期逐步迈入成熟期，市场增速放缓。在这种背景下，汽车市场更需要汽车营销方面理论知识扎实、实践技能熟练的专业人才。

本书对传统的市场营销知识进行了整合，推出了汽车市场营销的核心理论和方法，内容涵盖汽车营销概论、汽车营销战略与营销管理、汽车营销环境分析、汽车市场购买行为分析、汽车市场调研与需求预测、汽车目标市场营销策略、汽车产品策略、汽车定价策略、汽车分销策略、汽车促销策略共十个任务。本书采用模块化结构，任务引领，强调学生的主体作用与自适应学习。在任务实施中，强调学生应对未来岗位基本技能的培养，引导学生在边学边做的过程中有效学习。本书在编写过程中注重结合我国汽车市场的发展现状，尽力反映我国汽车市场的未来趋势，充分理解高职高专学生的学习特点，力求做到理论表述清晰简洁，实操任务有章可循。本书可作为高等院校汽车技术服务与营销专业、汽车维修专业的课程教材，也可作为汽车营销专业人员的培训教材与参考书。

本书由辽宁省交通高等专科学校的刘雅杰、李磊，鞍山师范学院的刘丹任主编；辽宁省交通高等专科学校的冯华亚、修玲玲、郭大民任副主编。本书的编写是在北京理工大学出版社有关领导和编辑的精心策划和认真指导下完成的，并得到了同事和汽车营销同行的大力支持，在此一并感谢。同时，本书参考和引用了大量的文献资料和网站信息，限于篇幅，没有一一标注，向相关作者和单位表示感谢！

鉴于编者水平和拥有的信息有限，书中难免有不妥或遗漏之处，敬请广大读者批评指正。

目 录

任务 1
汽车营销概论

在现代社会经济条件下，几乎所有的经济现象和经济活动都与市场有关。那么"市场"该具有怎样的含义呢？"汽车市场"又是怎样一个概念呢？

任务要求

1. 掌握市场、汽车市场、市场营销、汽车市场营销及相关概念。
2. 掌握市场营销观念的演进过程。
3. 了解中国汽车工业和汽车市场的发展过程。

总学时：4

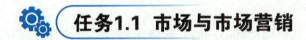

任务1.1 市场与市场营销

建议学时：2 学时

任务下达

市场营销就是卖东西吗？汽车营销就是卖汽车的？桐桐觉得应该不会这么简单，因为桐桐很早就听说过，市场营销是一个学科，市场营销也是职场中收入很丰厚的一个岗位。桐桐决定从今天开始系统地学习汽车营销理论。

1.1.1 市场及汽车市场的概念

1. 市场的概念

最早，市场这一术语特指买主和卖主聚集在一起进行交换的场所，如村庄的广场。经济学家将市场表述为某种特定商品交易双方的集合，如股票市场、粮食市场等。而从市场营销的角度来看，卖者构成行业，而买者才构成市场。在市场营销中，市场是指某种产品的实际购买者和潜在购买者的集合。这些购买者都具有某种欲望或需要，并且能够通过交换得到满足。

市场包含有三个主要因素：有某种需要的人、能满足这种需要的购买能力和购买欲望，即市场 = 人口 + 购买力 + 购买欲望。市场的这三个因素是相互影响、缺一不可的，只有三者结合才能构成现实的市场，才能决定市场的规模。只有人口多，购买力高，才能成为一个有潜力的大市场。例如，跨国公司在中国大量投资生产的重要原因之一，就是随着中国消费者购买力的提高，中国已成为世界上最有潜力的市场之一。但是，如果产品不符合需要，对销售者来说，仍然不能成为现实的市场。

市场可以根据不同的标准，划分多种类型。按照地理位置来分，可以分为国内市场和国外市场。按照流通环节来分，可以分为批发市场和零售市场。按照经营对象来分，可以分为商品市场、劳务市场、技术市场、金融市场、信息市场等。按照商品用途来分，可以分为消费品市场和工业品市场。按照产品或者服务供给方的状况，可以分为完全竞争市

场、完全垄断市场、垄断竞争市场和寡头垄断市场。按照消费客体的性质不同，可以分为有形产品市场和无形产品市场。按照消费主体的身份及其购买目的不同，可以分为消费者市场、生产者市场、中间商市场、政府市场、国际市场。

2. 汽车市场的概念

汽车市场是将汽车作为商品进行交换的场所，是汽车的买方、卖方和中间商组成的一个有机的整体。作为汽车营销者，通常将汽车市场理解为现实的和潜在的具有汽车及相关商品购买能力的总需求。

1.1.2　汽车市场营销的概念

1. 市场营销的概念

市场营销是由英文单词"Marketing"转译而来。关于其具体解释和定义有多种说法，美国西北大学教授菲利普·科特勒认为，市场营销是个人和集体通过创造并同别人进行交换产品和价值，以获得其所需所欲之物的一种社会过程。具体可以表达为：营销产生于人们的需要和欲望，需要和欲望是要由产品来满足的；营销者面对市场开展营销活动实质上就是使潜在的交换成为现实而进行的一系列活动；为了使这些活动有效，营销者必须对其进行管理。市场营销往往是指卖方的行为活动，这里的卖方，可以是生产者，也可以是营销企业，也可以是营销中介。

2. 市场营销的核心概念

（1）需要、欲望和需求

人们有各种需要、欲望和需求，市场营销学是从需要、欲望和需求开始研究的。

①需要（Needs）。人的需要指人们因为某种欠缺没有得到满足时的心理感觉状态。如人们为了生存，需要满足食物、衣服、房屋等生理需要及安全、归属感、尊重、自我实现等心理需要。需要是抽象的概念，它们存在于人类自身和所处的社会环境，不表现为某一具体满足物。因此，市场营销者不能创造这种需要，而只能适应它。

②欲望（Wants）。欲望是指想得到某些基本需要的具体满足物或方式的愿望。不同背景下的消费者欲望有所不同，比如中国人饿了想吃大米饭，美国人则想要一个汉堡。人的欲望受诸多因素影响，如职业、团体、家庭、教会、商业公司等影响。因而，欲望会随着社会条件的变化而变化。市场营销者能够影响消费者的欲望，如建议消费者购买某种产品。

③需求（Demands）。需求是指具有支付能力并且愿意购买某种物品的欲望。当人们具有购买能力时，欲望才能转化为需求。许多人都想要一辆宝马轿车，但只有极少数人能够并愿意买一辆。因此，市场营销者不仅要了解有多少消费者欲求其产品，还要了解他们是否有能力购买。

需要、欲望和需求是市场营销思想的出发点，也是市场交换活动的基本动因。理解人类的需要、欲望和需求的区别与联系，必须掌握以下几个要点：

①对需要、欲望和需求要加以必要的区分。人类为了生存和发展，需要各类食品、衣服、住所及精神产品。由于消费者所处的地理条件等社会环境不同，所接受的文化教育、

具有重要意义的概念，如营销观念（John McKitterick，1957），4P 理论（E. Jerome MeCarthy，1960），品牌形象（Burleigh Gardner and Sidney Levy，1055），营销管理（Philip Kotler，1967）以及营销近视（Theodore Levitt，1960）等。

②广泛吸收其他学科（包括自然科学和社会科学）的概念、原理，使理论体系更加充实，并注重营销决策研究和定量研究。

③营销理论的阐述更加准确，倡导营销活动必须适应消费者需求的变化，强调目标营销、营销信息和营销系统的重要作用。

④营销学从原来的总论性研究转变为区别不同研究对象的具体性研究，分化出许多子学科，譬如服务营销、全球营销及非营利组织营销等。

⑤营销学开始强调企业营销活动所关联的社会责任、社会义务和商业道德，强调借助营销学原理和方法来增进社会福祉，提升生活质量和发展社会公益。

（4）重构阶段：20 世纪 80 年代

1980 年以来，营销环境发生了巨大的变化，例如，和平与发展成为世界主题，经济全球化的趋势愈加明显，知识经济迅速发展，现代科学技术日新月异等，这些变化促进了营销学的分支科学——全球营销学的理论化、系统化，使营销学理论在国际范围内迅速传播，广为采纳，并促进了营销学的分化和重构。

进入 21 世纪以来，全球科技创新进入空前密集活跃的时期，新一轮科技革命和产业变革正在重构全球创新版图、重塑全球经济结构，以人工智能、量子信息、移动通信、物联网、区块链为代表的新一代信息技术加速突破应用，以合成生物学、基因编辑、脑科学、再生医学等为代表的生命科学领域孕育新的变革，融合机器人、数字化、新材料的先进制造技术正在加速推进制造业向智能化、服务化、绿色化转型，以清洁高效可持续为目标的能源技术加速发展将引发全球能源变革，空间和海洋技术正在拓展人类生存发展新疆域。科学和文明的发展给营销领域带来了更为复杂的概念和方法，营销学术界也日益重视高新技术、文化等对营销的影响和渗透。专门化研究的发展，使得数据库营销、口碑营销、体验营销、云营销、大数据营销、社交媒体营销等新的营销理论不断涌现和发展，极大地丰富了营销学的理论内容。

4. 汽车营销的概念

汽车营销就是汽车企业为了更好地更大限度地满足市场需求，达到企业经营目标而进行的一系列活动。其基本任务有两个：一是寻找市场需求；二是实施一系列更好地满足市场需求的活动。

在汽车营销产生的较长的时间内，很多人都认为汽车营销主要是指汽车推销。其实，汽车营销早已不是汽车推销的同义语了，汽车营销最主要的不是推销，推销只是营销的一个职能。汽车营销研究的对象和主要内容是识别目前未满足的需求和欲望，估量和确定需求量的大小，选择和决定企业能最好地为之服务的目标市场，并且决定适当的产品、劳务和计划（或方案），以便为目标市场服务。这就是说，汽车营销主要是汽车企业在动态市场上如何有效地管理其汽车商品的交换过程和交换关系，以提高经营效果，实现企业目标。或者换句话说，汽车营销的目的，就在于了解消费者的需要，按照消费者的需要来设计和生产适销对路的产品，同时选择销售渠道，做好定价、促销等工作，从而使这些产品可以轻而易举地销售出去。汽车营销活动应从顾客开始，而不是从生产过程开始。应由市

场营销部门（而不是由生产部门）决定将要生产什么汽车产品，产品开发、设计、包装的策略，定价、赊销及收账的政策，产品的销售地点以及如何做广告和如何推销等问题。

　　汽车营销是一门经济学方面的、具有综合性和边缘性特点的应用学科，是一门将汽车与市场营销结合起来的"软科学"。其研究对象是汽车企业的市场营销活动和营销管理，即如何在最适当的时间和地点，以最合理的价格和最灵活的方式，把适销对路的汽车产品送到顾客手中。

任务1.2 市场营销观念的发展

建议学时：1 学时

任务下达

通过上一个任务的学习，桐桐明白了市场营销的定义，企业的营销活动一定要满足消费者的需求。但是，桐桐也听说过 T 型车的案例，福特汽车创始人曾声称"不管顾客需要什么颜色的车，我的汽车都是黑色的"，这又是怎么一回事呢？

汽车营销观念代表的是汽车企业经营决策者对于汽车市场的根本态度和看法，是指导企业开展或决定一切经营活动的出发点，因此，汽车营销观念的正确与否直接影响汽车企业的兴衰。同样都是围绕消费者展开的营销活动，但是由于营销者对如何平衡企业自身利益、社会利益以及消费者利益的认识不同、倾向不同，导致产生出不同的营销思想和营销观念。这些营销观念基本可以总结为 5 种营销观念：生产观念、产品观念、推销观念、市场营销观念、社会营销观念。

1.2.1 生产观念

生产观念是最早的营销思想，认为顾客会接受任何能买到、且买得起的产品。生产观念在两种情况下仍然适用：其一，供不应求时，企业应该采取各种手段提高产量；其二，生产成本太高，且需要提高生产效率降低成本时。这种观念的重心在于大量生产，降低成本，提高生产和渠道的效率，解决供不应求或买不起的问题，消费者的个性化需求与欲望并不被重视。例如，亨利·福特（Henry Ford）的整个营销理念就是完善 T 型汽车的生产，降低成本，使更多的人能够买得起这种汽车。他曾说："不管顾客想要什么颜色的福特车，我只提供黑色的。"

1.2.2 产品观念

当产品供不应求的现象得到缓解，生产观念逐渐落后时，产品观念应运而生。产品观念的基本假设是：顾客喜欢质量最好、功能最强的产品。因此，企业应该致力于制造质量优良的产品，并经常不断地加以改进提高。如果说生产观念是注重以量取胜的话，那么产品观念则表现为以质取胜。与生产观念相似，产品观念也忽视了市场状况和消费者的需求与愿望。因此，这种营销理念也必然会被新的观念替代。

1.2.3 推销观念

推销观念又被称为销售观念，它产生于 20 世纪 20 年代末。由于西方社会的生产力水平大幅度提高，社会产品数量日益丰富，而消费水平并没有相应提高，导致商品日益滞销积压，"卖方市场"逐渐转变为"买方市场"。此时，企业所面临的首要任务已不再是如

何扩大生产规模和提高生产能力，而是如何推销它们的产品，因此，各企业开始改进销售制度，通过提高销售技巧来争取顾客。企业纷纷设立专门的推销机构，增加推销人员，大力进行广告宣传，逐步形成以商品推销为中心的推销观念。

推销观念的基本假设是：消费者一般不会根据主观需求去选购产品，只有通过推销才能诱导其产生购买商品的行为。这种观念在"非寻求商品"的生产厂商中尤为盛行。所谓非寻求商品是指在正常情况下，顾客不想购买的商品，例如百科全书和保险。这种观念可以概括为"生产什么，就努力推销什么，顾客就购买什么"。

如今仍然有很多生产能力过剩的厂商采取推销观念作为其营销理念，它们的目标是销售出制造的产品而非市场需要的产品。由于这种观念强调销售的交易而非与顾客建立长期的互惠关系，所以营销活动具有很大的风险。这种观念假设被诱导的顾客喜欢这种产品，即使不喜欢也会很快忘记，还会重复购买。显然，这种假设是错误的。

与生产观念及产品观念相比，推销观念是企业营销工作的一大进步，它加强了企业的销售力量，促进了产品价值的实现，也促进了社会经济的发展。但是从生产者和市场的关系来看，推销观念在本质上仍然是"以产定销"的经营思想，所以它还是一种旧式的营销观念。

1.2.4 市场营销观念

20 世纪 50 年代以后，以美国为首的西方企业的市场营销观念发生了重大的转变，由传统的"以产定销"观念向"以销定产"的观念转变，由此进入了市场营销观念阶段。第二次世界大战后，一方面，由于资本主义经济的迅速恢复和发展，以及科学技术在生产领域的广泛应用，企业的生产效率不断提高，产品的市场供给量大幅增加，市场竞争更加激烈；另一方面，由于经济的繁荣，消费者有更多的收入用于选择消费，使得消费要求更为苛刻。面对这些情况，许多企业家认识到，传统的营销观念已经不能适应新的经济环境，仅靠推销并不能从根本上解决供过于求的矛盾，而必须将消费者的需求放在首位，主动去了解和认识消费者的现实需求和潜在需求，由此来决定自己的产品生产。

比较推销观念与营销观念，我们可以发现两者的过程刚好相反。前者是由内向外进行的，它起始于生产，强调企业当前的产品，进行大量的推销和促销以便获利，追求短期利益。与此相反，营销观念是由外向内进行的，它起始于明确定义的市场，强调顾客的需求，按照顾客的价值和满意状况建立与顾客长期的互惠关系并由此获利。福特公司的某位经理曾经说过这样一句话："如果我们不是以顾客为导向的，那我们生产的轿车也不可能令顾客满意。"

营销观念由以生产者为中心向以消费者为中心的观念转变，是企业经营思想的一次重要变革，对现代企业和世界经济的发展产生了深刻的影响。可以说，营销观念的核心内容在于正确确定目标市场的需要和欲望，并比竞争者更有效地满足顾客的需要和欲望。

1.2.5　社会营销观念

近年来，由于环境污染、资源短缺、人口迅速膨胀、世界范围的经济问题，以及被忽视的社会服务等一系列问题的凸显，人们开始怀疑市场营销观念是否仍然适宜。因此，一些有远见的企业家和市场营销专家提出了社会营销观念。他们认为：企业生产产品或提供服务时，不仅要满足消费者的需求和欲望，还必须符合消费者的利益和社会公众的长远利益，必须以维护全社会的公共利益作为企业经营的根本责任。按照社会营销的观念，市场营销观念忽视了顾客短期需要和长期福利之间的冲突。社会营销观念要求营销在企业利润、顾客需求和社会福利三方面进行平衡，对于有害于社会或有害于消费者的需求，不仅不应该满足，还应该进行抑制性的反营销。

众多研究表明，相较于一般企业，消费者更青睐有社会责任意识的企业的产品或服务。目前，90% 以上世界 500 强企业都会定期履行社会责任，发布相关信息或报告。企业社会责任（Corporate Social Responsibility）是指企业在创造利润、对股东和员工承担法律责任的同时，还要承担对消费者、社区和环境的责任。企业的社会责任要求企业必须超越把利润作为唯一目标的传统理念，强调在生产过程中对人的价值的关注，强调对环境、消费者、社会的贡献，促使企业管理人员越来越关注企业社会责任的主要因素有：①在全球化和产业变革的环境下，消费者、公共权力机构和投资者的关注和预期。②日益影响个人和机构投资决策的社会准则。③经济和商业行为对环境的破坏日益受到关注。④由网站、社交媒体、手机 App、在线视频、智能手机、平板电脑、互联网电视等现代信息传播技术带来的商业活动的日益透明化。

绿色营销问题是全球范围内跨国界经营的又一新的热点问题。1987 年联合国环境与发展委员会发表了《我们共同的未来》宣言，促使"绿色营销"观点萌芽，1992 年联合国环境与发展大会通过《21 世纪议程》，强调"要不断改变现行政策，实行生态与经济的协调发展"，为绿色营销理论的形成奠定了基础。

绿色营销要求企业在开展营销活动的同时，努力消除和减少生产经营对生态环境的破坏和影响，具体来讲，企业在选择生产技术、生产原料、制造程序时，应符合环境保护标准；在产品设计和包装装潢设计时，应尽量减少产品包装或产品使用的剩余物，以降低对环境的不利影响；在分销和促销过程中，应积极引导消费者在产品消费使用、废弃物处置等方面尽量减少环境污染；在产品售前、售中、售后服务中，应注意节省资源、减少污染。可见，绿色营销的实质，就是强调企业在进行营销管理活动时，要努力把经济效益与环境效益结合起来，尽量保持人与环境的和谐，不断改善人类的生存环境。

习近平同志在纪念马克思诞辰 200 周年大会上的讲话中指出，"学习马克思，就要学习和实践马克思主义关于人与自然关系的思想"，"坚持人与自然和谐共生，牢固树立和切实践行绿水青山就是金山银山的理念"。这一重要论述对于我们正确认识和理解绿色营销具有重要的指导意义。

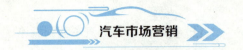

任务1.3 我国汽车工业与汽车市场的发展

建议学时：1学时

任务下达

桐桐知道，我国汽车工业起步较晚，但我国的汽车产业已经连续多年产销量第一。不过一些具体的时间点上所发生的事件，桐桐不是很清楚。而且，近几年互联网等新技术的发展，加速了汽车产业的革新。桐桐决定通过学习，尽快了解我国汽车产业的过去、现在和未来。

1.3.1 中国汽车工业的发展历程

我国的汽车工业是在新中国诞生后的几十年内逐步发展起来的。1949年以来，中央就开始了发展我国汽车工业的筹划工作。从1953年兴建第一汽车制造厂开始，发展到今天，我国汽车工业的发展总体上经历了三个阶段。

1. 第一阶段（1953—1978年）是我国汽车工业的基本建设阶段

这个阶段，我国汽车工业在高度集中的计划经济体制下运行。由于经济薄弱，国家采取了集中力量重点建设的方式，先后建成了一汽和二汽等主机厂及一批汽车零部件厂，为我国汽车工业的发展奠定了基础。当时的汽车产品主要是重型载货汽车，全部由国家计划生产、计划销售。由于缺乏竞争机制和其他种种原因的影响，在长达30年的时间内，我国汽车工业的发展一直比较缓慢。这个阶段，我国汽车工业的发展大体上可分为两个历史时期。

（1）1953—1967年，我国汽车工业的初创时期

（2）1968—1978年，我国汽车工业自主建设时期

2. 第二个阶段（1979—2001年）是我国汽车工业的结构调整阶段

这个阶段也可以分为两个历史时期。

（1）1979—1993年，我国汽车产量获得极大增长

在这一时期内，随着国家经济体制改革的不断深入，计划经济模式被逐步打破，市场配置资源的作用被加强，竞争被强化。我国汽车工业开始走出自我封闭的发展模式，开始与国际汽车工业合作，汽车产品结构也由单一的中型货车变为中型货车与重、轻、微型货车以及乘用汽车多品种同时发展，基本上改变了"缺重、少轻"的产品面貌，整个汽车工业在产品品种上有了明显进步。

同时，汽车工业受市场需求的巨大拉动，在中央和地方的积极推动下，一批地方性和行业性的汽车企业应运而生，汽车生产能力获得了快速增长，汽车产量迅速增加。1978—1993年，汽车生产以平均15.4%的速度增长；1992年，汽车年产销售量首次突破100万辆大关，我国首次成为世界汽车生产排名前十名的国家。

在这个历史时期，我国汽车产业在产量和产品品种方面获得巨大发展，同时也产生了

投资散乱、生产集中度不高等问题，汽车产业在产品质量、企业综合素质和市场竞争实力等方面的能力没有明显提高。

（2）1994—2001 年，我国汽车产业结构获得极大调整

这个时期，我国宏观经济持续实施"软着陆"的调控政策，即转变经济的增长方式，全面开展市场经济建设，国民经济逐步实现"两个转变"，即国家经济体制由计划经济体制向市场经济体制转变，企业经营从粗放经营向集约化经营转变。

3．第三阶段（2002 年至今），是我国汽车工业与国际接轨的阶段

在这个阶段，中国经济开始全面参与国际经济大循环。至 2006 年，中国的汽车进口管理完全达到 WTO 规定的发展中国家的平均水平，开放了汽车市场，我国汽车工业开始全面面临国际竞争与合作。这个阶段，我国汽车产业发展具有以下主要特点：①汽车产销规模实现快速增长；②汽车产品结构发生重大变化；③汽车产品质量得到极大提高；④企业综合素质得到全面提升，汽车工业成功经受住了入世考验。

1.3.2 中国汽车市场的发展

1. 中国汽车市场的形成过程

我国汽车市场的形成过程大体可以分为三个阶段。

（1）孕育阶段

从 1978 年宏观经济体制开始转轨，到 1984 年城市经济体制改革着手实施，是我国汽车市场的孕育阶段。从这一阶段汽车产品的流通看，严格的计划控制出现局部松动，但仍具有较浓厚的计划色彩。

（2）诞生阶段

1985 年以后，市场机制在汽车产品流通中的作用日益扩大，并逐步替代了传统的计划流通体制，汽车流通的双轨制向以市场为主的单轨制靠拢，市场机制开始成为汽车产品流通的主要机制。这一阶段的特点是正面触及旧体制的根基，即计划分配体制，大步骤缩小指令性计划，大面积、深层次地引入市场机制，为形成汽车市场创造了条件。1988 年，国家指令性计划只占当年国产汽车产销量的 20%，1993 年进一步下降到 7%，并已在上海、天津建立了全国性的汽车交易市场和零部件市场，在全国还建立了不少汽车自选市场、展销市场等有形市场。

（3）市场主体多元化成长阶段

这一阶段开始于 1994 年。在此阶段，起决定作用的是市场机制，在这一阶段，汽车销售部门形成大、中、小并行，厂家、物资部门、汽车工业销售系统和汽车交易市场并举，形成国有、集体、个人等多种所有制形式并存的格局。汽车销售方式以代理制、有形市场和"四位一体"的专卖店为主。同时汽车消费贷款、租赁、汽车超市、互联网销售方式逐渐扩大。这时的汽车市场基本上是买方市场，经销商的服务意识逐步增强。

2. 中国汽车市场的特点

我国汽车市场经过几十年的发展，特别是 20 世纪末至今这 20 年的时间里，已经有了翻天覆地的变化，并取得了巨大的成就。2009 年，我国汽车产销量超过美国，成为世界第

一大汽车生产国和消费国，这是我国汽车产业的历史性成就。目前，我国汽车市场的特点主要表现在 8 个方面。

（1）市场容量大，发展迅速

近年来，我国汽车工业增长速度之快、发展势头之猛，令世人惊叹，汽车工业在我国是非常大的工业门类，整个汽车工业占国民经济的比重达到了 3% 左右。汽车产销量的增长，对国民经济的影响非常明显。

（2）产业集中度逐步提高

随着中国汽车市场的逐渐成熟，产业集中度也逐步提高，几大汽车企业在整个市场中所占的比例也越来越高。如一汽、上汽、东风、北汽、广汽、长安等大型汽车集团，对中国汽车市场的发展起着举足轻重的作用。产业集中度的提高，对于提高我国汽车行业整体水平，特别是技术开发水平和品牌服务水平效果显著。

（3）自主品牌实力进一步增强

随着国家创新步伐的日益加快和对自主品牌的扶持力度的增加，自主品牌汽车在激烈的市场竞争中表现出强劲的增长势头。自主品牌汽车的销售量有了巨大增长，自主品牌的产品线不断丰富，市场份额也有了很大提升，在数量上，已经能够与合资品牌抗衡。

（4）汽车后市场发展迅速

伴随着汽车产销量的增加，汽车后市场发展迅速，增速甚至远远超过了汽车产销量的增速。如汽车金融服务（汽车保险、信贷、租赁）、汽车维修保养、汽车装潢美容、二手车市场、汽车资讯服务（汽车杂志、网站、电视节目）、汽车文化（汽车赛事、汽车俱乐部）等走入了人们的生活，令汽车日益成为人们日常生活中不可或缺的一部分。

（5）车用能源、交通、环保和汽车市场快速发展之间的矛盾比较突出

新能源汽车现在的销售对象主要是出租车、公交车等车辆，由于技术、价格、使用便利性等因素，私人购买新能源车的数量还很少，随着汽车产销量和保有量的迅速增加，环保与道路交通等问题日益突出，国家越来越重视汽车的环保性能，鼓励群众购买小排量、新能源汽车。

（6）销售渠道向二三线城市转移

大中城市私家车趋于饱和，车市销售重心下沉已成为大势所趋。相关统计数据显示，许多二三线城市的汽车市场增长率已超过 30%。在二三线城市不断显露的巨大消费潜力面前，接踵而来的大城市治堵政策无疑起到了助推的作用，向来都把重心放在一线城市的合资车企不得不加大对二三线城市市场渠道的扩展力度。甚至宝马、奔驰等豪华品牌企业，也纷纷表示将转战二三线城市市场。

（7）市场环境和市场秩序逐步规范

随着社会整体市场体系的健全和规范，有关汽车市场方面的法律、法规也日趋完善，汽车尾气排放标准和汽车认证制度的制定，汽车召回制度的建立，汽车市场的环境和秩序逐步规范，将推动汽车的进一步发展。

（8）汽车交易和消费行为趋于理性化

汽车消费结构以私车消费为主，汽车交易和消费行为趋于理性化。一方面，汽车生产和销售企业越来越关注消费者的需求，并满足消费者的需求；另一方面，消费者的心理也日渐成熟，在购买时能做出理智的分析和选择，冷静地对待购买、使用和消费环节，最大

化地满足自己的需求。

3. 当前汽车营销存在的主要问题

（1）4S 店销售模式前景堪忧

集销售、零配件、服务、信息反馈于一体的 4S 店是目前汽车厂家积极推行的主要营销模式。近些年，4S 店在全国如雨后春笋般出现，不过，4S 店的维修和服务费用较高，导致 4S 店的运营成本也较高，如果经营利润不能支撑 4S 店庞大的费用时，从形式到内容就都难免落空。4S 店在我国已呈现出弊端，缺乏话语权，少有自身的品牌形象，专业的人才队伍素质不高。

（2）品牌定位不明确

对于消费者来说，汽车不仅是一个代步工具，更是一种生活方式，是身份和品位的体现。这要求汽车厂家对于自身汽车品牌有明确的品牌定位和清晰准确的品牌战略。当今的市场，汽车企业多半都以做大为首要目标，而忽视品牌管理。很多汽车品牌没有抓住消费者的潜在需求来塑造品牌的形象。企业整个品牌塑造手段，仍然停留在单向介绍企业产品，很少与消费者进行更深层次的沟通。

（3）营销模式过于单一，且雷同度高

价格战是绝大多数行业发展初期的共同现象，是对市场、消费者的需求把握不准确的一种市场过渡现象。越来越热的车展现象并不能代表汽车营销的进步，相反只反映了汽车营销的苍白，营销手段仍以降价促销策略为主。如今过多的新品牌、新车型短时间里集中投放市场，让消费者看花了眼；同时厂家产品研发新车型的同质化、同类化问题越来越严重，促使厂商不得不通过降价来吸引消费者。"推新车"加"降价促销"的组合，已经成了众多经销商的主要营销手段。在初期，降价对于中国消费者有着较大的吸引力。但随着汽车市场的逐步发展及消费者消费理念的成熟，大幅度的降价已经不能再刺激现有的汽车销售市场。

（4）汽车服务意识薄弱

国内的很多汽车企业服务意识薄弱，只重视生产，而经销商又只看到眼前利益，注重销售和营业厅的建设，忽视了售后服务的投入。汽车营销服务处于简单维修产品的阶段，而且服务质量远远达不到消费者的需求。服务质量是连接经销商与用户的一架桥梁，经销商通过良好的售后服务吸引车主再次到店修车、买车已成为每个经销商的必修课。

任务 2

汽车营销战略与营销管理

越来越多的不确定性因素,使企业在分析判断发展方向和实现途径的时候面临诸多难题。为了解决这些难题,汽车企业必须进行战略管理,制定适应环境和企业自身条件的战略规划,并且在战略的执行过程中进行有效的营销管理。

任务要求

1. 掌握战略规划的内容和步骤。
2. 能够进行竞争者分析。
3. 掌握三种基本竞争战略。
4. 掌握不同地位企业的竞争战略。
5. 熟悉市场营销管理的过程。

总学时:6

任务2.1 汽车企业的战略规划

建议学时:2学时

任务下达

桐桐平时看新闻的时候,总会听到"公司战略"这个词,究竟什么是公司战略?怎样制定公司战略?今天桐桐就学习这些内容。

2.1.1 战略的概念与特征

1. 战略的概念

"企业战略"至今尚无统一的定义。菲利普·科特勒认为:当一个组织清楚其目的和目标时,它就知道今后要往何处去,问题是如何通过最好的路线到达那里。公司需要有一个达到其目标的全盘的、总的计划,这就叫作战略。一般来说,企业战略指企业以未来为主导,将其主要目标、方针、策略和行动信号构成一个协调的整体结构和总体行动方案。

2. 战略的特征

(1)全局性

企业战略是以企业的全局为对象,根据企业总体发展的需要而制定的,它规定的是企业的总体行动,追求的是企业的总体效果。

(2)长远性

企业战略既是企业谋求长远发展要求的反映,又是企业对未来较长时期内如何生存和发展的通盘考虑。虽然它的制定要以企业外部环境和内部条件的当前状况为出发点,并且对企业当前的生产经营活动有指导、限制作用,但是这一切也是为了更长远的发展,是长远发展的起步。

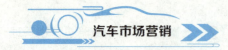

（3）抗争性

企业战略是关于企业在激烈的竞争中如何与竞争对手抗衡的行动方案，同时也是针对来自各方面的冲击、压力、威胁和困难的应对方案。企业制定战略就是为了取得优势地位，战胜对手，保证自己的生存和发展。

（4）指导性

企业战略不是仅仅规划 3～5 年的一系列数字，也不是对过去或未来预算中的数字进行合理的解释，而是透过表象研究实质性的问题，解决企业中的主要矛盾，确定企业的发展方向与基本趋势，也规定了企业具体营销活动的基调。

（5）客观性

企业战略是以未来为主导的，但不是对企业最佳愿望的表述和描绘，不是仅仅靠想象创造出来的未来世界，也不是靠领导者的信念或直觉决定的，它是在充分认识企业的营销环境，估价企业自身的经营资源及能力的基础上制定的，是既体现企业目标又切实可行的发展规划。

（6）可调性

企业战略是在环境与企业能力的平衡下制定的。但构成战略的因素在不断变化，外部环境也在不断改变，企业战略必须具备一定的弹性，做到能够在基本方向不变的情况下，对战略的局部或非根本性方面进行修改和校正，以在变化的诸因素中求得企业内部条件与环境变化的相对平衡。

（7）广泛性

企业战略不是企业中少数人的思想汇集，而应当有比较广泛的思想基础，企业战略必须被企业中的所有管理人员理解。

2.1.2 企业战略规划的制定步骤及内容

企业战略规划的制定是指这样的一种管理过程，即企业的最高管理层通过规划企业的基本任务、目标以及业务组合，使企业的资源和能力同不断变化着的营销环境之间保持着相适应的关系。制定企业的总体战略规划一般包括以下内容和步骤。

1. 认识和界定企业使命

企业使命（Mission）反映企业的目的、特征和性质。其基本组成要素包括：①企业的活动领域，一般可从产业范围、市场范围（顾客类型）及地理范围加以说明；②主要政策，旨在保持总体战略的权威性和稳定性，使整个企业在重大原则问题上步调一致；③企业的远景发展方向，以指明和揭示企业今后若干年，例如 10 年至 30 年的前景。

企业使命是组织存在的理由、角色、地位，有效的使命说明书能够激起全体员工的使命感和自豪感。它犹如一只无形的手，引导全体员工同心同德、步调一致地为实现企业的目标而努力工作。而愿景的本质就是企业要做成什么样子，是创始人对企业最终的梦想。

2. 区分战略业务单位

大多数汽车企业都有多项业务，如我国的一汽集团、东风集团、上汽集团等，均涉及较宽泛的汽车经营范围，有的汽车企业（如 FIAT 集团）不仅涉及汽车产业，还涉及钢铁、金融等产业。由于每项业务都会有自己的特点，面对的市场和经营环境各不相同，为了从战略上进行管理，企业有必要根据活动领域的业务特点，划分出若干个战略业务单位。划分战略业务单位，要注意每个战略业务单位的业务能够相对区别开来，应有各自的经营主线，现在的产品和市场与未来的产品和市场具有内在联系。因此，应按市场导向区分各战略业务单位的业务，保证各单位的业务既是明确的，又是持久的。

3. 规划投资组合

企业的最高管理层在制定业务投资组合计划的过程中，还要对各个战略业务单位的经营效益加以分析、评价，以便确定哪些单位应当发展、维持，哪些单位应该减少或淘汰。如何进行分析和评估呢？最著名的分类和评价方法有两种：一是美国波士顿咨询集团的方法；二是通用电气公司的方法。

（1）波士顿咨询集团法（BCG 法）

波士顿咨询集团（Boston Consulting Group）是美国一家著名管理咨询公司，该公司建议企业用"市场增长率—市场占有率矩阵"进行评估，简称 BCG 法，如图 2-1 所示。该方法应用及其广泛，分类评价企业现有业务单位，并由此进行战略投资分配。

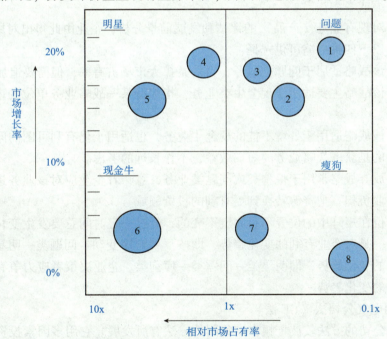

图 2-1　波士顿（BCG）矩阵

矩阵图中的纵坐标代表相对市场增长率，表示企业的各战略业务单位的相对市场增长率。假设以 10% 为界限，10% 以上为高增长，10% 以下为低增长。矩阵图中的横坐标代表相对市场占有率，表示企业各战略业务单位的市场占有率与同行业最大的竞争者（即市场上的领导者）的市场占有率之比。如果企业的战略业务单位的相对市场占有率为 0.1，这就是说，其市场占有率为同行业最大竞争者的市场占有率的 10%；如果企业的战略业务单位的相对市场占有率为 10，这就是说，企业的战略业务单位是市场上的领导者，其市场占

有率为市场上的次领导者的市场占有率的 10 倍。图中的每一个圆代表一个战略业务单位，其面积大小代表不同的业务单位的销售额大小，其位置表示各战略业务单位的相对市场增长率和相对市场占有率的变化。由此将所有战略业务单位划分为四类。

①现金牛类——低增长、高市场份额区。处于该区域的业务占有较高的市场占有率，享有规模经济、高利润的优势，市场增长率低，企业不必大量投资。

②明星类——高增长、高市场份额区。这类业务是高速增长中的市场领先者。一方面为企业提供现金收入，另一方面又必须投入大量资金来维持其市场增长率并击退竞争者的进攻。明星类业务常常可能发展为企业未来的现金牛业务。

③问题类——高增长、低市场份额区。这类业务的特征是市场需求很快，企业过去投资少，市场份额较对手小。企业必须慎重考虑自己的核心能力和产品的前途，考虑是加大投资还是放弃这类业务，从问题中摆脱出来。

④瘦狗类——低增长、低市场份额区。这类业务增长率低、市场份额低，意味着获得较少的利润，甚至亏损。低增长的市场，意味着较差的投资机会，这类产品也许已进入市场衰退期，或者企业经营不成功，不具备与竞争对手竞争的实力。如果市场占有率回升，企业有可能重新成为市场领先者，业务转化为现金牛业务。但如果盲目持续投资则得不偿失，可考虑收缩或者淘汰。

通过上面对现有业务（产品）的评估和发展前景分析，企业由此得出对原投资组合的调整，通常有以下四种战略可供选择：

①发展。该战略适用于问题类业务，目的是扩大市场占有率，但需要追加投资。

②维持。该战略主要适用于现金牛类业务，指保持某一战略业务单位的市场份额，不缩减也不扩张。

③收缩。该战略适用于处境不佳的现金牛业务，也适用于仍有利可图的问题类或瘦狗类业务。其目的是获取战略业务的短期效益，不作长远的考虑。

④放弃。放弃战略常用于瘦狗类或问题类业务，意味着企业应对该业务进行清理、撤销，以减轻企业负担，把资源转换到更有利的投资领域。

各业务单位在矩阵中的位置不是固定不变的，经过一定时间总要发生变化，这种变化有两种可能：一是对企业有利的变化趋势，即按下列顺序变动：问题类—明星类—现金牛类；二是不利的变化趋势，即明星类—问题类—瘦狗类。企业决策者应力争有利的变化趋势，避免不利的变化趋势。

（2）通用电气公司法（GE 法）

通用电气公司的方法较波士顿咨询集团的方法有所发展。它用多因素投资组合矩阵来对企业的战略业务单位加以分类和评价，如图 2-2 所示。矩阵图中圆圈代表企业的战略业务单位。圆圈大小表示各个业务单位所在行业（市场）大小，圆圈内的空白部分表示各个单位的市场占有率，如图中圆圈 A 表示战略业务单位所在行业是一个较小的行业，但其市场占有率较大（60.0%）。通用电气公司认为，企业在对其战略业务单位加以分类和评价时，除了要考虑市场增长率和市场占有率之外，还要考虑许多其他因素。这些因素可以分别包括在以下两个主要变量之内。

① 行业吸引力，包括市场大小、市场年增长率、历史利润率、竞争强度、技术要求

和由通货膨胀所引起的脆弱性、能源要求、环境影响以及社会、政治、法律的因素等。矩阵图中的纵坐标代表行业吸引力，以高、中、低表示。

② 业务实力，即战略业务单位在本行业中的竞争能力，包括市场占有率、市场增长率、产品质量、品牌信誉、商业网、促销力、生产力、生产效率、单位成本、原料供应、研究与开发成绩以及管理人员等。矩阵图中横坐标代表战略业务单位的竞争地位或竞争能力，以强、中、弱表示。如果行业吸引力大，企业的战略业务单位的业务实力又强，显然这种业务是最好的业务。

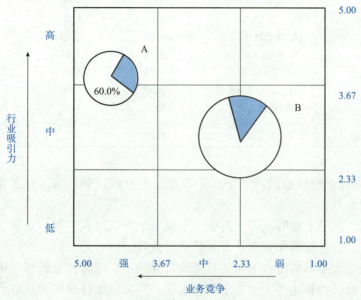

图 2 - 2　GE 矩阵

企业需要对每个要素进行评分，分值取 1 到 5 之间的整数，每个要素给出一定的权数，权数与分值的乘积为该要素的最后得分，加总后获得两个定量数值。在图 2 - 2 中，A 业务的两个变量值分别为 3.90 和 4.30，其具体的要素，相应的权数和计算如表 2 - 1 所示。

表 2 - 1　通用电器公司多因素业务组合模型（行业吸引力 - 业务实力）

	评价要素	权数	定值（1~5）	值
行业吸引力	1. 总体市场大小	0.20	4.00	0.80
	2. 市场年成长率	0.20	5.00	1.00
	3. 历史利润率	0.15	4.00	0.60
	4. 竞争密集程度	0.15	4.00	0.60
	5. 技术要求	0.15	4.00	0.60
	6. 通货膨胀	0.05	3.00	0.15
	7. 能源要求	0.05	2.00	0.10
	8. 环境影响	0.05	1.00	0.05
	9. 社会/政治/法律	必须可接受		
	合计	1.00		3.90

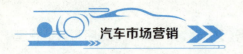
续表

评价要素		权数	定值（1~5）	值
业务实力	1. 市场份额	0.10	4.00	0.40
	2. 份额成长	0.15	4.00	0.60
	3. 产品质量	0.10	4.00	0.40
	4. 品牌知名度	0.10	5.00	0.50
	5. 分销网	0.05	4.00	0.20
	6. 促销效率	0.05	5.00	0.25
	7. 生产能力	0.05	3.00	0.15
	8. 生产效率	0.05	2.00	0.10
	9. 单位成本	0.15	3.00	0.45
	10. 物资供应	0.05	5.00	0.25
	11. 开发研究实绩	0.20	4.00	0.80
	12. 管理人员	0.05	4.00	0.20
合计		1.00		4.30

GE 矩阵根据行业吸引力的高、中、低和业务实力强、中、弱，分为九个区域，组成三种战略带。

①理想区域。由左上角的高强、高中、中强三个象限组成，其行业吸引力和业务实力都处于较高水平，应采取增加资金、发展扩大的战略。

②维持区域。从左下角至右上角的对角线贯穿的三个象限，是低强、中中、高弱这三个象限。其行业吸引力和业务实力处于中等水平，宜采取维持现状的战略。

③失望区域。由右下角的低弱、低中、中弱三个象限组成，其行业吸引力和业务实力处于较弱水平，一般企业采用收缩或放弃战略。

战略分析还有其他的方法。现在用得比较广泛的是财务分析方法，此外还有量本利分析、决策树分析等方法。我们必须认识到逻辑分析方法有一定的局限性，并非在任何条件和场合都适用，因而在实战中我们还需要运用其他的思考方法作为补充。

4. 规划成长战略

投资组合战略决定的是哪些业务单位需要发展、扩大，哪些应当收缩或放弃。企业需要建立一些新的业务，代替被淘汰的旧业务，否则就不能实现预定的利润目标。企业对现有业务进行评估分析以后，需要对未来发展、新增业务做出战略规划。首先，在现有业务范围内，寻找进一步发展的机会；然后，分析建立和从事某些与目前业务有关的新业务的可能性；最后，考虑开发与目前业务无关，但是有较强吸引力的业务。这样，就形成了三种成长战略：密集化成长战略、一体化成长战略和多角化成长战略。

（1）密集化成长战略

密集化成长战略是指企业在现有的生产领域内集中力量改进现有产品以扩大市场范围的战略。密集化成长战略的三种形式：市场渗透战略、市场开发战略和产品开发战略，如表2-2所示。

①市场渗透战略。市场渗透战略就是企业在原有产品和市场的基础上，通过改善产

品、服务等营销手段方法，逐步扩大销售，以占领更大的市场份额的战略。市场渗透的基本方法有：通过增加产品新的用途、在某些地区增设商业网点、借助多渠道将同一产品送达同一市场等方式增加顾客的购买量；通过创名牌、提高品牌知名度、树立良好企业形象等方式，吸引购买竞争者产品的顾客转而购买本企业的产品；企业通过改进广告宣传、展销、赠送样品、加强推销工作等方式来刺激潜在顾客购买，也可采取短期降价等措施，在现有市场上扩大现有产品的销售。

②市场开发战略。市场开发战略是指企业将现有产品投放到新的市场以扩大市场范围的战略。这是当老产品进入成熟期和衰退期后，已经无法在原有市场上进一步渗透时所采取的战略。市场开发的方式主要有：市场面的开发，即开发新的细分市场；区域市场的开发，即努力使现有产品打入新的地区市场。

③产品开发战略。产品开发战略就是通过改进老产品或开发新产品的办法来扩大市场范围的战略。具体做法是企业可通过增加产品的花色品种、规格、型号，增加产品的新功能或新用途，向现有市场提供改进产品或新产品。

表2-2 密集化成长战略的形式

产品 市场	现有产品	新产品
现有市场	扩大化 ———————→	
	市场渗透	产品开发
新市场	↓	
	市场开发	（多角化）

（2）一体化成长战略

一体化成长战略是指企业利用自己在产品、技术、市场上的优势，向企业外部扩展的战略。这是一种利用现有能力向生产的深度和广度扩展的战略。采用这一战略有利于稳定企业的产销，从而使企业在竞争中获胜；也有利于企业扩大生产规模，提高经济效益。因而，它是那些有广阔发展前途的企业，或者是拥有名牌产品的企业，发展自身以扩大其市场占有率的一种成长战略。

根据商品从生产到销售的物资流向，形成一个从后向前的营销系统，据此，一体化成长战略可分为三种类型。

①后向一体化。生产企业通过建立、购买、联合那些原材料或初级产品的供应企业，向后控制供应商，使供应和生产一体化，实现供产结合。

②前向一体化。指生产企业通过建立、购买、联合那些使用或销售本企业产品的企业，向前控制分销系统，实现产销结合。一般来说，这是生产原材料或初级产品的企业实行深加工时采用的战略，如木材公司附设家具厂自己生产家具等。采用这一战略，有利于企业扩大生产，增加销售。

③水平一体化。指生产企业通过建立、购买、联合同行业的竞争者以扩大生产规模。

一体化成长战略在实际应用中有三条途径。第一条途径是企业利用自己的力量，在生产经营中把自己的产品扩大到前向或后向生产的产品中去。这条途径的优点是企业能够掌握扩大再生产的主动权，可以按本企业的要求发展新产品。第二条途径是兼并或购买其他

企业。采用这种途径需要企业有畅销的产品和充足的资金。第三条途径是与其他相关的企业联合，共同开发新产品和扩大营销。这条途径的最大好处是可以冲破资金和技术的限制，不用增加投资，可以在较短的时间内形成更大的生产能力，或者生产出单个企业不能完成的产品项目。

（3）多角化成长战略

多角化成长战略就是企业通过增加产品种类，跨行业生产经营多种产品和业务，扩大企业的生产范围和市场范围，使企业的特长充分发挥，使企业的人力、物力、财力等资源得到充分利用，从而扩大企业规模，提高经营效益。多角化成长战略有三种形式，如表2-3所示。

①同心多角化战略。指企业利用原有的生产技术条件，制造与原产品用途不同的新产品，如汽车制造厂生产汽车，同时也生产拖拉机、柴油机等。

②水平多角化战略。指企业生产新产品销售给原市场的顾客，以满足他们新的需求。

③跨行业多角化战略。指企业发展与现有市场、技术和产品基本无关的新产品。例如，菲亚特集团的经营范围涉及汽车、钢铁、房地产、金融等第二、三产业的很多行业，生产占意大利工业生产的一半以上。通用、福特、雷诺、丰田等汽车公司也都是跨行业多角化经营的大型跨国公司。跨行业多角化经营最大的优点在于可分散经营风险，但企业在决定跨行业经营时，应选准行业，切不可轻率地闯进陌生行业，以免失误。

表2-3 多角化成长战略的形式

多角化类型	关键因素
同心多角化	技术或特长
水平多角化	市场（渠道）
跨行业多角化	资金

运用多角化成长战略，要求企业自身具有拓展经营项目的实力和管理更大规模企业的能力，具有足够的资金支持，具备相关专业人才作为技术保证，具备关系密切的分销渠道作为后盾或拥有迅速组建分销渠道的能力，企业的知名度高，企业综合管理能力强，等等。显然，并不是所有具备一定规模的企业都拥有上述优势。

任务2.2 汽车市场营销竞争战略

建议学时：2 学时

任务下达

凭借以往对市场知识的了解，桐桐知道很多品牌是靠低成本、低价格占领市场的。然而，也有很多品牌，比如一些奢侈品牌价格高得离谱，但是市场上同样有很高的认可度和占有率。这种现象从营销理论上怎么解释呢？

2.2.1 识别竞争者

公司的竞争者的范围是很广泛的。在动态的竞争环境中，目前不起眼的对手或者有进入本行业企图的大公司，说不定就是未来强劲的竞争者。所以，公司被潜在竞争者击败的可能性往往大于现实的竞争者。公司应当从更广阔的角度来识别竞争者。

1. 竞争的四种层次

企业必须识别各种不同的竞争者，并采取不同的竞争策略。从消费需求的角度划分，企业的竞争者包括愿望竞争者、平行竞争者、产品形式竞争者和品牌竞争者 4 种。

（1）愿望竞争者

愿望竞争者指提供不同的产品以满足不同需求的竞争者。比如你是生产洗衣机的企业，那么生产电视、电冰箱等不同产品的企业就是愿望竞争者。

（2）平行竞争者

平行竞争者指能满足统一需求的各种产品的竞争者。比如你是生产轿车的企业，那么生产自行车、摩托车和电动车的企业就是平行竞争者。

（3）产品形式竞争者

产品形式竞争者指满足同一需求的产品的各种形式的竞争者。比如二厢车和三厢车的生产企业就是产品形式竞争者。

（4）品牌竞争者

品牌竞争者指满足同一需求的同种形式产品的各种品牌之间的竞争者。比如长城 H6 和比亚迪 S6 的生产企业就是品牌竞争者。

2. 竞争者分析

（1）竞争者优势与劣势分析的内容

竞争者的优势与劣势通常体现在以下几个方面：

①产品。竞争者的产品在市场上的地位、产品的适销性、产品组合的宽度与深度等。

②销售渠道。竞争者的销售渠道的广度与深度、销售渠道的效率与实力、销售渠道的服务能力等。

③市场营销。竞争者的市场营销组合的水平、市场调研与新产品的开发能力、销售队伍的培训与技术技能等。

④生产与经营。竞争者的生产规模与成本水平、设施与设备的技术先进性与灵活性、专利与专有技术、生产能力的扩展、质量控制与成本控制、区位优势、员工状况、原材料的来源与成本、纵向整合程度等。

⑤研发能力。竞争者在产品、工艺、基础研究、仿制等方面所具有的研究与开发能力、研究与开发人员的创造性、可靠性、简化能力等方面的素质与技能等。

⑥资金实力。竞争者的资金结构、筹资能力、现金流量、资信度、财务比率、财务管理能力等。

⑦组织。竞争者的组织成员价值观的一致性与目标的明确性、组织结构与企业战略的一致性、组织结构与信息传递的有效性、组织结构对环境因素变化的适应性与反应程度、组织成员的综合素质等。

⑧管理能力。竞争者的领导素质与激励能力、协调能力、决策的灵活性、适应性、前瞻性等。

（2）竞争者优势与劣势分析的基本步骤

第一步，收集每个竞争者的情报信息。主要收集有关竞争者最关键的数据，诸如销售量、市场份额、利润率、投资收益、现金流量、生产能力的利用情况、成本及综合管理能力等。

第二步，分析评价。根据已收集的信息综合分析竞争者的优势与劣势，如表2-4所示。

表2-4　竞争者优势与劣势分析

竞争者	顾客知晓度	产品质量	产品利用率	技术服务	推销人员
A	优	优	差	差	良
B	良	良	优	良	优
C	中	差	良	中	中

优劣分为四个等级，即优、良、中、差。根据四个等级来综合评估A、B、C三个竞争者的优势与劣势。

第三步，寻找标杆。即找出竞争者在管理和营销等方面较好的做法作为标准，然后加以模仿、组合和改进，并力争超过标杆者。

3. 评估竞争者的反应模式

每个竞争者对竞争的反应各不相同，这主要取决于竞争对手的战略意图及所具有的战略能力，对企业目前形势的满意度和受威胁的程度，等等。企业应了解竞争者的经营哲学、内在文化、主导信念和心理状态，预测它对各种竞争行为的反应。竞争中常见的反应类型有以下4种。

（1）从容型反应

从容型反应指对某些特定的攻击行为没有迅速反应或强烈反应。可能原因是：企业认为顾客忠诚度高，不会转移购买；认为该攻击行为不会产生大的效果；反应迟钝，缺乏做出反应所必需的条件等。

（2）选择型反应

选择型反应指只对某些类型的攻击做出反应，而对其他类型的攻击无动于衷。比如，对降价行为做出针锋相对的回击，而对竞争者增加广告费用则不做反应。了解竞争者在哪些方面做出反应有利于企业选择最为可行的攻击类型。

（3）凶狠型反应

凶狠型反应指对所有的攻击行为都做出迅速而强烈的反应。这类竞争者意在警告其他企业最好停止任何攻击。

（4）随机型反应

随机型反应指对竞争攻击的反应具有随机性，有无反应和反应强弱无法根据其以往的情况加以预测。许多小公司属于此类竞争者。

2.2.2 基本竞争战略

企业对自身所在行业及竞争对手的分析，是企业制定战略的基础。每个企业在市场竞争中相对于竞争对手都有自身的优势和劣势，要获得竞争胜利，一定要把握独特的竞争优势。迈克尔·波特提出争取竞争优势的基本竞争战略有三种：低成本战略、差异化战略和聚焦战略。

1. 低成本战略

低成本战略，是指企业通过有效途径降低成本，使企业的全部成本低于竞争对手的成本，甚至是在同行业中最低的成本，从而获取竞争优势的一种战略。要想实现低成本，一般要求取得一个比较大的市场占有份额，因此低成本和低价策略需要结合使用。实现的途径主要是改进生产制造工艺技术、设计合理的产品结构、扩大生产规模、提高劳动生产率等。低成本战略可以说是比较传统的竞争战略，但仍是现代市场营销活动中比较常见的竞争方法。采用低成本战略的企业面临很多风险。

第一个风险是经过多年积累得到的降低成本的投资与方法、制度、技术等可能因为新技术的出现而变得毫无用处。

第二个风险是实施此战略时定价往往处于成本的最低界限边缘，因此当竞争对手发动进攻时，缺少回旋余地。

第三个风险是由于过于注意降低成本，采用低成本战略的企业有时会察觉不到顾客需求的重大变化，以及竞争对手对传统上无差异、大众化产品进行的差异化努力。

第四个风险是虽然企业为客户提供了价格低廉的产品，但在产品性能或服务方面却远远落后于采用差异化战略的竞争对手。因此即使产品价格很低，客户也可能看不出产品价值所在。

2. 差异化战略

差异化战略，是指为使企业产品与竞争对手产品有明显的区别，形成与众不同的特点而采取的一种战略。与低成本战略不同，这种战略的核心是取得某种对顾客有价值的独特性。

采用差异化战略的企业可以在许多方面寻求与竞争者的差异，企业的产品或服务与竞争者相差越多，企业对竞争者的行动越有缓冲余地。产品的差异可以来源于许多途径：不

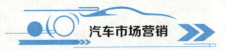

寻常的特性、尽职的顾客服务、快速的技术革新和技术领先、声望和地位、与众不同的品位、工程设计和表现，等等。

由于差异化产品满足了顾客特殊的需求，采用差异化战略的企业可以制定高价，如果差异化战略成功地实施了，它就成为在一个产业中赢得高水平收益的积极战略。差异化战略也有风险。

第一个风险是客户可能并不看重企业所创造的差异性。

第二个风险是企业产品的差异性随着时间推移而逐渐变得对客户不那么重要了。

第三个风险是企业虽然在创造明显优势方面取得成功，但成本很高，客户有可能不愿意为这种优势支付额外的费用。

第四个风险是企业可能会无法继续投资以维持其差异性优势。

3. 聚焦战略

聚焦战略，是指企业将经营范围集中于行业内某一有限的细分市场，使企业有限的资源得以充分发挥效力，在某一局部超过其他竞争对手，取得竞争优势。聚焦战略有两种变化形式：一种是着眼于在细分的目标市场上获得低成本优势，称为成本聚焦；另一种是着眼于在目标市场上获得差异化优势，称为差异化聚焦。所以聚焦战略可以看作前两种战略在市场的局部范围内的运用。

聚焦战略集中使用整个企业的力量和资源，更好地服务于某一特定的目标市场。聚焦战略也存在三个风险。

第一个风险是竞争者可能集中在更加狭窄的目标市场，使原集中者不再集中。

第二个风险是在整体产业市场中运行的企业可能认为采用聚焦战略的企业所服务的目标市场有吸引力，值得参与竞争。

第三个风险是狭窄市场中的顾客需求可能与整体市场中的顾客需求逐渐趋同，从而使聚焦战略的优势减弱或消失。

迈克尔·波特认为企业必须从这三种战略中选择一种作为其主导战略。要么把成本控制到比竞争者更低的程度；要么在企业产品和服务中形成与众不同的特色，让顾客感觉到你提供了比其他竞争者更多的价值；要么企业致力于服务于某一特定的市场细分、某一特定的产品种类或某一特定的地理范围。三种基本战略如表 2-5 所示。

表 2-5　三种基本战略之间的区别

		战略优势	
		低成本	独特性
战略目标	整个市场范围	低成本战略	差异化战略
	特定细分市场	聚焦战略	

2.2.3　竞争定位

随着汽车市场步入成熟，企业在行业中所占市场份额逐渐拉开并维持一个相对稳定的局面，不同市场份额者之间进行着持久的竞争。因此，研究市场领导者、挑战者、追随者和补缺者的竞争战略，对于掌握一般的竞争方法，具有十分重要的意义。

1. 市场领导者

市场领导者是指在相关产品的市场占有率最高的企业。一般来说，大多数行业都有一家企业被认为是市场领导者，它在价格变动、新产品开发、分销渠道的宽度和促销力量的方面处于主宰地位。这种领导者几乎各行各业都有，它们的地位是在竞争中自然形成的，但不是固定不变的。市场领导者为了维护自己的优势，保住自己的领先地位，通常可采取三种战略：扩大市场总需求；保护市场占有率；提高市场占有率。

（1）扩大市场总需求

当一种产品的市场总需求扩大时，受益最大的是处于领导地位的企业。一般说来，市场领导者可从三个方面扩大市场需求量：发现新用户；开辟新用途；增加使用量。

①发现新用户。每种产品都有吸引新用户、增加用户数量的潜力，因为有些消费者可能对某种产品还不了解，或产品定价不合理，或产品性能还有缺陷等。如香水企业可设法说服不用香水的妇女使用香水；说服男士使用香水；向其他国家推销香水。

②开辟新用途。为产品开辟新的用途，可扩大需求量并使产品经久不衰。例如，碳酸氢钠的销售在100多年间没有起色，后来一家企业发现有些消费者将该产品用作电冰箱除臭剂，于是大力宣传这一新用途，使该产品销量大增。

③增加使用量。促进用户增加使用量是扩大需求的一种重要手段。例如，宝洁公司劝告消费者在使用海飞丝香波洗发时，每次将使用量增加一倍效果更佳。

（2）保护市场占有率

市场领导者必须时刻防备竞争者的挑战，保卫自己的市场阵地。有些挑战者是很有实力的，领导者稍不注意就可能被取而代之。市场领导者如何防御竞争者的进攻呢？

①阵地防御：就是在现有阵地周围建立防线。这是一种静态的防御，是防御的基本形式，但不能作为唯一的形式，否则企业将面临危险。例如，当年亨利·福特对他的T型车的近视症就造成了严重的后果，使得年盈利10亿美元的福特公司从顶峰跌到了濒临破产的边缘。

②侧翼防御：是指市场领导者除保卫自己的阵地外，还应建立某些辅助性的基地作为防御阵地，在必要时作为反攻基地。例如，20世纪70年代，美国几大汽车公司就因没有注意侧翼防御而遭到日本小型汽车的无情进攻，失去了大片阵地。

③以攻为守：是一种"先发制人"式的防御，即在竞争者尚未进攻之前，先主动攻击它。这种战略主张，预防胜于治疗，事半功倍。具体做法是：当竞争者的市场占有率达到某一危险的高度时，就对它发动攻击；或者是对市场上的所有竞争者全面攻击，使人人自危。

④反击防御：当市场领导者遭到对手发动降价或促销攻势，或改进产品、占领市场阵地等进攻时，不能只是被动应战，应主动反攻入侵者的主要市场阵地。

⑤运动防御：不仅防御目前的阵地，而且还要扩展到新的市场阵地，作为未来防御和进攻的中心。

⑥收缩防御：当在所有市场阵地上全面防御得不偿失时，最好实行战略收缩，即放弃某些疲软的市场阵地，把力量集中到主要的市场阵地上去。

（3）提高市场占有率

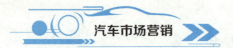
市场领导者设法提高市场占有率，也是增加收益、保持领导地位的一个重要途径。美国的一项研究表明，市场占有率是与投资收益率有关的最重要的变量之一。市场占有率越高，投资收益率也越大。市场占有率高于40%的企业的平均投资收益率相当于市场占有率低于10%者的3倍。

不过，市场领导者在提高市场占有率之前必须认真筹划，以免成本上升过快，导致市场占有率虽上升利润却下降。在现有市场上扩大市场份额，实际上意味着要向其他企业发起进攻，虽说处于市场领导地位，也须慎重，并要选择好进攻对象。

总之，市场领导者必须善于扩大市场总需求，保卫自己的市场阵地，防御挑战者的进攻，并在保证收益增加的前提下，提高市场占有率。只有这样，才能持久地保持市场领先地位。

2. 市场挑战者

市场挑战者是指那些在市场上处于次要地位（第二、第三甚至更低地位）的企业，如美国汽车市场的福特公司、软饮料市场的百事可乐公司等。挑战者的任务是增加市场份额，提高企业在行业中的地位，因此挑战者必须使用进攻性竞争策略。在发动进攻之前，挑战者必须广泛收集资料，分析竞争情况，确定进攻对象、挑战目标和选择竞争策略。

（1）确定竞争对手和目标

当市场挑战者在向竞争对手发起进攻之前，通常要确定竞争对手和目标。其进攻的对手可以是领导者，也可以是其他竞争者。挑战的目标一般是扩大市场份额。市场挑战者在选择对手和目标上，需要做一个系统的竞争分析。它必须收集、分析关于竞争者的最新信息。市场挑战者的竞争信息和分析系统必须能回答下列问题：

①竞争者是谁？
②每个竞争者的市场销售额、市场份额和财务状况如何？
③每个竞争者的战略是什么？
④每个竞争者的优势和劣势是什么？
⑤每个竞争者对环境、竞争和内部发展的反应如何？可能会有什么变化？

（2）实施攻击

在确定了对手和目标后，市场挑战者会集中自己的优势向竞争对手发起攻击，以达到自己的目标。挑战者对竞争对手的攻击主要有五种方式。

①正面进攻：是指集中攻击对手的强项而不是弱点，如在产品开发、定价、广告等方面较量。正面进攻的胜负取决于谁的力量更强。因此，若无在相应项目上优于对手的资源和能力，就不宜采取此策略。

②侧翼进攻：是指选择对手的弱点或"缺口"，以己之长攻彼之短。如进攻偏僻地区市场或某个细分市场，有时这些地区市场几乎没有竞争者的推销力量，或这些细分市场并未被竞争者明确意识到，因此是最容易取得攻击胜利的薄弱之处。

③包围进攻：是指看准敌方一块阵地后，从前后左右几条战线上同时进攻，迫其全面防守。如产品包围战，就是针对竞争者的产品，推出质量、风格、特点各异的数十种同类产品，以此淹没对手的产品，最后夺取市场。

④迂回进攻：是一种间接进攻策略。它不是进攻竞争者现有的市场或地盘，相反，对这些产品和市场采取回避态度，绕过竞争者，或是开发新产品去满足未被任何竞争者满足

的市场；或是开展多角化经营，进入与竞争者不相关的行业；或是寻找新的、未被竞争者列入经营区域的地区市场。

⑤游击式进攻：游击战在军事上是以小胜大、以弱胜强的有效战略，在市场营销上也不例外。其典型做法是向竞争者的不同领域或不同部位发动小规模、时断时续的攻击，骚扰对手，使之不得安宁，疲于应付，最终逐渐被削弱和瓦解。

3. 市场追随者

市场追随者是指那些不愿扰乱市场形势的一般性企业。这些企业认为，它们占有的市场份额比领导者低，但自己仍可以盈利，甚至可以获得更多的收益。它们害怕在混乱的市场竞争中损失更大，它们的目标是盈利而不是市场份额。实践证明，成功地采取追随者战略的企业也能获高额利润。市场追随者策略的核心是寻找一条避免触动竞争者利益的发展道路，在不刺激强大竞争对手的同时保护好自己。市场追随者通常用三种方式进行跟随。

（1）紧密追随

追随者在尽可能多的细分市场和营销组合中模仿领导者。追随者往往以一个市场挑战者的面目出现，但它如果并不激进地妨碍领导者，它们之间的直接冲突便不会发生。

（2）有距离追随

市场追随者仅在主要市场和产品创新、价格水平和分销上追随领导者，而在其他方面则同市场领导者保持一段距离。

（3）有选择追随

此类企业不完全地追随市场领导者，而是有选择地进行追随。即根据自己的情况在有些方面紧跟领导者，以明显地获得好处，而在其他方面又走自己的路。这类企业可能具有完全的创新性，但它们又避免直接地与市场领导者发生对抗。这类企业通常会成长为未来的市场挑战者。

4. 市场补缺者

市场补缺者是指精心服务于市场的某些细小部分，而不与主要的企业竞争，只是通过专业经营来占据有利的市场位置的企业。市场补缺者成功的关键：一是要选择好补缺之处，即补缺基点；二是要在确定补缺基点的基础上选择和制定适当的战略。

（1）补缺基点的选择

一个理想的市场补缺基点一般有下列特征：

①该补缺基点有足够的规模和购买力，企业有利可图。

②该补缺基点有成长潜力。

③该补缺基点被大企业所忽略或者不愿意满足。

④企业有市场需要的技能和资源，可以进行有效服务。

⑤企业能够靠已建立的顾客信用，进行自卫来抵制竞争者的攻击。

（2）专业化市场营销

取得补缺基点的主要战略是专业化市场营销。具体来讲，就是在市场、顾客、产品或渠道等方面实行专业化。

①最终用户专业化：是指专门致力于某类最终用户服务，如计算机行业有些小企业专门针对某一类用户（如诊疗所、银行等）进行市场营销。

②垂直层面专业化：是指专门致力于分销渠道中的某些层面，如制铝厂可专门生产铝锭、铝制品和铝质零部件。

③顾客规模专业化：是指专门为某一种规模（大、中、小）的客户服务，如有些小企业专门为那些被大企业忽略的小客户服务。

④特定顾客专业化：是指只对一个或几个主要客户服务，如美国有些企业专门为西尔斯百货公司或通用汽车公司供货。

⑤地理区域专业化：是指专为国内外某一地区或地点服务。

⑥产品或产品线专业化：是指只生产一大类产品，如美国的绿箭公司专门生产口香糖一种产品，现已发展成为一家著名的跨国公司。

⑦客户订单专业化：是指专门按客户订单生产预订的产品。

⑧质量和价格专业化：是指专门生产经营某种质量和价格的产品，如专门生产高质高价产品或低质低价产品。

⑨服务项目专业化：是指专门提供某一种或几种其他企业没有的服务项目，如美国有一家银行专门承办电话贷款业务，并为客户送款上门。

⑩分销渠道专业化：是指专门服务于某一类分销渠道，如专门生产适于超级市场销售的产品，或专门为航空公司的旅客提供食品。

任务2.3　汽车市场营销管理

建议学时：2学时

任务下达

桐桐发现，不同车型在市场上的受欢迎程度相差很多。有的车型供不应求，消费者要提车需要等几个月的时间；有的车型则少有人问津，经销店的库存车一直卖不出去。面对各种需求状态，经销店需要如何调整营销策略呢？

2.3.1　市场营销管理过程

企业制订一个合理的、能充分利用企业现有和潜在资源并能抓住市场机会的战略计划是远远不够的，关键在于企业的战略计划是否得到有效、正确的贯彻和执行，企业有必要对其战略计划的实施实行全过程管理。市场营销管理就是企业为实现其任务和目标，用系统的方法去发现、分析、选择和利用市场机会的管理过程。市场营销管理一般由分析营销机会、设定营销目标、策划营销战略、设计营销组合、制订营销计划、实施与控制营销活动六个步骤组成，如图2-3所示。

图2-3　市场营销管理过程的六个步骤

1. 分析营销机会

市场机会就是指市场上存在尚未被满足的需要。发现市场机会对企业整个经营活动来讲是至关重要的，从某种意义上说，企业的全部经营活动都是围绕着如何利用市场机会来进行的。如果企业不能寻找到可供企业利用的市场机会并善加利用，企业就很难取得长期、稳定的发展。作为营销管理人员，不但要善于发现市场机会，而且也要善于识别企业内部条件限制及环境威胁，只有这样，企业才能更好地发挥自身的优势和特长，更好地向市场提供服务。

2. 设定营销目标

营销目标是指在一定时期内，通过市场营销活动应达到的目标。营销目标包括销售收入、销售量、市场份额、产品或品牌的知名度、分销范围等目标。

3. 策划营销战略

企业要制定的市场营销战略，最主要的就是市场细分、选择目标市场和市场定位，即目标市场营销战略。

4. 设计营销组合

营销者必须从目标市场需求和市场营销环境的特点出发，根据企业的资源条件和优势，综合运用各种市场营销手段，形成整合的市场营销战略，使之发挥整体效应，争取最

佳的效果。

5. 制订营销计划

市场营销战略必须转化为可实施的营销计划，它是描述在一定时期内，为实现既定目标所需采取的营销活动安排的正式书面文件。

6. 实施与控制营销活动

营销过程的最后一个环节是组织资源执行和控制营销计划。营销计划的组织实施必须有相关的各级人员和各个职能部门的参与和支持。只有通过整个企业全员的共同合作和协调行动，才能使营销计划有效地实施。市场营销的实施过程包括以下五个相互关联的方面。

（1）制定详细的行动方案

明确指出实施营销计划的关键决策和任务，并将这些任务落实到具体的责任人、责任单位，同时，制定出具体的时间表。

（2）建立合理有效的组织结构

组织结构应具有两大基本功能：合理分工，明确各自的责任、权利；建立畅通的沟通渠道。还要注意增加组织结构的营销弹性，使营销系统能对外部环境变化做出迅速而准确的反应。

（3）确立合理的、激励性强的报酬制度

制度中应明确业绩的衡量和评价标准、报酬的计算（一般应与业绩挂钩）和支付等内容。

（4）开发并合理调配人力资源

主要涉及员工的招募、考核、选拔、培训、安置和激励等问题。企业不仅要通过招募、考核、选拔、培训找到最适用的营销人才，还要通过合理安置和激励，做到人尽其才，并发挥其最大的潜力。

（5）营造企业文化和管理风格

企业文化是指企业的员工共同持有的价值观念、信念和行为准则。优良的企业文化能使企业的全体员工团结一致，构筑一个充满活力的有机整体。企业的模范人物是企业员工共有价值观念的人格化，企业应通过各种手段大力宣传企业模范人物。

市场营销控制是指通过对营销战略和计划的效果进行衡量与评估，及时采取修正措施，以确保营销目标的实现。一般主要做好三个方面的控制：年度计划控制，即从数量和进度上保证营销计划的实施；赢利能力的控制，即从营销的质量上进行检验和提高；战略控制，则是注意营销计划同环境的适应性，以保证营销活动能促使企业总体战略目标的实现。

2.3.2 市场需求管理

营销管理的实质就是市场需求管理。企业通常都会对目标市场设定一个预期的需求水平。然而，期望往往与现实不一致：实际需求水平可能低于或高于期望水平。营销者必须善于应付不同的需求状况，调整相应的营销管理任务。结合汽车营销实践，典型的不同需求状况及其相应的营销管理任务有以下几种。

1. 负需求

负需求指大多数人不喜欢，甚至花费一定代价也要拒绝或躲避消费某种产品。这种需求对于汽车营销不太常见。

2. 无需求

无需求指目标市场对产品毫无兴趣或漠不关心。如对某些陌生的新产品，与消费者传统观念、习惯相抵触的产品，被认为无价值的废旧物品等都属于这种需求状况。在二手车交易不太普遍时，人们对二手车的需求常常表现为这种需求。面对无需求市场，营销管理的任务是设法把产品的好处和人们的需求、兴趣联系起来。

3. 潜伏需求

潜伏需求指相当一部分消费者对某物有强烈的需求，而现有产品或服务又无法使之满足的一种需求状况。在潜伏需求情况下，营销管理的任务就是致力于市场营销研究和新产品开发，有效地满足这些需求。

4. 下降需求

下降需求指市场对于一个或几个产品的需求呈下降趋势的情况。如我国市场对农用汽车、城市市场对摩托车的需求等都属于这种情况。营销管理者要分析需求衰退的原因，决定能否通过开辟新的目标市场、改变产品特色，或采用更有效的促销手段来重新刺激需求，扭转其下降的趋势。

5. 不规则需求

不规则需求指市场对某些产品（服务）的需求在不同季节、不同日期，甚至一天的不同钟点呈现出很大波动的状况。受到偶然因素影响的需求大多表现为这种需求状态。市场营销管理的任务就是通过灵活定价、大力促销及其他刺激手段来改变需求的时间模式，努力使供需在时间上协调一致。

6. 充分需求

充分需求指某种产品或服务的需求水平和时间与预期相一致的需求状况。市场需求与市场供给大体均衡的市场表现为这种需求状态。这时，营销管理的任务是密切注视消费者偏好的变化和竞争状况，经常测量顾客满意程度，不断提高产品质量，设法保持现有的需求水平。

7. 过量需求

过量需求指某产品（服务）的市场需求超过企业所能供给或愿意供给水平的需求状况。这种需求形态在汽车营销中较常见，譬如某种受市场追捧的汽车新品，在投放市场的一定时期内，可能表现为过量需求。在过量需求的情况下，营销管理的任务是实施"低营销"，即通过提高价格，合理分销产品，减少服务和促销等手段，暂时或永久地降低市场需求水平。

8. 有害需求

有害需求指市场对某些有害物品或服务的需求。市场对非正常渠道的需求，如对走私汽车的需求即为有害需求。对此类需求，营销管理的任务是反市场营销，即宣传其危害性，劝说消费者放弃这种爱好和需求。

任务 3

汽车营销环境分析

任务导语

"适者生存"既是自然界演化的法则，也是企业营销活动的法则。如果企业不能很好地适应外界环境的变化，则很可能在竞争中失败，从而被市场所淘汰。现代营销学认为，企业经营成败的关键，就在于企业能否适应不断变化的市场营销环境。汽车企业通过对市场营销环境的分析和研究，能够清晰地认识汽车营销环境对营销活动的影响并制定有效的市场营销策略，提高企业适应环境的能力。

任务要求

1. 了解市场营销环境对市场营销活动的重要影响作用。
2. 掌握微观环境和宏观环境的主要构成。
3. 掌握营销环境分析的基本方法。

总学时：4

任务3.1 市场营销环境分析要素

建议学时：2学时

任务下达

桐桐知道环境对企业有着非常重要的影响，但是环境分析应该包括哪些方面呢？桐桐不是十分清楚。通过本任务的学习，桐桐将系统地学习市场营销环境分析的各个要素。

3.1.1 汽车市场营销环境概述

1. 汽车市场营销环境的概念

营销环境是指影响企业营销活动和营销目标实现并与企业营销活动有关系的各种因素和条件，包括微观环境和宏观环境。微观环境指与企业紧密相关、直接影响企业营销能力的各种参与者，包括企业本身、营销中介、顾客、供应商、竞争者以及社会公众。宏观环境指影响微观环境的一系列巨大的社会力量，主要是人口、经济、政治法律、社会文化、科学技术及自然生态等因素。微观环境多半与企业有或多或少的经济联系，也称直接营销环境。宏观环境一般以微观环境为媒介去影响和制约企业的营销活动，在特定场合，也可直接影响企业的营销活动。因此，宏观环境也称作间接营销环境。

汽车营销管理者的任务不但在于适当安排营销组合，使之与外面不断变化着的营销环境相适应，而且要创造性地适应和积极地改变环境，创造或改变顾客的需要。这样才能实现潜在交换，扩大销售，更好地满足目标顾客的日益增长的需要。

2. 汽车市场营销环境分析的意义

（1）汽车市场营销环境分析是汽车企业市场营销活动的立足点

汽车企业的市场营销活动是在复杂的市场环境中进行的。社会生产力水平，技术进步

变化趋势，社会经济管理体制，国家一定时期的政治经济任务，都直接或间接地影响着汽车企业的生产经营活动，左右着汽车企业的发展。

（2）汽车市场营销环境分析使汽车企业发现经营机会，避免环境威胁

汽车企业通过对汽车市场营销环境的分析，在经营过程中就能发现经营机会，取得竞争优势；同时，避免环境威胁就是避免汽车营销环境中对企业不利的趋势。如果没有适当的应变措施，则可能导致某种产品甚至整个企业的衰退或被淘汰。

（3）汽车市场营销环境分析使汽车企业经营决策具有科学依据

汽车市场营销受诸多环境因素的制约，是一个复杂的系统，企业的外部环境、内部条件与经营目标的动态平衡，是科学决策的必要条件。企业要通过分析找出自己的优势和缺陷，发现由此给企业带来汽车市场上相对的有利条件和不利因素，使企业在汽车营销过程中取得较好的经济效益。

3. 汽车市场营销环境的特征

（1）客观性

企业总是在特定的社会经济和其他外界环境条件下生存、发展的。企业只要从事市场营销活动，就不可能不面对着这样或那样的环境条件，也不可能不受到各种各样环境因素的影响和制约，包括微观的、宏观的。一般来说，企业是无法摆脱营销环境影响的，它们只能被动地适应营销环境的变化和要求。

（2）差异性

各类市场营销环境交织在一起，对不同地区、不同企业的影响不一样。例如，不同的国家、民族、地区之间在人口、经济、社会文化、政治、法律、自然地理等各方面存在着广泛的差异性，这些差异性对企业营销活动的影响显然是很不相同的。

（3）相关性

市场营销环境是一个系统，在这个系统中各个影响因素是相互依存、相互作用和相互制约的。这是由于社会经济现象的出现，往往不是由某一单一的因素所能决定的，而是受到一系列相关因素影响的结果。例如，企业开发新产品时，不仅要受到经济因素的影响和制约，更要受到社会文化因素的影响和制约。

（4）动态性

营销环境是企业营销活动的基础和条件，这并不是意味着营销环境是一成不变的、静止的。恰恰相反，营销环境总是处在一个不断变化的过程中，今天的环境与十多年前的环境相比已经有了很大的变化。例如我国消费者的消费倾向已从追求物质的数量化为主流正在向追求物质的质量及个性化转变，也就是说，消费者的消费心理正趋于成熟。

（5）不可控性

影响市场营销环境的因素是多方面的，也是复杂的，并表现为企业的不可控性。例如一个国家的政治法律制度、人口增长以及一些社会文化习俗等，企业不可能随意改变。而且，这种不可控性对不同企业表现不一，有的因素对某些企业来说是可控的，而对另一些企业则可能是不可控的；有些因素在今天是可控的，而到了明天则可能变为不可控因素。

3.1.2 汽车营销微观环境

汽车营销微观环境，是指与企业紧密相关，直接影响其营销能力的各种参与者，可分为内部环境和外部环境，如图 3-1 所示。

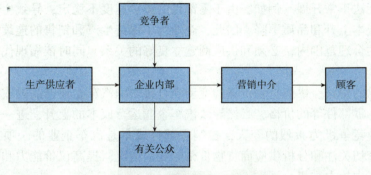

图 3-1 营销微观环境要素

1. 企业内部环境

企业内部环境是指企业的类型、组织模式、组织机构及企业文化等因素。其中企业组织机构，即企业职能分配、部门设置及各部门之间的关系，是企业内部环境最重要的因素。一般而言，企业的内部结构包括由决策层、管理层和执行层组成的纵向结构，以及由供应、生产、营销、财务及人事等部门组成的横向结构。所有这些部门都必须"想顾客所想"，并协调一致地提供上乘的顾客价值和满意度。

企业内部环境是企业提高市场营销工作效率和效果的基础。企业内部各部门是否协调配合，是一个企业经营成败的决定性因素。因此，企业管理者应强化企业管理，为市场营销创造良好的营销内部环境。

2. 企业外部环境

企业外部环境包括生产供应者、营销中介、顾客、竞争者和有关公众。

（1）生产供应者

生产供应者是指向企业及其竞争者提供生产经营所需资源的企业或个人，包括提供设备、能源、原材料、配套件等。供应商的供应能力，包括供应成本的高低（由原材料价格变化所引起）、供应的及时性（由供应短缺或延迟等引起），是营销部门需要关注的，这些因素短期将影响销售的数额，长期将影响顾客的满意度。大工业时代的到来使得生产分工越来越细，原有的综合型工厂越来越少，当今的汽车工业已经构建起一个复杂的网络关系，甚至可以被认为是一家"组装厂"，大量的零部件都由供应商提供，甚至发动机、变速箱等关键部件也可以由供应商提供。对大多数汽车制造企业来说，外购件占整车的价值一般都超过 60%。供应商是对企业生存发展至关重要的外部环境因素，供应商直接影响汽车企业产品的产量、质量及利润，进而影响企业营销计划和目标的实现。

供应商对汽车营销活动的影响主要体现在以下几个方面：

①供货的质量。供货的质量，一方面，是指终端零部件的质量，供应商提供的商品或服务的质量，直接关系汽车产品的质量，进而会对销售、利润和企业声誉产生影响；另一

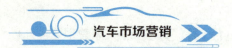

方面，各种设备、工具等一般均由供应商提供，只有供应商提供了良好的品质，才能维持生产线的高效运转，同时也会对产品质量产生影响。

②供货的及时性和稳定性。汽车生产和销售企业要求供应商保证原材料、零部件和汽车产品的及时供应，这是汽车生产和销售活动能顺利开展的前提。一辆现代意义上的汽车，零件数可达2万~4万个，任何一个零部件的供应或装配环节出了问题，都会导致企业的生产活动无法正常开展。例如，由于零部件的供货速度不稳定，导致生产速度忽快忽慢，必然导致成本上升和品质下降。因此，企业为了保持生产和销售的连续性，进而将成本控制在一定的合理范围内，必须和供应商建立良好的关系，同时依靠现代供应商管理制度进行管理。

③供应货物的价格。供应货物价格的变动会直接影响汽车企业产品的成本。如果供应商上调原材料、零部件等的价格，必然导致汽车企业运营成本的上升，进一步压缩利润空间。在汽车行业竞争极为激烈的今天，控制零部件成本是汽车企业的一项重要任务。因此，企业必须密切关注和分析供应商货物价格的变动情况，提高议价能力和应变能力，在变化莫测的市场中抢占先机。

（2）营销中介

营销中介是指协助汽车企业从事市场营销的企业或个人。它包括中间商、实体分配公司、营销服务机构、金融中介等。营销中介对企业市场营销的影响很大，如关系到企业的市场范围、营销效率、经营风险、资金融通等。因而企业应重视营销中介的作用，获得他们的帮助，弥补企业市场营销能力的不足，并不断地改善企业财务状况。

中间商是通过购买产品和劳务用于转售或租赁给他人而从中获利的单位和个人，分为商人中间商和代理中间商。商人中间商从事商品购销活动，拥有商品的所有权，如批发商、零售商等；代理中间商是协助企业完成商品交易，但对商品没有所有权，如代理商、经纪人和制造商代表。

实体分配公司帮助企业从原产地至目的地之间存储和移送商品。在与仓库、运输公司打交道的过程中，企业必须综合考虑成本、运输方式、速度及安全性等因素，从而决定运输和存储商品的最佳方式。

营销服务机构包括市场调查公司、广告公司、传媒机构、营销咨询机构，它们帮助公司正确定位和促销产品。由于这些公司在资质、服务及价格方面变化较大，公司在作选择时必须认真。

金融中介包括银行、信贷公司、保险公司及其他金融机构，它们能够为交易提供金融支持或对货物买卖中的风险进行保险。大多数公司和客户都需要借助金融机构为交易提供资金。

（3）顾客

顾客是企业产品销售的市场，是企业赖以生存和发展的"衣食父母"，企业市场营销的起点和终点都是满足顾客的需要，汽车企业必须充分研究各种汽车用户的需要及其变化。顾客市场一般可分为5类：消费者市场、企业市场、经销商市场、政府市场和国际市场。

①消费者市场：由个人和家庭组成，他们购买商品和服务只是为了自身消费。

②企业市场：购买商品和服务是为了深加工或在生产过程中使用。

③经销商市场：购买商品和服务是为了转卖，以获取利润。

④政府市场：由政府机构组成，他们购买商品和服务是为了服务公众，或作为救济物资发放。

⑤国际市场：由其他国家的购买者组成。

（4）竞争者

企业的营销活动受到各种竞争者的包围和制约，因此必须识别各种不同的竞争者，并采取不同的竞争策略。

（5）有关公众

公众是指对企业的营销活动有实际或潜在利害关系和影响力的团体和个人，一般包括融资公众、媒介公众、政府公众和一般公众等。

①融资公众：指能影响公司获取资金能力的团体，如银行、投资公司、证券交易所、保险公司等。

②媒介公众：指对消费者具有导向作用的团体，如报社、杂志社、广播电台和电视台等。

③政府公众：指决定有关政策动态的团体，如政府部门。

④一般公众：一个企业需要了解一般公众对它的产品和活动的态度，一般公众的态度影响消费者对企业产品的信念等。

企业的市场营销活动除了应重视研究本企业微观营销环境的具体特点外，还要研究市场营销的宏观环境。

3.1.3 汽车营销宏观环境

宏观环境是能影响整个微观环境和企业营销活动的广泛性因素，包括人口环境、经济环境、自然环境、科技环境、政治法律环境以及社会文化环境。一般地说，企业对宏观环境因素只能适应，不能改变。宏观环境因素对企业的营销活动具有强制性、不确定性和不可控性等特点。

1. 人口环境

人口是构成市场的第一位因素。市场是由有购买欲望同时又有支付能力的人构成的，人口的多少直接影响市场的潜在容量。从影响消费需求的角度，对人口因素可作如下分析。

（1）人口总量

一个国家或地区的总人口数量多少，是衡量市场潜在容量的重要因素。目前，世界人口环境正发生明显的变化，主要趋势是：

①全球人口持续增长，人口增长首先意味着人民生活必需品的需求增加。

②美国等发达国家人口出生率下降，而发展中国家出生率上升，90%的新增人口在发展中国家。

（2）年龄结构

随着社会经济的发展、科学技术的进步、生活条件和医疗条件的改善，人类平均寿命

大大延长。人口年龄结构变化趋势：

①许多国家人口老龄化加速。

②出生率下降引起市场需求变化。人口出生率下降，出生婴儿和学龄前儿童减少，给儿童食品、童装、玩具等生产经营者带来威胁，但同时也使年轻夫妇有更多的闲暇时间用于旅游、娱乐等。

（3）地理分布

人口在地区上的分布，关系市场需求的异同。居住不同地区的人群，由于地理环境、气候条件、自然资源、风俗习惯的不同，消费需求的内容和数量也存在差异。

（4）家庭组成

家庭组成指一个以家长为代表的家庭生活的全过程，也称家庭生命周期，按年龄、婚姻、子女等状况，可划分为七个阶段：

①未婚期。年轻的单身者。

②新婚期。年轻夫妻，没有孩子。

③满巢期一。年轻夫妻，有六岁以下的幼童。

④满巢期二。年轻夫妻，有六岁和六岁以上儿童。

⑤满巢期三。年纪较大的夫妻，有已能自立的子女。

⑥空巢期。身边没有孩子的老年夫妻。

⑦孤独期。单身老人独居。

（5）人口性别

性别差异给消费需求带来差异，购买习惯与购买行为也有差别。相比男性，女性买车更加感性、注重安全和舒适，需求多元化。

2. 经济环境

经济因素在市场营销方面集中表现为购买能力，而购买能力决定于收入状况、支出状况、储蓄与信贷等。

（1）消费者收入

消费者收入是一个国家一年内个人所得到的全部收入，包括消费者的工资、红利、租金、退休金、馈赠、遗产等收入。消费者收入决定消费者的购买力，也决定社会购买力、市场规模大小以及消费者支出规模和支出模式。近年来，我国消费者收入显著增加，但是消费者并不能将其全部收入用来购买商品或服务，因此我们有必要区分消费者收入，明确消费者收入支出的重点。

①消费者可支配收入和可随意支配收入。消费者的可支配收入是一个国家一年内个人可以支配的全部收入，即从消费者个人收入中扣除税金及其他经常性转移支出后，用于个人消费和储蓄的那部分个人收入。它是影响消费者购买力和消费者支出的决定性因素。消费者可随意支配收入是指可支配收入扣除购买生活必需品和固定支出后所余下的个人收入。它是影响消费需求变化最活跃的因素。可随意支配收入一般用来购买奢侈品、旅游度假等。这部分收入越多，说明消费者的经济条件越优越，购买奢侈品、汽车、旅游度假和其他文娱活动的支出越大。

②货币收入和实际收入。货币收入是以货币额表现的收入。实际收入是货币收入在排

除物价涨跌等因素后所得到的收入。实际收入影响社会的真实购买力，假设消费者货币收入不变，如果物价下跌，消费者实际收入增加，反之，实际收入减少。

（2）消费者支出

①恩格尔定律。恩格尔定律是西方经济学家关于食品开支与家庭总收入比例的定律：随着居民收入的增加，耗费在食品上的支出比例越来越少，即恩格尔系数是递减的。恩格尔系数用公式表示为：

恩格尔系数＝食品支出总额/个人消费支出总额

恩格尔系数越小，说明生活越富裕；系数越大，说明生活水平越低。

②影响消费者支出的因素。影响消费者支出的因素有：消费者收入；家庭生命周期阶段；家庭所在地点；消费产品供销状况；城市化水平；商品化水平；劳务社会化水平；物价指数。

（3）储蓄与信贷

储蓄指城乡居民将可任意支配收入的一部分储存待用。储蓄的形式，可以是银行存款，可以是购买债券，也可以是手持现金。较高储蓄率会推迟现实的消费支出，加大潜在的购买力。

信贷指金融或商业机构向有一定支付能力的消费者融通资金的行为，主要形式有短期赊销、分期付款、消费贷款等。消费信贷的规模与期限在一定程度上影响着某一时限内现实购买力的大小，也影响着提供信贷的商品的销售量。如购买住宅、汽车及其他昂贵消费品，消费信贷可提前实现这些商品的销售。

利率的变化影响着储蓄和消费结构。越来越多的年轻人选择提前消费，国家为了支持汽车产业发展也鼓励贷款买车。

3. 自然环境

汽车的生产和消费要依赖自然环境，同时也影响着自然环境。

（1）资源短缺

石油能源面临枯竭、铁矿日趋减少，对汽车产业带来严重的威胁和挑战，逼迫很多企业开始研究和生产新能源汽车，如电动汽车、太阳能汽车，同时积极研究各种合成材料代替钢铁，来降低成本，走可持续发展的道路。

（2）环境破坏、生态失衡

随着低碳生活的提倡，社会及消费者对汽车的节能和环保要求越来越高，小排量和新能源汽车得到更为广阔的发展空间。

（3）地形地貌与交通状况

汽车是对地形地貌及道路状况要求最高的一种机器。汽车厂商应该推出各种各样车型，适应不同地区的地形地貌及交通情况。

（4）气候

温度、湿度、气压、风力风向等气候条件也对汽车产生影响。汽车企业在市场营销的过程中，应向目标市场推出适合当地气候特点的汽车，并做好相应的技术服务，以使消费者科学地使用本企业的产品和及时解除消费者的使用困难。

4. 科技环境

现在是知识经济时代，科学技术创新为汽车产业的发展带来新的市场和机遇。科技环境的发展对汽车营销活动的影响主要体现在以下几个方面。

（1）科技发展促进产业结构调整

每一种新技术的出现都会给部分企业带来新的市场机会，同时也会给另外一些企业带来威胁。例如，混合动力汽车、新能源汽车的出现，将对传统汽车行业形成冲击，企业若不及时引进新技术，将会在越来越重视燃油经济性的未来受到更大的威胁。

（2）科技发展改变消费者行为

汽车作为一种具有多重含义的商品，其基本属性仍然是交通工具，消费者对车辆的需求首先是对车辆基本性能的要求。随着 ESP 等主动安全装置的普及，消费者对汽车的主动安全性越来越重视，在选购车辆的时候也会重点考虑主动安全配置的情况，这在以往是不常见的。

（3）科技环境的变化引起汽车企业市场营销策略的变化

①产品策略。随着科技的加速发展、新技术的应用，新产品的开发周期大大缩短，汽车产品更新换代加快，我国当前平均一周就有 2~3 款新车上市。在全球化市场形成和竞争日趋激烈的今天，推出新车型成为企业开拓市场、保持竞争优势的基本条件。当今大量新技术涌现，不仅使传统技术取得突破，网络技术等大量新技术也正被应用到汽车上，诸如通用的安吉星（On-Star）等汽车网络技术逐渐成为提高产品竞争优势的法宝。

②分销策略。随着新技术的不断应用、技术环境的日新月异，人们的工作和生活方式都发生了巨大的变化。汽车消费者的自我意识逐渐增强，从而引起了分销模式的变化。以我国的汽车分销模式为例，从经销商制、代理商制，一直到今天广为流行的 4S 模式（品牌专卖制），这些都是由技术革新促成的市场变化所引起的分销模式的进步。此外，随着网络技术的进步，"网上卖车"也已经变为现实，在一些成熟的西方汽车市场中，在网上定制车辆的配置、颜色，甚至个性化涂装都已经成为可能。

③价格策略。科技的发展与进步，一方面降低了汽车产品的成本，另一方面使汽车企业能够通过信息技术，加强消费者反馈，正确应用价值规律、供求规律、竞争规律，及时把握市场动态，制定和调整价格策略。例如，大众集团的 MQB 模块化平台，便是现代科技进步与管理科学的产物，可以极大地降低车型的开发费用、缩短周期以及减少生产环节的制造成本，对传统汽车制造的生产线概念造成冲击。MQB 平台的应用，为大众集团带来明显的成本优势和价格优势。

④促销策略。科技的进步必能带来促销手段的多样化，尤其是广告投放的精确化、广告媒体的多元化、广告宣传方式的多样化。当前，网络广告越来越受到汽车企业和消费者的认可就很好地说明了这一点。

5. 政治法律环境

政治法律环境指能够影响企业市场营销的相关政策、法律以及制定它们的权力组织。市场经济并不是完全自由竞争的市场，从一定意义上说，市场经济本质上属于法律经济，因而在企业的宏观管理上主要靠经济手段和法律手段。政治与法律环境正在越来越多地影响着企业的市场营销。

政治与法律环境对市场营销的影响表现在以下几方面。

（1）法律对工商业的限制和保护

①法律对工商业的约束。近几年来，全世界各国有关工商业的立法稳步增长，覆盖竞争、公平交易行为、环境保护、产品安全、广告真实性、包装与标签、定价及其他重要领域。发达国家在企业市场营销方面的立法主要有三种类型：保护企业相互之间的利益，维护公平竞争的立法；保护消费者利益免受不公平商业行为损害的立法，这种立法的核心在于防止企业以欺骗性广告或包装招徕顾客，或以次品低价引诱顾客的行为，否则将进行法律制裁；保护社会公众利益的立法。

②国家政策和法律对工商业的保护。新的法律和政策将随经济形势的变化而不断变化。企业管理人员在制订产品及其营销计划的时候，必须注意这些变化。中国在加入WTO以后，在承担相应开放市场义务的同时，对国内某些幼稚产业和战略性产业在一定时期内必须进行适当保护。

（2）社会规范和商业道德对市场营销的影响

法律法规不可能覆盖所有可能产生的市场弊端，除法律和规章以外，企业也要受社会规范和商业道德的约束。大量出现的商业丑闻使人们重新重视商业道德问题。因此，许多行业和专业贸易协会提出了关于道德规范的建议，许多公司制定了关于复杂的社会责任问题的政策和指导方针。

另外，公众利益团体，如那些保护消费者状况方面的团体，如消费者协会、动物保护委员会、妇女权益委员会等迅速崛起，他们会游说政府官员、左右舆论导向，给企业的市场营销活动带来极大的影响。

6. 文化环境

社会文化环境是指一个国家、地区或民族的传统文化（如风俗习惯、伦理道德观念、价值取向等）。它包括核心文化和亚文化。核心文化是人们持久不变的核心信仰和价值观，它具有世代相传、并由社会机构（如学校、社团等组织）予以强化和不易改变等特点。亚文化是指按民族、经济、年龄、职业、性别、地理、受教育程度等因素划分的特定群体所具有的文化现象，它根植于核心文化，但比核心文化容易改变。

社会文化环境对汽车营销的影响有着多方面的影响。社会文化影响着人们的行为（包括购买行为），不同文化背景的消费者对企业不同的营销活动（如产品设计、造型、颜色、广告、品牌等）具有不同的接受程度。例如，某些深受外国人喜爱的"溜背式"轿车，在推向中国市场时却遇到了销售不畅的麻烦，这种车型被认为"不符国情"，其原因就在于商人认为其"有头无尾"（不吉祥）、结婚者认为其"断后"（断"香火"）。亚文化的发展与变化，决定了市场营销活动的发展与变化。营销者可以利用亚文化的相对易变性，充分发挥主观能动作用，引导亚文化向有利于本企业市场营销的方向变化。

总之，社会文化环境影响着企业的营销活动。同时，营销活动对社会文化环境也有一定的能动作用。

任务3.2 市场营销环境分析方法

建议学时：2 学时

任务下达

经过上一个任务的学习，桐桐知道了微观环境和宏观环境分析要素。但是，桐桐总是觉得这些要素很零散，缺少内在的联系，通过什么样的方法能使这些环境分析要素系统地整合到一起呢？这是本任务要学习的内容。

3.2.1　SWOT 分析法

市场营销环境分析常用的方法为 SWOT 法，它是英文 Strengths（优势）、Weaknesses（劣势）、Opportunities（机会）、Threats（威胁）的意思。SWOT 分析实际上是将企业内外部条件各方面内容进行综合和概括，同时对企业的外部环境进行剖析，进而分析组织的优势和劣势、面临的机会和威胁的一种方法。

1. 外部环境分析（机会/威胁分析）

环境机会的实质是指市场上存在着未满足的需求。它既可能来源于宏观环境也可能来源于微观环境。环境机会对不同企业是不相等的，同一个环境机会对一些企业可能是机遇，而对另一些企业可能就是威胁。环境机会能否成为企业的机会，要看此环境机会是否与企业目标、资源及任务相一致，企业利用此环境机会能否比其竞争者带来更大的利益。

环境威胁是指对企业营销活动不利或限制企业营销活动发展的因素。这种环境威胁，主要来自两方面：一方面，是环境因素直接威胁着企业的营销活动，如政府颁布某种法律，诸如《环境保护法》，它对造成环境污染的企业来说，就构成了巨大的威胁；另一方面，企业的目标、任务及资源同环境相矛盾。

2. 内部环境分析（优势/劣势分析）

识别环境中有吸引力的机会是一回事，拥有在机会中成功所必需的竞争能力是另一回事。当两个企业处在同一市场或者它们都有能力向同一顾客群体提供产品和服务时，如果其中一个企业有更高的盈利率或盈利潜力，那么，我们就认为这个企业比另外一个企业更具有竞争优势。

由于企业是一个整体，并且由于竞争优势来源的广泛性，所以在做优劣势分析时，必须从整个价值链的每个环节上将企业与竞争对手做详细对比，如产品是否新颖，制造工艺是否复杂，销售渠道是否畅通，价格是否具有竞争性等。企业在维持竞争优势过程中，必须深刻认识自身的资源和能力，采取适当的措施。因为一个企业一旦在某一方面具有竞争优势，势必会吸引竞争对手的注意，如果竞争对手直接进攻企业的优势所在，或采取其他更为有力的策略，就会使企业的优势受到威胁。

SWOT 分析矩阵如表 3-1 所示。

表 3-1 SWOT 分析矩阵

	潜在外部机会（O）	潜在外部威胁（T）
外部环境	纵向一体化 市场增长速度 可以增加互补产品 能争取到新的客户群 有进入新市场的可能 有能力进入更好的企业集团 在同行业中竞争业绩优良 扩展产品线，满足用户需要及其他	市场增长较慢 竞争压力增加 不利的政府政策 新竞争者加入 替代品销售额正逐步上升 供应商和购买者议价能力的上升 顾客的需求和爱好正逐步转变 通货膨胀递增及其他
	潜在内部优势（S）	潜在内部劣势（W）
内部环境	产权技术 成本优势 竞争优势 特殊能力 产品创新 具有规模经济 良好的财务资源 高素质的管理人员 公认的行业领先者 买主的良好印象 适应力强的经营战略 其他	竞争劣势 设备老化 战略方向不明 竞争地位恶化 产品线范围太窄 技术开发滞后 营销水平低于同行业其他企业 管理不善 战略实施历史记录不佳 不明原因导致的利润率下降 资金拮据 相对于竞争对手的高成本及其他

3. 汽车厂商适应营销环境变化的策略

（1）企业应对环境威胁的策略

对企业市场营销来说，最大的挑战莫过于环境变化对企业造成的威胁。而这些威胁的来临，一般又不为企业所控制，因此企业应做到冷静分析、沉着应付。面对环境威胁，企业可以采取以下三种对策：

①反抗策略。此种对策要求尽量限制或扭转不利因素的发展。比如企业通过各种方式促使或阻止政府或立法机关通过或不通过某项政策或法律，从而赢得较好的政治法律环境。显然企业采用此种策略时企业必须具备足够的影响力，一般只有大型企业才具有采用此种策略的条件。此外，企业在采取此种策略时，其主张和所作所为，不能倒行逆施，而应同潮流趋势一致。

②减轻策略。当面临环境威胁时，企业试图通过改变自己的营销组合策略，尽量降低环境威胁对企业的负面影响程度。此种策略适合企业不能控制不利因素发展时采用。它是一种尽量减轻营销损失程度的策略。一般而言，环境威胁只是对企业市场营销的现状或现行做法构成威胁，并不意味着企业就别无他途。企业只要认真分析环境变化的特点，找到新的营销机会，及时调整营销策略，不仅减轻营销损失是可能的，而且谋求更大的发展也是可能的。

③转移策略。当面临环境威胁时，企业将面临环境威胁的产品转移到其他市场上，或将投资转移到其他更为有利的产品上，以此避免环境变化对企业产生威胁。

（2）企业应对环境机会的策略

①及时利用策略。当市场机会与企业的经营目标一致，企业又具备利用市场机会的资源条件，并能有盈利时，企业应及时利用市场机会，调整自己的营销策略，以求得更长远的发展。

②待机利用策略。有些市场机会较稳定，短时间内不会发生变化，而此时企业暂时不具备利用市场机会的必要条件时，企业可以积极准备，创造条件，等时机成熟时再加以利用。

③果断放弃策略。有些市场机会十分有吸引力，但是企业自身资源有限，无法抓住机会，此时企业应做出决策，果断地放弃。因为任何犹豫和拖延都可能导致错过其他有利机会，从而造成更大的损失。

在面对潜在吸引力很大的市场机会时，做出营销决策时一定要特别慎重，要结合市场竞争的现状和发展趋势及企业的能力等各个方面，考虑成功的可能性。在很多情况下，许多企业只是看到了市场的吸引力，而忽视了企业要取得成功的其他决定因素，贸然地做出了进入的决策，导致企业陷入经营的困境而败。

3.2.2　PEST 分析法和 PESTEL 分析法

1. PEST 分析法

PEST 分析法是企业用来审视其外部宏观环境的一种方法，PEST 分别代表 Politics（政治）、Economy（经济）、Society（社会）、Technology（技术）。

（1）政治环境

政治环境主要包括一个国家或地区的政治制度、体制、方针政策，以及法律、法规等，这些都会对企业的营销活动产生显著影响。

（2）经济环境

经济环境主要包括 GDP、利率水平、财政货币政策、通胀水平、失业率水平、居民可支配收入水平、汇率、能源成本、市场需求等。

（3）社会环境

社会环境主要包括人口环境和文化背景，例如人口规模、年龄结构、人口分布以及消费习惯、流行趋势、亚文化特征等。

（4）技术环境

技术环境不仅包括发明，还包括与企业市场有关的新技术、新工艺、新材料的出现和发展趋势及应用背景。

2. PESTEL 分析法

PESTEL 是在 PEST 分析基础上加上环境因素（Environmental）和法律因素（Legal）形成的。其中，环境因素是指一个企业的活动、产品或服务中能与环境发生相互作用的要素；法律因素是指企业外部的法律、法规、司法状况和公民法律意识所组成的综合系统。

　　PESTEL分析法又称大环境分析，是分析宏观环境的有效工具，不仅能够分析外部环境，而且能够识别一切对企业有冲击作用的力量。在分析一个企业所处的背景的时候，通常是通过这六个因素来分析企业所面临的状况。

　　需要注意的是，无论是PEST分析，还是PESTEL分析，进行分析时要避免流于形式，一定要结合企业的实际情况。

任务 4

汽车市场购买行为分析

任务导语

汽车厂商在市场营销过程中，需要研究市场的特点及其购买行为，只有这样，才能有针对性地制定营销组合策略，提高市场营销的效率。为了研究方便，我们根据汽车产品的特征，把汽车市场分为汽车消费者市场和汽车组织市场。

任务要求

1. 了解汽车消费者市场的特点。
2. 掌握影响汽车消费者购买行为的因素。
3. 能够进行汽车消费者购买决策过程的分析。
4. 了解影响汽车组织市场购买行为的因素。
5. 了解汽车组织市场的购买决策过程。

总学时：4

任务4.1 汽车消费者市场的购买行为

建议学时：3 学时

任务下达

都说做销售其实就是和人打交道，做销售很简单。桐桐为人热情友善，有很多的好朋友。可是，做了一段时间的汽车销售工作，桐桐遇到了各式各样的顾客，有的顾客彬彬有礼，有的顾客则有些蛮横霸道……到底要怎样应对呢？桐桐决定系统地学习汽车消费者购买行为的理论知识。

汽车消费者市场由汽车的消费者个人构成。研究这个市场及其购买特点，对于以私人消费为目标市场的企业而言，具有越来越重要的现实意义。由于汽车商品本身的使用特点、产品特点及价值特点与一般商品有很大差别，市场营销学对普通消费者市场研究的一般性结论不可简单套用于汽车消费者市场，必须研究汽车消费者市场的特征和购买行为。

4.1.1 汽车消费者市场的概念及特征

1. 汽车消费者市场的概念

汽车消费者市场又称汽车最终消费者市场，是指为了满足生活性消费而购买汽车产品和服务的个人和家庭所构成的市场。

2. 汽车消费者市场的特征

汽车企业要在市场竞争中适应市场、驾驭市场，必须掌握汽车消费者市场的基本特征。

（1）需求具有伸缩性

一方面，汽车的个人消费需求具有较强的需求价格弹性，即价格的变动对汽车消费者的需求影响很大。另一方面，这种需求的结构可变。当客观条件限制了这种需求的实现时，它可以被抑制，或被转化为其他需求，或最终被放弃；反之，当条件允许时，个人消费需求不仅会得以实现，甚至会发展成为流行性消费。

（2）需求具有多样性

消费者由于在个人收入和文化观念上的差别，以及在年龄、职业、兴趣、爱好等方面的差异，会形成不同的消费需求，从而使私人购买者的需求表现出多层次性或多样性。比如说，年轻人喜爱运动型的车辆，而老年人则喜爱舒适性的车辆。经常在道路条件较差地区活动的人，所选择的车辆主要是要求通过性要好（如越野车），而主要在城市范围道路活动的人，所选择的车辆主要是要求舒适性要好（如轿车等）。就这种意义而言，汽车企业如果能够为消费者提供多种多样的汽车产品，满足消费者多样化的需求，无疑会为企业争取更多的营销机会。

（3）需求具有可诱导性

对于大多数私人消费者而言，由于缺乏足够的汽车专业知识，在购买时要经历一个了解情况的过程，只要某种品牌的汽车宣传较多，知名度较高，销售就比较火爆，这就决定了消费者市场需求的可诱导性。消费者往往还会受到周围环境、消费风尚、人际关系、宣传报道等因素的影响，对某种车辆产生较为强烈的需求。例如，在某个单位，由于最初有人购买了某款轿车，使用后感到该款轿车售价低、油耗低、质量好、方便灵活，是很实用的代步工具，那么就有可能带动其同事购买。

（4）需求具有替代性

个人在购买汽车时会面临多种选择，一般都要进行反复比较、鉴别，即所谓的"货比三家"，只有那些对个人消费者吸引力强，各种服务较好的商家的汽车产品才会促使消费者最终购买。也就是说，同时能够满足消费者需求的不同品牌或不同商家之间存在竞争性，消费者需求表现出相互替代的特性。

（5）需求具有发展性

消费者的市场需求不会静止在一个水平上，随着经济的发展和时代的进步，人们的生活水平不断提高，消费者对市场商品和服务的需求也不断发展变化，在原有的需求满足以后，又会产生新的市场需求，总的来说是由简单到复杂、由低级到高级、由数量上的满足到要求质量上的满足。因此汽车个人消费需求也是永无止境的，在不过分增加负担的前提下，消费者对汽车的安全、节能、舒适、功能以及豪华程度等方面的要求总是越来越高。

（6）需求具有集中性和广泛性

一方面，由于个人汽车消费与个人经济实力关系密切，在特定时期内，经济发达地区的消费者或者收入相对较高的社会阶层，对汽车（或某种车型）的消费比较明显，需求表现出一定的集中性。另一方面，高收入者各地都有（尽管数量上的差异可能较大），而且随着经济发展会不断增多，所以需求又具有地理上的广泛性。

除上述特征外，消费者的市场需求还具有便捷性的特征，即要求购买、使用、取得和服务方便；季节性特征，根据历史的经验，汽车市场的火爆往往还具有季节性、周期性、阶段性等特征。

汽车企业应认真研究和掌握这些特点，并以此作为市场营销决策的依据，更好地满足消费者需求，扩大商品的销售额，提高经济效益。

4.1.2　汽车消费者的购买行为模式

消费者行为是指消费者在寻求、购买、使用、评估和处理预期能满足其需求的产品和服务时所表现出来的行为。消费者行为研究，就是研究人们如何做出一系列决策的过程。这种决策可以概括为 6W1H，如表 4-1 所示。

表 4-1　6W1H

6W1H	描述
who	谁是该产品的消费者
what	消费者买什么
why	为何购买
when	在何时购买
where	在何地购买
who	谁参与购买
how	购买方式是什么

例如汽车产品，消费者购买什么类型的（豪华型、经济型、运动型），什么品牌的（宝马、大众、红旗），购买目的是什么（社交活动、上下班代步、参加竞赛）？在什么地方购买（汽车超市、4S 店、二手车市场）？多长时间购买（半年、一年、两年以上）？参与者都有谁（家庭成员、同事、朋友）？对上述几个问题的研究，比较直观。诸如，消费者购买什么产品，如何购买，在什么时候购买，在什么地方购买，这些问题是购买者行为的外在现象，可以通过直接观察和访问去了解；至于消费者为何购买则是一个非常复杂且难以轻易回答的问题。

研究消费者的起点是刺激与反应模式，因为营销者要了解诸如消费者对营销者所采取的各种营销刺激手段做出何种反应，这些反应与他们最终购买行为的关系又是怎样的。图 4-1 就说明了消费者受到外界刺激后的反应模式，营销和其他刺激进入购买者"黑箱"，然后产生购买者反应。营销刺激指企业营销活动的各种可控因素，即产品、价格、分销、促销；其他刺激指消费者所处的环境因素（经济、技术、政治、文化等）的影响，如国内政治经济形势的变化、币值的波动、失业率的高低等。这些刺激通过购买者的"黑箱"产生反应，如产品选择、品牌选择、经销商选择、购买时间和购买数量选择等。

刺激和反应之间的购买者"黑箱"包括两个部分。第一部分是购买者的特征，购买者特征受到许多因素的影响，并进而影响购买者对刺激的理解和反应。不同特征的消费者对同一种刺激会产生不同的理解和反应。第二部分是购买者的决策过程，它直接影响最后的结果。

图 4-1 消费者购买行为的刺激—反应模式

4.1.3 汽车消费者购买行为的类型

根据消费者购买行为的特点，消费者购买行为可以分为以下几类。

1. 理智型

这是指经过冷静思考，而非凭感情采取的购买行为。这类汽车消费者善于观察、分析和比较，购买思维方式比较冷静，是以理智指导购买行为的人。在购买汽车之前，他们要做广泛的信息收集和比较，充分了解和学习汽车的相关知识，在不同的品牌之间进行充分的调查和评估。在实际购买时，他们慎重挑选，反复权衡比较，不易受销售人员和广告宣传的影响，力图挑选最满意的商品。我国私人汽车消费市场的购买行为多属于这种类型。因为他们大多数是初次购买私人轿车的消费者，购买汽车费用是一项很大的支出，且汽车结构复杂、专业性强，所以消费者在购买过程中非常谨慎。

2. 冲动型

这是指容易受到外界因素的影响而产生的随机性的购买行为。这类汽车消费者一般较年轻、时尚，且资金实力较强。他们在购买时感情容易冲动，心境变化剧烈，往往注意汽车的外形，不大注重汽车本身的性能和效用，容易受到各种汽车广告、媒体介绍、推销员介绍、朋友的推荐等因素的影响和刺激，但是这类消费者常常在购买后容易后悔，认为自己所买的汽车可能在某些方面存在不足，或不如其他同类汽车的性价比高，从而怀疑自己的购买决策的正确性。

3. 疑虑型

这类汽车消费者多属于对汽车不甚了解的人，缺乏汽车知识和购买经验，因而在购买时细致、谨慎、动作迟缓，表现出犹豫不决，难以自主决策。他们非常渴望得到营销人员的提示和帮助，并容易受到外界的影响，甚至可能因犹豫不决而中断购买。

4. 经济型

这类汽车消费者在选购汽车时，从经济的角度出发，对车价非常敏感，以价格作为决定购买的首要标准。经济型购买行为一般有两种表现形式：一是选高价行为，即消费者往往认为高价高质量，愿意购买高价优质商品；另一种是选低价行为，即消费者更注重选择价格低廉的汽车，以经济、节约成本为出发点，这类消费者购买力较低，对购买行为的约束较大，目前市场上工薪阶层的消费者和二手车的消费者多是这种购买行为。

4.1.4 影响汽车消费者购买行为的因素

从图 4－1 所示的消费者购买行为的刺激—反应模式可以看出，影响购买行为的因素主要是汽车消费者自身的特征。面对同样的市场营销刺激因素，不同的消费者会有不同的反应，产生不同的购买行为。影响消费者购买行为的因素包括文化、社会、个人及心理等。

1. 文化因素

文化因素包含核心文化（有时直接称文化）和亚文化。文化因素之所以影响购买者行为，其原因有三：一是文化的存在可以指导购买者的学习和社会行为，从而为购买行为提供目标、方向和选择标准；二是文化的渗透性可以在新的区域中创造出新的需求；三是文化自身所具有的广泛性和普及性使消费者的购买行为具有攀比性和模仿性。所以，营销人员在选择目标市场和制定营销方案时，必须了解各种不同的文化对于企业产品的影响，了解消费者对企业产品的实际兴趣阶段。

2. 社会因素

（1）社会阶层

社会阶层是由具有相同或类似社会地位的社会成员组成的相对持久的群体。划分社会阶层的主要标准是购买者的职业、收入、受教育程度和价值倾向等。不同层次的购买者由于具有不同的经济实力、价值观念、生活习惯和心理状态，并最终产生不同的消费活动和购买方式。企业的营销工作应当集中主要力量为某些特定的阶层（即目标市场）服务，而不是同时去满足所有阶层的需求。换言之，企业要针对所服务阶层的特点，制定适当的营销组合策略。

（2）相关群体

相关群体是指那些影响人们的看法、意见、兴趣和观念的个人或集体。研究消费者行为可以把相关群体分为两类：参与群体与非所属群体，如图 4－2 所示。

参与群体是指消费者置身于其中的群体，有两种：主要群体是指个人经常性受其影响的非正式群体，如家庭、亲密朋友、同事、邻居等；次要群体是指个人并不经常受到其影响的正式群体，如工会、职业协会等。

非所属群体是指消费者置身之外，但对购买有影响作用的群体。有两种情况，一种是期望群体，另一种是游离群体。期望群体是个人希望成为其中一员或与其交往的群体；游离群体是遭到个人拒绝或抵制，极力划清界限的群体。

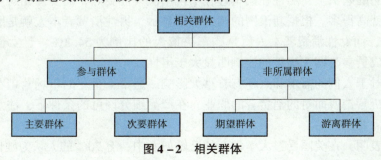

图 4－2 相关群体

相关群体对消费者购买行为的影响，表现在三个方面：①相关群体向人们展示新的行为模式和生活方式；②由于消费者有效仿其相关群体的愿望，因而消费者对某些事物的看法和对某些产品的态度也会受到相关群体的影响；③相关群体促使消费者的行为趋于某种"一致化"，从而影响消费者对某些产品和品牌的选择。

企业营销应该重视相关群体对消费者购买行为的影响作用，利用相关群体的影响开展营销活动，还要注意不同的商品受相关群体影响的程度不同。商品越特殊、购买频率越低，商品知识越缺乏，受相关群体影响越大。

（3）家庭

家庭是社会的基本单位。在正常情况下，人的一生大都是在家庭中度过的。家庭对个体性格和价值观的形成，对个体的消费与决策模式均产生非常重要的影响。

家庭既是很多产品的基本消费单位，又是重要的社会群体，消费者的购买模式无不打上家庭影响的烙印。

根据家庭的购买权威中心的差别区分，家庭基本上可以分为四类：丈夫决策型、妻子决策型、协商决策型和自主决策型。私人汽车的购买，在买与不买的决策上，一般是协商决策型或丈夫决策型，但在款式或颜色的选择上，妻子的意见影响很大。从营销观点看，认识家庭的购买行为类型，有利于营销者明确自己的促销对象。

（4）身份和地位

消费者往往会考虑自己的身份和地位做出购买选择。对于汽车这种高档耐用消费品来讲，身份和地位的影响作用更大。

3. 个人因素

汽车消费者的购买行为除受上述文化因素和社会因素的影响外，还受到个人许多外在特性的影响，其中比较明显的有购买者的年龄、性别、职业、受教育程度、经济状况、生活方式、性格特征和自我形象等。

（1）年龄、性别、职业和受教育程度

人们不仅会在不同的年龄阶段上有不同的需求和偏好，而且还会随着年龄的增长而不断改变其购买行为，这是年龄对于个人购买决策的直接影响。其间接影响则是它还往往要影响社会的婚姻家庭状况，从而使家庭也具有了生命周期。一般来说，处于不同阶段的家庭，其需求特点是不同的，企业在进行营销时只有明确目标顾客所处的生命周期阶段，才能拟订适当的营销计划。对汽车营销而言，面临的家庭阶段主要是处于"满巢"期的各类消费者。

在汽车产品的购买上，男性在购车过程中自主决策性更好，而女性相对参考他人建议和意见的比例就高得多。根据新浪网的调查结果显示，男性消费者本人就是购车决策人的比例为65.3%，而女性消费者本人就是购车决策人的比例为54.3%，且女性消费者让其至亲以及家庭成员参与购车决策的比例明显大于男性。

职业状况对于人们的需求和兴趣有着重大影响。通常，企业的市场营销在制订营销计划时，必须分析营销所面对的消费者的职业，在产品细分许可的条件下，注意开发适合特定职业消费者需要的产品。

一项研究表明，在美国受过大学教育的已婚妇女中，有70%的人认为她们在选择汽车时，有着与丈夫同等的权利；而在只受过高中教育的妇女中，这一比例是56%；在学历不到高中的妇女中，这一比例就更低了，仅为35%。妻子受教育程度越高，她所参与的重要决策越多。可见，受教育程度对消费者的购买行为影响很大。

（2）经济状况

经济状况实际上决定的是个人和家庭的购买能力。它对于企业营销的重要性在于，有助于了解私人购买者的个人可支配收入变化情况，以及人们对消费开支和储蓄的态度等。对于汽车这样的高档耐用消费品而言，只有达到一定的收入水平才有可能考虑购买汽车，同时不同的收入水平在选择汽车的品牌等方面都有着很大的差异。

（3）生活方式、个性和自我形象

生活方式的不同也会形成不同的消费需求。来自相同的亚文化群体、社会阶层，甚至是相同职业的人们，其生活方式也可能不同，具体表现在一个人的活动、兴趣和观点中。生活方式一方面反映了一个人所在的消费阶层，另一方面也超越了人的个性。

现实中每个人都有一个十分复杂的图像：有实际的自我形象、理想的自我形象和社会自我形象（别人怎么看自己）之分。人们希望保持和增强自我形象，购买有助于改善或加强自我形象的商品和服务就是一种途径。"人靠衣服马靠鞍"，就是这个道理。

到底哪些产品最有可能成为传递自我的象征品呢？一般说来，它应具有三个方面的特征，一是该产品的购买、使用和处置很容易被人看到。二是应具有较高的价值，某些消费者有能力购买，而另一些消费者则无力购买。三是应具有拟人化的特征，能在某种程度上体现一般使用者的典型形象。那么，我们很容易发现，汽车恰恰具有以上三个特征，因此，汽车很自然地被人们作为传递自我概念的一个象征品。汽车企业也就可以利用汽车产品的这个属性，在品牌塑造上大做文章。

4. 心理因素

消费者心理是消费者在满足需要活动中的思想意识，它支配着消费者的购买行为。消费者的购买行为受到动机、感知、学习、信念和态度等主要心理因素的影响。

（1）动机

动机是指足以迫使人们去寻找满足的需要。心理学家曾提出许多人类动机理论，其中最著名的是美国心理学家马斯洛的"需要层次理论"，这种理论对消费者分析和市场营销的推论有一定参考价值。这个理论的出发点是：人类是有需要和欲望的，随时有待于满足，已满足的需要不会形成动机，只有未满足的需要才会形成引起行为的动机。

（2）感知

这是影响个人购买行为的另一个重要心理因素。一个被动机驱使的人随时准备行动，但具体如何行动则取决于他对情景的感知如何。两个处于同样情景的人，由于对情景的感知不同，其行为可能不大相同。具体来说，人们对相同的刺激之所以会有不同的知觉，主要是因为人们要经历三种感知的心理过程，即选择性注意、选择性曲解、选择性记忆。

①选择性注意。一个消费者每天都会面对数以千计的信息，显然，一个人不可能全部接受这些信息，于是就产生了选择性注意，即购买者不自觉地控制信息的接受，有的注意，有的忽略掉。一般说来，有三种情况易引起人们的注意：一是消费者目前需要的；二是预期要出现的；三是变化幅度大于一般的较特殊的刺激物。就此而言，引起消费者的注意，应当是营销者促销的重要工作。

②选择性曲解。有些信息虽为消费者注意甚至接受，但其影响作用不一定会与信息发

布者原来的预期相同。因为在消费者对其所接受信息进行加工处理的过程中，往往会在客观的基础上加上自己的理解和想法。也就是说，消费者一旦将信息接受过来，就会将它与自己的观点和以前的信息协调一致起来，因此就使得相同信息在不同的消费者解读时形成不同的感知。从这一角度理解，营销者应当特别重视对于企业信誉和产品名牌的创立。

③选择性记忆。人们对其接触、了解过的许多东西常常会遗忘，而只记得那些与其观点、意气相投的信息，即在购买行为上消费者往往会记住自己喜爱品牌的优点，而忘掉其他竞争品牌的优点。

正由于上述三种感知加工处理程序的不同，使得同样数量和内容的信息，对不同的消费者会产生不同的影响，而且都会在一定程度上阻碍消费者对信息的接受。这就要求市场营销人员必须采取相应的市场营销策略，如大力加强广告宣传，不断提高和改善商品的质量和外观造型、包装装潢等，以打破各种感知障碍，使本企业的商品信息更易为消费者所注意、了解和接受。

（3）学习

由于市场营销环境不断变化，新产品、新品牌不断涌现，消费者必须经过多方收集有关信息之后，才能做出购买决策，这本身就是一个学习过程。通过学习，消费者获得了丰富的知识和经验，提高了对环境的适应能力。同时，在学习过程中，其行为也在不断地调整和改变。

（4）信念和态度

通过行动和学习，人们会获得信念和态度，而这些反过来又会影响他们的购买行为。信念是指一个人对于某事的具体想法。生产者应关注人们头脑中对其产品或服务所持有的信念，即本企业产品和品牌的形象。态度是指一个人对某个客观事物或想法的相对稳定的评价、知觉及倾向。不同的信念可以导致不同的购买态度，一般来说，改变消费者的态度是较为困难的。

以上分析了影响消费者购买行为的各种因素。一个人的购买行为是文化、社会、个人和心理因素相互影响和作用的结果。

4.1.5　汽车消费者购买决策分析

1. 消费者购买决策行为的参与者

对大多数日用消费品而言，购买决策者只有一个，而且很容易识别。例如，男人选购香烟，女人选购香水；而对于汽车及高档消费品来说，情景就不同了，参与其购买决策的人大多不止一个，而且，不同的人在购买决策中扮演不同的角色。按各种角色在决策过程中所起的不同作用，可将决策参与者分为五种类型。

①倡议者：最初提出购买汽车产品及服务的人。

②影响者：其看法或意见对最终决策具有直接或间接影响的人。

③决策者：能够对买不买、买什么、买多少、何时买、何处买等问题做出全部或部分最后决定的人。

④购买者：执行购买决定的人。

⑤使用者：直接消费或使用汽车产品或服务的人。

弄清哪些人参与购买决策及在决策中的不同作用，将有助于营销者制订出更有效的营销计划。例如，营销者应根据使用者的实际需要设计产品；从方便购买者的角度出发规划销售网点；根据倡议者、影响者和决策者的不同特点制订不同形式的促销计划。

2. 消费者购买决策的过程

在复杂购买行为中，消费者购买决策过程由确认需要、搜集信息、评估选择、决定购买和购后行为五个阶段构成，如图4-3所示。当然，其中的五个阶段并不是每一个消费者在购买时都要一一经过，比如对汽车的相关知识了解比较多的消费者经过的阶段就会少一些。

图4-3 消费者购买决策过程

（1）确认需要

消费者认识到自己有某种需要时，是其决策过程的开始。这种需要可能是由内部刺激引起的，也可能来源于外界的某种刺激，或是内、外刺激两方面的共同作用，这一需要会驱使消费者寻找合适的购买对象以使这一需要得到满足。

（2）搜集信息

消费者的某些需要能够通过常规购买行为随时得到满足。但消费者还有一些需要是不能通过常规购买行为得到满足的，因为他们不知道或不确切知道哪些商品或哪种商品能够满足自己的特定需要。为增进对有关商品的了解，他们需要搜集与满足其需要有关的各种信息，以此做出购买决策依据。消费者的信息来源主要有以下四个方面：

①个人来源：家庭、亲友、邻居、同事等。

②商业来源：广告、推销员、经销商、展销会等。

③公共来源：大众传播媒体、消费者组织等。

④经验来源：操纵、实验和使用产品的经验。

一般来说，消费者所得到的信息，大部分出自商业来源，而影响力最大的是个人来源。各种来源的信息对购买者决策都有相当的影响，在正常情况下，商业来源主要起通知作用，而个人来源主要起评估作用。

（3）评估选择

根据所得到的信息，消费者要进行商品及品牌的比较和选择。在比较和选择的过程中，消费者有五种心理现象应引起营销者的注意：第一，产品性能是消费者考虑的首要问题；第二，消费者对各种性能的重视程度不同；第三，消费者心目中的品牌形象及其品牌信念与品牌实际形象常有差距；第四，消费者对产品有各种效用期望；第五，消费者在选择商品时大多以个人理想作为比较标准。汽车营销人员应根据消费者以上心理特点，认真研究使消费者中意本企业商品的对策。

（4）决定购买

做出购买决定和实现购买是购买决策过程的中心环节。消费者对商品信息进行比较和评价后，已经形成购买意图，然而从购买意图到实际购买之间，还要受两个因素的影响：第一个因素是他人的态度。例如，某人已准备购买某品牌汽车，但他的家人或亲友持反对

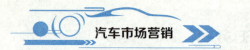

意见，就会影响其购买意图。反对意见越强烈，或持反对意见者与购买者的关系越密切，修改购买意图的可能性就越大。第二个因素是意外的情况。购买意图是在预期家庭收入、预期价格和预期获益的基础上形成的。如果发生了意外的情况，如失业、意外急需、产品涨价、新出现的有关该产品令人失望的信息等，都可能导致购买意图的修改。因此，汽车营销人员应设法使消费者所承担的风险减到最低限度，促使消费者做出购买决定并付诸实现。

（5）购后行为

消费者购买之后的行为主要有两种：一是购后的满意程度；二是购后的活动。

①消费者购后的满意程度。消费者的满意程度，取决于消费者对产品的预期性能与产品使用中的实际性能之间的对比。因此，汽车营销人员对产品的广告宣传只有实事求是，才能使购买者感到满意。有些营销人员在产品性能的宣传故意留有余地，其目的就是增加消费者购后的满意度。

②消费者的购后活动。购买后的满意程度，决定了消费者是否重复购买这种产品，决定了消费者对这一品牌的态度，并且还会影响到其他消费者，形成连锁反应。汽车营销人员应积极主动地与消费者做购后联系，采取一些必要措施，促使消费者确信其购买决策的正确性，同时还要加强售后服务，根据顾客的意见反馈及时改进产品和改善服务。

任务4.2 汽车组织市场的购买行为

建议学时：1学时

任务下达

桐桐上岗不久，就遇到了一位特殊顾客。简单攀谈过后，桐桐得知对方是为公司采购并非私用，准备一次采购几辆车。桐桐一听心里就慌了，桐桐对大客户的购买行为完全不了解。恰巧对方接了个电话就匆匆离开了，看来桐桐得好好学一学组织市场的知识了。

在汽车市场中，除了个人和以家庭为单位的汽车消费者以外，集团组织也是汽车企业的重要客户，各种各样的组织或集团构成了汽车的组织市场。这个市场是我国现阶段重要的汽车市场，甚至是某些车型的主力市场。因此，汽车企业应当了解和研究组织市场的特点和购买行为。

4.2.1 汽车组织市场的类型

1. 企事业单位购买者

这类购买者包括企业组织和事业单位两大类型。企业组织是社会的经济细胞，是从事产品或服务生产与经营的各种经济组织。事业单位主要包括公立学校、公立医院、社会团体等，是从事社会事业发展的机构，是为某些或全部公众提供特定服务的非营利性机构。企事业单位购车，目的是满足企业组织开展商务经营活动和事业单位开展事业活动的需要。

2. 政府部门购买者

这类购买者主要包括各种履行国家职能的非营利性组织，是指服务于国家和社会，以实现社会整体利益为目标的有关组织。

3. 运输营运型购买者

这类购买者是指专业从事汽车运输或营运服务的各类组织或个人，包括各类公路运输公司、旅游运输公司、城市公共汽车公司、出租车公司、私人运输经营户等。

4. 再生产型购买者

再生产型购买者包括采购汽车零部件的企业或通过对汽车中间性产品进行进一步加工、生产以制造整车的汽车生产企业，如各主机生产企业、重要总成装配厂家、各种特种车及专用车的生产厂家等。

5. 转卖型购买者

转卖型购买者是指从事汽车流通的各种中间商组织，它们是汽车厂家分销渠道上的成员。中间商一般不构成汽车厂家的市场，但少数汽车厂家也采取了将产品转移给中间商后就视为销售完成的销售方式，故在此也认为此类中间商也是购买者。

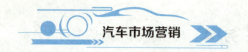

4.2.2　汽车组织市场的特点

汽车组织市场是相对私人消费市场而言的。与消费者市场相比，由于在目的、方式、性质、规模等方面的不同，汽车组织市场具有下列特点。

1. 短期需求弹性较小，波动性较大

与私人汽车消费者相比，组织购买者的需求价格弹性较小，特别是短期内需求受价格变动的影响不大。但是，组织市场可能会受到宏观经济形势的影响，并产生较大的波动性。

2. 购买者数目相对较少

相对于消费者市场，组织市场的购买者的数目较少。虽然组织购买者在地理上较为分散，但购买者的类型较为集中，这一特点使得企业可以采取人员推销的形式开展营销活动，同时也对营销人员的素质和技巧提出了较高的要求。

3. 购买数量一般较大

除了企事业单位购买者和运输营运型购买者外，其他组织购买者一般都具有购买数量大的特点。

4. 供求双方关系稳定

不同于私人消费市场购买者多变的购买习惯和偏好，组织市场的买卖双方关系的建立需要较长时间，而且双方关系比较稳定、密切。组织购买者希望有稳定的货源，而厂商更需要稳定的销路，因此供求双方需要保持较为密切的联系。有时购买者希望供货商能够按照自己的要求提供产品，在产品规格、功能、交货等方面提出特殊要求，供货商应经常与购买者沟通，详细了解其特殊要求并尽量满足。

5. 购买专业性强

组织购买者大多对产品有特殊要求，且采购过程复杂多变，涉及金额较大，一般由受过专业训练的采购人员完成采购，很少有冲动购买的情况发生。因此，汽车厂商应多从产品功能和技术的角度介绍本企业产品的优势，尽量提供详细的技术资料和服务。

6. 采购决策多元化

组织市场的购买决策并不是一个人做出的，往往受到多重因素的影响，是由组织内部使用这些产品的许多处于不同岗位的个人和领导层组成的采购小组共同决定的。采购小组往往是由若干技术专家和中高层管理者共同组成的。因此，汽车厂商应当派出训练有素、具备专业知识和人际交往能力强的销售人员，与买方的采购人员和决策者打交道。

7. 需求理性化

组织购买者的购买行为往往比较理性，不像个人消费行为那样随意。一般来说，组织购买者需要一段时间来进行谈判和论证，包括需求的确认、产品规格说明、供货商报价、供货商分析、使用者意见征集、供货商选择、购买、购后评估等。

4.2.3　影响组织市场购买行为的主要因素

汽车采购人员在做出购买决策时会受到一些因素的影响，更多的时候是多个因素共同起作用。一般来说，除了经济因素之外，外部因素也会对采购人员产生影响，主要包括环境因素、组织因素、人际关系因素和个人因素，如图 4-4 所示。

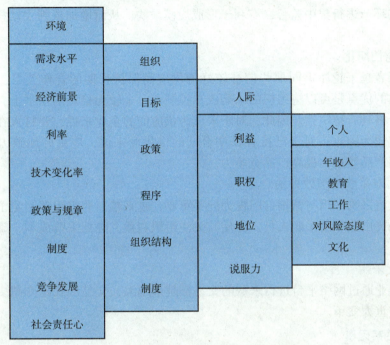

图 4-4　影响组织市场购买行为的主要因素

1. 环境因素

环境因素是指采购人员所处的企业的内外部环境，主要是指企业当前和未来的经济状况，本企业的产品需求情况，技术水平的发展情况，政治、法律、政策环境等。例如，政府出台环保政策后，需要购车的组织就要考虑环保政策对汽车排量、噪声、尾气方面的限制，并在做出购买决策时予以充分考虑。如 2011 年工信部、中央机关事务管理局发布的《党政机关公务用车选用车型目录管理细则》中的"双 18"（一般公务用车和执法执勤用车发动机排气量不超过 1.8 升，价格不超过 18 万元）规定，就对政府机关购买公务用车做出了限制，这势必会影响此类组织的购车行为。

2. 组织因素

组织因素是指采购组织的具体目标、政策、程序和组织结构。营销人员必须尽量了解采购组织的这些信息，关注采购部门在企业组织结构中的变化趋势。当前组织的采购部门有如下变化趋势。

（1）地位升级

在传统的组织结构中，采购部门在管理层次上一直不处于重要位置，但当今各类组织对运营成本的控制越来越重视，采购部门的地位也越来越高，并有很多优秀的专业采购人

员得到聘用。

（2）集中采购

企业为了降低成本，通过一些部门将商品的采购统一起来，制定统一的采购计划、采购标准，并采用电子化系统进行集中管理。在传统的组织中，采购权是下放的、分散的、低效的。当前的发展趋势是向着集中采购的方向发展，即设立独立的采购部门，专门负责组织所需的各种物资的采购，实现专业化采购。这种机制有利于提高采购的专业化水平，有利于对采购环节进行集中监督，有利于形成规模采购，从而增加谈判主动权，降低采购成本。

（3）合同长期化

组织购买者越来越注重同那些信誉较好的供应商保持长期的合作关系，签订长期合同。这种方式的优点是可以将组织的采购成本控制在一个较为稳定的水平上，从而使其产品或服务的价格具有稳定性。因此，对于未成为供应商的企业来说，要打入在长期合同保护下的市场就较为困难，对于已持有长期合同的供货商来说，应更好地致力于专业化生产，努力提高产品质量，提高产品竞争力。

（4）加强对采购的绩效评估

现代企业将采购部门与营销部门视为同等重要，越来越多的组织都制定了激励制度来激励那些做出突出业绩的采购人员，促使其关注组织利益，降低采购成本，确保良好的供货条件。

（5）网上采购

如今，企业通过网络平台进行采购的交易额越来越大，交易形式越来越多，从而引起了采购模式的重大变革。

3. 人际关系因素

人际关系因素主要是指采购部门或采购小组内部的人事关系。采购部门或采购小组由处于不同地位、拥有不同职权以及具有不同偏好和不同谈判能力的参与者构成。在购买过程中，他们会用不同的标准和观念来选择和评价购买决策。对于营销者而言，应充分了解客户组织的人际关系状况，研究每个人在购买决策中扮演的角色及其影响力的大小，以便利用这些因素促成交易。

4. 个人因素

个人因素主要是指组织购买者中每一个参与购买活动的人员，各自在购买动机、个人经历、喜爱偏好等方面的因素，这些因素在组织市场中也会产生一定的影响。采购活动中的一些项目，如供应商、型号、性能、价格等因素受个人习惯的影响较小，而某些采购的细节，如色彩、包装、款式等个人喜好会起到很大的作用。

4.2.4 汽车组织市场购买决策的参与者

组织采购部门的设置，与组织自身的性质和规模密切相关。大型组织有职能较为完整的专门采购部门，小型组织的采购任务往往只由少数几个人负责。在采购决策权的授予方面，不同类型的采购部门也不尽相同。有些采购部门把选择供应商和选择产品的权限授予采购人员，有些则只允许采购人员选择产品，还有的采购人员仅仅是供应商和采购部门之间的媒介，只处理日常订单。总体来说，不同的决策参与者，对决策的作用各不相同，典型的购买决策过程中的参与者可以分为以下 7 种类型。

1. 发起者

发起者指提出和要求购买的人。

2. 使用者

使用者指具体操作、运用所购产品的有关人员。有时，发起者可能是使用者。使用者对所购产品的品种、规格决策有重要的影响。例如，出租车公司在购买新出租车时，可能会征求企业中现有出租车司机的意见，以确定哪种类型的轿车使用起来比较经济方便，并且能满足运输需要。

3. 影响者

影响者指在采购企业的内部和外部，能够直接或间接影响购买决策的人员。属于影响者的有生产和办公室人员、研发工程师、工程技术人员等。他们虽然不是决策者，但却具有相当大的影响力。他们经常协助采购人员确定产品规格，并提供方案评价信息。其中，技术人员往往是重要的影响者，尤其是在企业采购重要生产资料时。

4. 采购者

采购者是正式实施购买行为的人，负责选择供货单位并参加谈判。在较复杂的购买活动中，采购者还包括采购单位内部的高层管理人员。

5. 决策者

有正式或非正式权力决定购买行为、产品要求和供应商的人。在一般的例行采购中，采购者常常就是决策者；若是较复杂的采购，决策者常常是企业领导者。因此，对于供应商来说，确定决策者，并以决策者的需要为目标，可以有效地促成交易。

6. 批准者

批准者指有权批准决策者或采购者所提供的行动方案的人员。批准者通常是企业的高层管理人员。

7. 控制者

控制者指在采购企业的内部和外部，能够控制有关信息流向决策者和使用者的人员。他们不是购买行动的直接参与者，也不对企业决策产生影响，但是，他们往往有能力影响或阻止采购人员接触销售员或有关商品信息。所以，供应商在试图打开某一个企业的市场时，必须和控制者搞好关系，重视他们在整个购买活动中可能产生的影响。

由于购买行为不同，采购企业中不同成员在整个购买过程中的重要性也就不同。如在直接采购时，采购代理人的作用较大；在新任务采购中，其他组织人员的作用较大；在产品选择决策时，工程人员和使用者有较大影响力；而购买者则往往控制着选择供应商的权利。

4.2.5　汽车组织市场购买行为的过程

组织市场购车的决策过程是一个比较复杂的过程，一般认为此过程可以分为 8 个阶段。在执行全新的采购任务时，通常需要完整地经过这 8 个阶段，而进行重购或修订重购时，则可能跳过其中几个阶段。

1. 提出需要

企业内部对某种产品或劳务提出需要，是采购决策过程的开始。提出需要一般是由以下两方面原因引起的：一是内部刺激，包括企业有新的业务需求需要购置新汽车产品，或企业原有的汽车产品发生故障等；二是外部刺激，如展销会、广告或供应商推销人员的访问等，促使有关人员提出采购意见。营销人员应当主动营销，开展各种类型的营销活动，帮助客户挖掘潜在需求。

2. 确定需要

确定需要是确定所需产品或服务的特征、种类和数量，对抽象化的需要进行具体化、量化。在此阶段，复杂的采购任务，由采购人员同企业内部有关人员共同研究决定；简单的采购任务，则往往由采购人员直接决定。营销人员要向客户提供专业的帮助，帮助其明确需求的产品特征、种类和数量。

3. 确定产品规格

需要确定下来之后，接下来还要对所需产品的规格型号等技术指标做详细的说明。这要由专业人员对所需品种进行价值分析。价值分析是一种降低成本的分析方法，目的是在保证不降低产品功能的前提下，尽量降低成本，以获取更大的经济效益。经过价值分析之后，写出详细的书面材料说明技术要求，作为采购人员进行采购的依据。营销人员应当尽可能地参与客户的价值分析，帮助采购者确定产品规格，以增加被选中的机会。

4. 寻找供应商

采购人员通常通过工商名录、专业刊物或网络查询供应商，有时也会通过其他企业了解供应商的情况。如果是初次新购，或所需品种复杂、价值很高，组织用户为此花费的时间就会比较长，在此阶段，供应商的任务就是要使自己列入备选供应商的范围之内，提供有竞争力的方案，并在市场上树立良好的企业形象。

5. 征求供应信息

企业有了备选的供应商之后，会邀请其提供相应资料，包括产品说明书、购买方案、价目表等。在一些比较复杂或大规模的采购中，往往采用招标的形式。此时，供应商就必须按照招标的要求，提供一系列书面材料以及准备标书。

6. 选择供应商

企业在掌握了比较丰富的信息后，由采购部门评价、建议和选择供应商。采购者在做出最后的选择之前，还会与选中的供应商就价格及其他条款进行谈判。

7. 订立合同

确定供应商之后，汽车组织客户会根据所需产品的技术说明书、需求数量、预期交货时间、退货条件和担保书等，与供应商订立合同。不少企业日趋采取"一揽子合同"的形式，而不采取"定期采购合同"的形式。这是因为如果采购次数少，每次采购批量较大，库存压力就会增加，而且会占用过多现金。而用户与供应商建立了长期供货关系，这个供应商就会根据客户需要按照原来约定的价格条件随时供货。这种模式往往是通过先进的采购系统完成的，供应商在系统中可以看到客户当期的需求量，因而"一揽子合同"又称为"无库存采购计划"。

8. 采购评价

如同消费者在购买过程中有购后行为一样，汽车组织客户完成采购后，采购部门也会根据最终的使用情况来对采购做出评价。为此，采购部门要听取各方使用者的意见。这种对某个供应商的评价，会影响今后是否继续从该供应商处订货。因此，供应商在产品销售出去后，要加强跟踪和售后服务，以赢得客户的信赖，保持长期的供应关系。

任务 5

汽车市场调研与需求预测

任务导语

市场瞬息万变，企业要生存、发展，就需要与时俱进、适应市场的变化。企业必须重视对市场信息的搜集、分析与处理，不断地进行市场营销调研和预测，这对增强企业的市场竞争地位具有重要意义。

任务要求

1. 熟悉汽车市场调研的主要内容、方法和步骤。
2. 熟悉市场需求测量的相关内容。
3. 熟悉市场需求预测的常见方法。

总学时：6

任务5.1 汽车市场调研

建议学时：4 学时

任务下达

桐桐之前做过问卷调查员的兼职工作，对市场调研的工作有一些了解。不过，问到市场调研还有哪些方式的时候，桐桐就说不清楚了。桐桐决定开始汽车市场调研理论知识的学习。

5.1.1 汽车市场调研的概念及作用

1. 汽车市场调研的概念

汽车市场调研就是运用科学的方法，有计划、有目的、系统地收集、整理和研究分析有关市场营销方面的信息，并提出调研报告，总结有关结论，提出机遇与挑战，以便帮助汽车生产企业、汽车销售公司了解营销环境，发现问题与机会，并为市场预测与营销决策提供依据的一种经营活动。

汽车市场调研实质上就是对汽车用户及其购买力、购买对象、购买习惯、未来购买动向和竞争对手的情况等方面进行全部或部分的了解。为了了解和掌握市场和消费者的实际情况，市场调研也就成了市场营销活动一个必不可少的、最基本的环节。

2. 汽车市场调研的作用

现在，国外很多成熟企业都有自己完善的市场调研机构和体系，在它们看来，企业没有开展市场调研就进行市场决策是不可思议的。在美国，73%的企业设有正规的市场调研部门，负责对企业产品的调研、预测、咨询等工作，并在产品进入每一个新市场之前都首先对其进行市场调研。有效的市场调研会使企业获益匪浅。

（1）有利于制定科学的营销战略与计划

企业只有通过市场调研，分析市场、了解市场，才能根据市场需求及其变化、市场规

模和竞争格局、消费者意见与购买行为、营销环境的基本特征，科学地制定和调整企业营销规划。

（2）有利于发现营销活动中的不足，优化营销组合

企业根据市场调研的结果，分析研究产品生命周期，制定产品生命周期各个阶段的营销组合策略。企业可以根据消费者对现有产品的态度，改进现有产品，开发新用途，设计新产品；通过测量消费者对产品价格变动的反应，分析竞争者的价格策略，确定合适的定价；通过了解消费者的购买习惯，确定合适的销售渠道；掌握消费者心理变化，改进企业促销方式。

（3）有利于开拓新市场，发挥竞争优势

通过市场调研，企业可发现消费者尚未满足的需求，测量市场上现有产品满足消费需求的程度，从而不断开拓新的市场。

5.1.2 汽车市场调研的类型

汽车市场调研按照不同的标准有多种分类方式，如按照营销主题、市场调研的内容以及调研的时间要求等进行分类。按照调研目的，汽车市场调研分为以下四种类型。

1. 探索性市场调研

探索性市场调研是为了使问题更明确而进行的小规模调研活动。这种调研特别有助于把一个大而模糊的问题表达为小而准确的子问题，并识别出需要进一步调研的信息。比如，某公司的市场份额去年下降了，公司无法一一查知原因，就可用探索性调研来发掘问题：是经济衰退的影响？是广告支出的减少？是销售代理效率低？是消费者的习惯改变？总之，探索性市场调研具有灵活性的特点，适合于调研那些我们知之甚少的问题。

2. 描述性市场调研

多数的市场调研为描述性调研，如市场潜力调研、市场占有率调研、销售渠道调研，等等。在描述性调研中可找出相关变量，能够描述调研对象的特征，说明"怎样"或"如何"的问题，但并不说明何者是因，何者是果，解释"为什么"的问题。例如，在品牌调研中发现品牌销售量与广告支出有很大的关系，提供了进一步深入调研的基本资料，如欲了解品牌与广告预算的因果关系，则需作因果关系调研。

3. 因果性市场调研

因果性调研是调研一个因素的改变是否引起另一个因素改变的调研活动，目的是识别变量之间的因果关系。如预期价格、包装及广告费用等对销售额有影响。这项工作要求调研人员对所调研的课题有相当的知识，能够判断一种情况出现了，另一种情况会接着发生，并能说明其原因所在。

4. 预测性调研

预测性调研的目的是预先估计未来市场的潜力和变化趋势，其方法有定性的方法也有涉及统计分析的数学模型方法。预测性调研的内容比较明确和具体，调研方法也相对独立，因而形成了市场调研的一个重要的分支领域。

5.1.3 汽车市场调研的主要内容

市场变化的因素很多，因而市场调研的内容也十分广泛。一般来说，所有影响市场变化的因素都应进行调研。

1. 宏观经济调研

任何企业的经营管理都必须适应国家经济形势的发展，都必须严格遵守政府的方针、政策和法令。企业必须对宏观经济进行调研，即调研整个国家经济环境的变化对企业产品的影响。调研的具体内容有：工农业总产值、国民收入、消费与储蓄的比例、发展速度、基建规模、基建投资、社会商品零售总额、人口增长、就业率、主要产品产量，等等。调研这些内容的目的：①判断和确定企业的服务方向。②通过调研主要产品产量，按相关比例测算对本企业产品的需求量。

2. 科学技术发展动态的调研

该项调研主要是调研与本企业生产的产品有关的科技现状和发展趋势。具体内容有：世界科学技术现状和发展趋势；国内同行业科学技术状况和发展趋势；本企业所需的科学技术和发展趋势；等等。

3. 用户需求的调研

对用户需求的调研，就是要了解用户和熟悉用户，掌握用户需求的变化规律，千方百计地去满足用户的需求。

（1）对用户的特点进行调研

本企业产品的用户是谁？是生产性用户，还是非生产性用户？是城市用户，还是农村用户？是国内用户，还是国外用户？用户不同，其需求的特点也不同，要按照用户的不同特点满足其要求。

（2）对影响用户需求的各种因素进行调研

如调研用户的购买力的大小，用户购买力分为集团购买力和个人购买力。集团购买力受国家财政经济状况及税收政策的影响，个人购买力主要取决于劳动者个人收入和家庭经济收入。又如调研社会风俗、习惯、文化水平、民族特点对用户的需求有何影响，用户购买力动机如何，想购买什么样的产品等。

（3）对用户的现实需求和潜在需求进行调研

4. 产品销售调研

企业只有把产品顺利地销售出去，商品的价值才能得以实现，才能获取一定的盈利，才能有足够的资金重新购置生产资料进行再生产。对产品销售的调研内容有：①企业所生产的各种产品，在一定的销售区域内是独家产品还是多家产品？用户对本企业产品是否满意？若不满意，其原因是什么？本企业的产品在市场上是畅销还是滞销？原因是什么？②企业的各种产品处于产品生命周期的哪一个阶段？③企业各种产品的价格在市场上有无竞争能力？④企业的销售力量是否适应需求？

5. 竞争对手的调研

企业的竞争场所是市场，产品的销售量是企业竞争的"晴雨表"，只有通过市场调研才能掌握竞争对手的情况：①在全国或一个地区有哪些同类型企业，企业实力如何？这些

企业当中，谁是最主要的竞争者？②主要竞争者的产品市场分布如何？市场占有率多大？它对本企业的产品销售有何影响？③主要竞争者采取了哪些市场营销组合策略？

5.1.4　市场调研的方法

市场调研的方法可分为两种：第一手资料的调研和第二手资料的调研。第一手资料是指研究人员针对当前的调研问题而直接从目标顾客那里搜集的信息；第二手资料是指他人出于其他目的早先搜集的资料。两种调研方法的优缺点比较如表5－1所示。

表5－1　第一手资料调研和第二手资料调研的比较

调研方式	优点	缺点
第一手资料调研	针对性强	时间长，成本费用高，对调研人员的能力要求高
第二手资料调研	方法简便、快捷、节省时间、调研成本低	资料适用性不强，可能与调研目的有差距；资料的真实性和可靠性需进一步审查和评估，有错误的可能性，要注意资料的来源

从上表的对比可以看出，第二手资料的调研较为简便易行，因此实际工作中，调研人员常从第二手资料的调研入手。当然仅有第二手资料常常是不够充分的，还需要搜集第一手资料进行补充，以取得更为详尽、切实的市场信息。

1．第二手资料的来源

第二手资料包括企业内部资料和外部资料。内部资料是企业内部的各种记录、统计表、报告、用户来函、订货单等，包括产量、销量、利润、成本、库存、工资、运费、财务报告、广告、产品设计及技术资料等信息。这些资料可由企业内部各部门的人员提供，可能是书面的或口头的。企业外部资料的来源主要有：①政府部门的定期出版物，如各种统计年鉴、统计报告、调研报告等。②各类报纸和专业刊物。③各行业协会的报告和定期出版物。④专业的市场咨询公司的研究报告。⑤互联网是个巨大的信息库。可以通过搜索引擎，也可直接登录政府机构的网站、专业网站等搜集相关资料。

这些资料一般比较容易取得，搜集的方法包括检索、直接查阅、索取、交换、购买、咨询该领域的专家，以及通过情报网搜集和复制等。

2．第一手资料的搜集方法

搜集第一手资料又称为现场调研，具体可分为询问法、观察法、实验法。三种调研方法的优缺点比较如表5－2所示。

表5－2　三类调研方法比较

项目	询问法	观察法	实验法
优点	调研方法灵活方便 调研问题全面深入	调研方法直接有效 调研结果客观、准确、实用	验证因果关系 发现内在规律
缺点	周期长、组织难度大	重于表象、缺乏深度	时间长、费用大

（1）询问法

该方法是由调研者先拟订出调研提纲，然后向被调研者以提问的方式请他们回答，搜集资料。

①面谈调研。采用这种方法时，可以一个人面谈，也可以几个人集体面谈；可以一次面谈，也可以多次面谈。例如，福特公司为了了解消费者的想法，在新型车推出之前选择了52对夫妇，邀请他们来到公司，公司负责人将他们分成若干小组，带进汽车样品陈列室看汽车样品，并听取他们的感想。

这种方法的优点是：直接接触回答者；能确认回答者是否做错误或不正当回答；如果调研人员优秀的话，还可以在调研过程中指出调研问卷中的不足之处或者听取调研问卷中未记入的重要信息；问卷回收率较高，有望达到70%以上。其缺点是：需要较大的费用投入；难以招集高素质的调研人员；无法避免调研人员的不正当行为。

②电话调研。这是一种从电话持有者中采集样本，用电话进行访问的方法。该方法在美国普遍采用。在美国，一般说的调研实际上就是指电话调研，因为要直接访问被访问者是很困难的。

这种方法的优点是：费用不太高；结果快；调研人员容易管理。其缺点是：样本有局限性，一般偏重于高收入层，代表性不强；只能询问一些简单内容；未事先通知的情况下，其拒绝率较高，回收率一般在45%左右。

③邮寄调研。这种方法又称通信调研，就是将预先设计好的询问表格邮寄给被调研者，请他们按表格要求填写后寄回。

这种方法的优点是：费用投入少；调研对象地域不受限制；可以不用调研人员，调研程序也很简单。其缺点是：调研问卷的回收率低；无法了解回答是否回答者本人所为；调研人员和被调研者不能直接沟通，调研内容容易停留在表面上和形式上；问卷回收费时费事；容易产生回答遗漏现象。

④留置问卷调研。这种调研方法是由调研人员将调研问卷当面交给被调研者，并说明回答要求，留给被调研者自行填写，然后由调研人员定期收回。

这种方法的优缺点介于面谈调研和邮寄调研之间。最大优点是被调研者有较多的时间思考问题，避免受调研人员倾向性意见的影响；另外可适当扩大调研区域，增加调研对象。但这种方法的不足之处是调研表的回收时间长，回收率低。

（2）观察法

这种调研方法是调研人员通过直接到调研现场观察和记录被调研者的言行从而取得第一手资料的方法，也可安装照相机、摄影机、录音机等进行拍摄和录音。

由于调研者与被调研者不发生直接对话，甚至被调研者并不知道自己正在被调研，被调研者的言行完全是在一种自然状态下表现出来的，因此这种方法的最大优点是可以客观地搜集、记录被调研者的现场情况，调研的结果较为真实可靠。不足之处是这种方法观察的是表面现象，无法了解被调研者的内心活动，有许多资料仅靠观察无法获得，如消费心理、购买动机、收入情况等。所以，这种方法要与其他方法结合使用，以获得更详细和必需的资料。

（3）实验法

实验法是指从影响调研问题的众多因素中选出一个或两个因素，将它们置于一定条件下，进行小规模的实验，然后对实验结果做出分析判断，进行决策。这种方法是目前消费品经营企业普遍采用的一种调研方法，应用范围很广。凡是某种商品投入市场，或是商品改变品种、包装、价格、商标、促销方式等，均可应用这种方法进行小规模的实验、试销，由此了解消费者的反应和意见。例如，设定A和B两个实验地域，第一步通过事前调研来了解两地域特定产品的销售额和知名度。第二步在 A 地域做一定时间的广告。第三步在两地域调研特定产品的销售额和知名度，以此了解广告前后的变化情况。如果两者之间有明显的差异，就可将其测定为广告的效果。

这种方法的优点是可以有控制地观察分析某些市场变量之间的内在联系，并且这种调研所取得的资料、数据较为客观、可靠。其缺点是影响销售的因素很多，可变因素难以掌握，测试结果容易出现误差，而且实验所需时间长，费用开支较大。

现在流行一种做法，即许多企业自己设立试销店。制造商和消费者之间隔着一层或几层中间环节，直接影响了制造商与消费者的沟通，制约了消费者信息的取得。制造商通过试销店直接对消费者开展销售活动，就能直接迅速地捕捉消费者的需求实况及其变化，并将其运用于产品开发、价格制定、渠道选择和促销策划上。

5.1.5 汽车市场调研的步骤

市场调研一般可分为五个阶段，即明确调研主题与调研目标；拟订调研计划；实施调研；统计和分析；形成报告。

1. 明确调研主题与调研目标

在组织市场调研活动时，应当首先找出需要解决的最关键、最迫切的问题，明确这次调研活动要完成什么任务、实现什么目标。

在确定调研主题时，调研主题的界定不能太宽、太空泛。例如，"研究怎样才能使我们的顾客感到满意"就是一个过于空泛模糊的调研主题。对于任何一个从事市场营销的企业来说，影响顾客满意程度的因素实在是太多了，绝不是借助于一两次市场调研就能够真正弄清楚的。调研主题的界定也不能太窄、太细微。调研主题选得太窄，就不能通过调研充分反映市场营销的情况，使调研不能起到应有的作用。

2. 拟订调研计划

具体来说，市场调研人员应规划好 6W2H 八个方面的内容，如表 5-3 所示。

表 5-3　调研计划的框架

项目	含义	任务
what	调研什么	明确调研主题
why	调研目的（原因）	明确调研目的、意义与目标
which	调研对象	随机抽样、非随机抽样
who	调研主体	委托外部机构调研、自己独立调研、内外协作调研
when	调研时间	调研日程、信息时限
where	调研范围	明确调研总体与总体单位
how to do	调研方法	询问法、观察法、实验法；一手资料、二手资料
how much	调研预算	人、财、物消耗预算

3. 实施调研

在该阶段，数据资料收集阶段往往费用最高，也最容易出现错误。所以说，搜集信息资料是市场调研的中心环节，必须保证及时、准确，尽量通过各种不同的渠道和办法，以较低的费用取得企业所需要的全部市场信息资料。市场调研的主管人员必须密切监督调研现场的工作，防止调研中出现偏差，以确保调研计划的实施。

4. 统计和分析

搜集到信息资料后，必须及时进行科学的统计和分析。

（1）编辑整理

在信息资料的编辑整理过程中，要检查调研资料的误差。产生误差常常是不可避免的，其原因一般有两种：抽样误差和非抽样误差。抽样误差，是由抽样方法本身所引起的误差。由于抽样调研是用其结果推算总体，因此推算结果与总体必然有一定误差。非抽样误差，是指除抽样误差以外所有的误差的总和，如统计计算错误、调研表内容设计不当、谈话记录不完整、访问人员的偏见、被调研者回答不认真或前后矛盾等。

另外，要对信息资料进行评定，即审核其根据是否充分，推理是否严谨，阐述是否全面，观点是否成熟，以保证信息资料的真实与准确。

（2）分类

为了便于查找、归档、统计和分析，必须将经过编辑整理的资料进行分类编号。如果资料采用计算机处理，分类编号尤为重要。

（3）统计

将已经分类的资料进行统计计算，以便利用和分析。

（4）分析

运用调研所得出的有用数据和资料，分析情况并得出结论。依资料分析的性质不同，可以分为定性分析与定量分析；依资料分析的方式不同，可以分为经验分析与数学分析。当前的趋势是，越来越多的企业借助数学分析方法对调研资料进行定量分析。

5. 形成报告

最后一个阶段是提出调研报告。在对调研资料分析处理的基础上，调研人员必须得出调研结论，并以调研报告的形式总结汇报调研结果。

（1）编写调研报告的原则

突出调研主题；调研内容要客观、扼要、有重点；方案简洁易懂；报告结构要合理、严谨、给人以完整的印象。

（2）调研报告的结构

①调研的目的和范围。

②调研所采用的方法。

③调研的结果。

④提出的建议。

⑤必要的附件。

市场调研报告有两种常见的形式：一种是技术性报告，它着重报告市场调研的过程，其内容包括调研目的、调研方法、数据资料处理技术、主要调研资料摘录、调研结论等，主要供市场调研人员阅读。另一种是结论性报告，它着重报告市场调研的成果，提出调研人员的结论与建议，供营销决策主管人员参考。

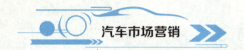

任务5.2 市场需求预测

建议学时：2 学时

任务下达

上一个任务点，桐桐学习了汽车市场调研的相关知识，通常的说法是"调研与预测"，本次任务桐桐将学习市场预测的理论知识，让自己的营销知识体系更完善。

5.2.1 市场需求测量

1. 市场需求

估计市场需求是评价营销机会的重要步骤。某个产品的市场需求是指一定的顾客在一定的地理区域、一定的时间、一定的营销环境和一定的营销方案下购买的总量。

（1）营销力量与市场需求

市场需求对产品价格、产品改进、促销和分销等一般都表现出某种程度的弹性。因此，预测市场需求必须掌握产品价格、产品特征以及营销预算等的假设。我们可以用营销力量来描述企业所有刺激市场需求的活动。其影响力可分为四个层次：

①营销支出水平，即所有花费在营销上的支出。

②营销组合，即在特定期间内企业所用营销工具的类型与数量。

③营销配置，即企业营销力量在不同顾客群体及销售区域的配置。

④营销效率，即企业运用营销资金的效率。

（2）市场反应函数

认识市场需求概念的关键在于市场需求不是一个固定的数值，而是一个函数。因此，市场需求也被称为市场需求函数或市场反应函数，如图5-1所示。图5-1中，横轴表示在一定时间内的行业营销费用，纵轴表示受营销费用影响的市场需求的大小，曲线表示行业营销费用与市场需求之间估计的对应关系。

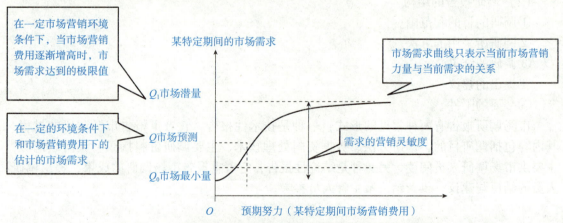

图5-1 行业营销费用与市场需求之间估计的对应关系

可以想象，即使没有任何需求刺激，不开展任何营销活动，市场对某种产品的需求仍会存在，我们把这种情形下的销售额称为基本销售量（亦称市场最小量）。随着行业营销费用增加，市场需求一般亦随之增加，且先以逐渐增加的比率增加，然后以逐渐降低的比率增加。在营销费用超过一定数量后，即使营销费用进一步增加，市场需求也不再随之增长，一般把市场需求的最高界限称为市场潜量。

市场最小量与市场潜量之间的距离表示需求的营销灵敏度，即表示市场营销对市场需求的影响力。市场有可扩张的市场和不可扩张的市场之分。可扩张的市场，如服装市场、家用电器市场等，其需求规模受营销费用水平的影响很大。不可扩张的市场，如食盐市场等，几乎不受营销水平影响，其需求不会因营销费用增长而大幅度增长。需要指出的是，市场需求函数并不是随时间变化而变化的需求曲线，即它并不直接反应时间与市场需求的关系。市场需求曲线只表示当前营销力量与当前需求的关系。

2. 市场预测与市场潜量

行业营销费用可以有不同的水平，但是在一定的营销环境下，考虑到企业资源及发展目标，行业营销的费用水平必须是有计划的。同计划的营销费用相对应的市场需求称为市场预测。这就是说，市场预测表示在一定的营销环境和营销费用下估计的市场需求。

市场预测是估计的市场需求，但它不是最大的市场需求。最大的市场需求是指对应于最高营销费用的市场需求，这时，进一步扩大营销力量，不会刺激产生更大的需求。市场潜量是指在一定的营销环境条件下，当行业营销费用逐渐增高时，市场需求达到的极限值。这里，有必要强调"在一定的营销环境下"这个限定语的作用。营销环境变化深刻地影响着市场需求的规模、结构以及时间等，也深刻地影响着市场潜量。例如，对于某种产品来说，市场潜量在经济繁荣时期要比在萧条时期高，这种关系可以表示为图5-2。企业一般无法改变市场需求曲线的位置，因为这是由营销环境决定的，企业只能根据营销费用水平，确定市场预测在函数曲线上的位置。

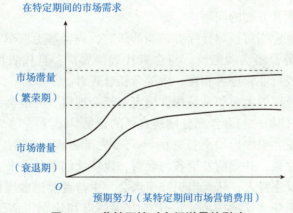

图 5-2　营销环境对市场潜量的影响

3. 企业需求

企业需求就是在市场总需求中企业所占的需求份额，表示成数学公式为：

$$Q_i = S_i \times Q$$

式中，Q_i为企业 i 的需求；S_i为企业 i 的市场占有率，即企业在特定时间内，在特定市

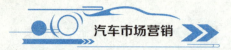
场上某产品销售额占总销售额的比例；Q 为市场总需求。

同市场需求一样，企业需求也是一个函数，称为企业需求函数或销售反应函数。根据上式，我们可以看出，它不仅受市场需求决定因素的影响，还受任何影响企业市场占有率因素的影响。营销理论认为，各个竞争者的市场占有率同其营销力量成正比。

4. 企业预测与企业潜量

与计划水平的营销力量相对应的一定水平的销售额，称为企业销售预测。因此，企业销售预测就是根据企业确定的营销计划和假定的营销环境所确定的企业销售额的估计水平。

企业潜量是当企业的营销力量相对于竞争者不断增加时，企业需求所达到的极限。很明显，企业需求的绝对极限是市场潜量。如果企业的市场占有率为 100%，即企业成为独占者时，企业潜量就等于市场潜量。但这只是一种极端状况。在大多数情况下，企业销售量小于市场潜量。

5.2.2　市场需求预测方法

1. 定性预测方法

（1）专家座谈法

这是邀请专家以开调研会的方式，向与会专家获取有关预测对象的信息，经归纳、分析、判断和推算，预测某种市场未来发展变化趋势的方法。这种方法可以在较短的时间里，充分利用专家群体的创造性思维和专业特长，对预测对象进行评估和推算，及时掌握第一手的预测信息。专家座谈法缺点是：由于参加的人数及人的认识有限，不易全面地搜集到各种意见；易出现大多数人的意见被采纳，而少数人的正确意见被忽视；还可能受到权威的影响，与会者不能畅所欲言。

使用此法注意以下几方面的问题：

①参加座谈的专家应当对预测目标有长期的研究，或者熟悉汽车市场领域的情况，或者具有丰富的汽车市场营销实践经验。与会者代表面要广，且代表性强，既包括专家学者，也包括营销部门或行业管理者和在一线的营销管理者。

②根据预测对象范围的大小和难易程度确定座谈会规模。一般会议规模不宜过大，以不超过 10 人为宜，可使每位与会者充分阐述自己的意见。

③为确保座谈质量，要根据预测目标的要求事先准备调研提纲。调研提纲要简单明确、重点突出、针对性强，并提前发给各与会者，以使他们有备而来。

④要精心选择会议主持人，认真组织好座谈会。主持者要谦虚谨慎、少说多听、善于引导、善于启发，要抓住会议的中心；应让各方将观点和论据说清、讲透，防止"一言堂"，使每位代表都有发言机会；不要首先拿出倾向性意见，或让个别领导、权威谈意见，这容易产生主观片面性的结论；对座谈内容要做好记录和录音，及时归纳整理发言内容，并提出带有倾向性的预测方案。

（2）德尔菲法

德尔菲法亦称专家小组法，它是 20 世纪 40 年代由美国的兰德公司首创和使用的，50

年代以后在西方发达国家广泛盛行的一种预测方法。这种方法是按规定的程式，采用背对背的反复征询方式，征询专家小组成员的意见，经过几轮的征询与反馈，使各种不同意见渐趋一致，汇总后用数理统计方法进行收敛，得出一个比较统一的预测结果供决策者参考。

德尔菲法优点：

①匿名性。匿名交流是其最大优点，不受人际、情感和社会因素影响。

②多次反馈性。预测过程专家多次交流并必须发表自己的意见和看法。

③干扰少。专家独立完成，不受主持人和其他因素影响，可真正实现信息的交流和沟通。

④预测的统计性、汇总性好。德尔菲法要求用表格的方法、统一的形式、定量表达的方式对预测结果进行专家间的交流，使预测结果便于统计与汇总，可操作性强。

⑤应用性。集专家个人预测法和专家集体预测法优点于一身，是目前最具权威性和科学性的定性预测方法，也是目前国内外在市场预测方面应用最多的方法之一。

德尔菲法缺点：主持人需要多次进行专家预测意见的搜集、反馈、整理，费时费力。

（3）头脑风暴法

组织各类专家相互交流意见，无拘无束地畅谈自己的想法，在头脑中进行智力碰撞，产生新的思想火花，使预测观点不断集中和深化，从而提炼出符合实际的预测方案。

头脑风暴法实施要点：

①不要批评他人的意见。

②提供自由奔放的思考空间。

③提出的方案越多越好。

④提倡在别人方案的基础上进行改进或与之结合。

2. 定量预测方法

定量预测方法也叫统计预测法，它是根据掌握的大量数据资料，运用统计方法和数学模型近似地揭示预测对象的数量变化程度及其结构关系，并据此对预测目标做出量的测算。应该指出，在使用定量预测方法进行预测时，要与定性预测方法结合起来，才能取得良好的效果。

（1）时间序列分析法

时间序列分析法的主要特点是，以时间推移研究和预测市场需求趋势，不受其他外界因素的影响。不过，在遇到外界发生较大变化，如国家政策发生变化时，根据过去的数据进行预测往往会有比较大的偏差。

产品销售的时间序列，可以分成四个组成部分：

①趋势。它是人口、资本积累、技术发展等方面共同作用的结果。利用过去有关的销售资料描绘出销售曲线就可以看出某种趋势。

②周期。企业销售额往往呈现出某种波状运动，因为企业销售一般都受到宏观经济活动的影响，而宏观经济活动总呈现出某种周期性波动的特点。周期因素在中期预测中尤其重要。

③季节。指一年内销售量变动的形式。"季节"一词在这里可以指任何按小时、月份或季度周期发生的销售量变动形式。这个组成部分一般同气候条件、假日、商业习惯等有

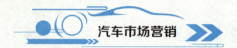

关。季节形式为预测短期销售提供了基础。

④不确定事件。包括自然灾害、突发疫情、战争恐慌、流行风尚、恐怖袭击和其他一些干扰因素。这些因素属不正常因素，一般无法预测。应当从过去的数据中剔除这些因素的影响，考察较为正常的销售活动。

时间序列分析就是把过去的销售序列 Y 分解成趋势（T）、周期（C）、季节（S）和不确定因素（E）等组成部分，通过对未来这几个因素综合考虑，进行销售预测。这些因素可构成线性模型，即

$$Y = T + C + S + E$$

也可构成乘数模型，即

$$Y = T \times C \times S \times E$$

还可以是混合模型，如

$$Y = T \times (C + S + E)$$

（2）移动平均法

移动平均法是通过对时间序列按一定的项数（间隔长度）逐期移动平均，从而修匀时间序列的周期变动和不规则变动，显示出现象的发展趋势，然后根据趋势变动进行外推预测的一种方法。

①简单移动平均法。简单移动平均法就是对原时间序列按一定的项数逐期平均，分别计算出一系列移动平均数，这些移动平均数构成的新的时间序列对原时间序列的波动起到一定的修匀作用，如果原时间序列没有明显的不稳定变动的话，则可以用最近一期的移动平均值作为下一期的预测值。简单移动平均法的步骤如下：

设时间序列为：Y_1，Y_2，$\cdots$，Y_t，$\cdots$，移动平均项数为 K。

第 $t-1$ 期简单移动平均数 M_{t-1} 的计算公式为：

$$M_{t-1} = \frac{Y_{t-1} + Y_{t-2} + \cdots + Y_{t-k}}{K}$$

第 t 期简单移动平均数 M_t 的计算公式为：

$$M_t = \frac{Y_t + Y_{t-1} + Y_{t-2} + \cdots + Y_{t-k+1}}{K}$$

预测中使用 M 作为 Y 的预测值，即：

$$\hat{Y}_{t+1} = M_t = \frac{Y_t + Y_{t-1} + Y_{t-2} + \cdots + Y_{t-k+1}}{K} \quad (t = K, \ K+1, \ \cdots)$$

②加权移动平均法。在采用移动平均法时，应对近期数据给予较大的权数，对远期数据给予较小的权数，这种方法称为加权移动平均法。加权移动平均法的步骤如下：

第 t 期加权移动平均数 M_{tw}：

$$M_{tw} = \frac{a_0 Y_t + a_1 Y_{t-1} + a_2 Y_{t-2} + \cdots + a_{k-1} Y_{t-(k-1)}}{a_0 + a_1 + a_2 + \cdots + a_{k-1}}$$

式中，a_i（$i = 0$，1，$\cdots$，$k-1$）为参加移动平均数据的相应权重。

根据预测方法是用 M 作为 Y 的预测值，即：

$$\hat{Y}_{t+1} = M_{tw} = \frac{a_0 Y_t + a_1 Y_{t-1} + a_2 Y_{t-2} + \cdots + a_{k-1} Y_{t-(k-1)}}{a_0 + a_1 + a_2 + \cdots + a_{k-1}}$$

加权移动平均法的关键在于权重的确定。实践中，应根据具体情况来确定权重。一般地，可根据经验选取几组权重试算，比较预测的相对误差，从中选择与实际数据拟合较好的权重用于预测。

③指数平滑法。指数平滑法是一种特殊的加权移动平均法，对近期观测值赋予较高的权重，这样可以使预测值更好地反映市场变化。设 X_t，S_t 分别为 t 时期的实际销售量和预测销售量，则第 $t+1$ 期预测的销售量为 S_{t+1} 为：

$$S_{t+1} = aX_t + a(1-a)X_{t-1} + a(1-a)^2 X_{t-2} + \cdots = aX_t + (1-a)S_t$$

权重 a 的设立取决于具体情况，一般需要根据预测结果的拟合情况，选择最佳的 a 值。进一步地，可以将预测结果作为观察值，再次采用指数平滑法预测。根据平滑的次数，指数平滑法可分为一次、二次、三次指数平滑法。一般而言，一次指数平滑法适用于历史数据呈水平发展趋势的预测；二次指数平滑法适用于历史数据呈线性增（减）趋势的预测；三次指数平滑法建立的预测模型是一个二次多项式，它反映了带有曲线变化的发展趋势。

（3）直线趋势法

直线趋势法又称线性趋势法，是指运用最小平方法，以直线斜率表示增长趋势的外推预测方法。直线趋势法假设所要预测的变量与时间之间成线性函数关系，并以此为基础预测未来。因此，使用这种方法时，应先计算相关系数，以判别变量与时间之间是否基本上存在线性联系。只有存在线性联系时，才能采用这种方法进行预测。公式为：

$$Y = a + bX$$

式中，a 为直线在 Y 轴上的截距；b 为直线斜率，反映年平均增长率；Y 为销售预测趋势值；X 为时间。

根据最小平方法原理，先计算 $Y = a + bX$ 的总和，即

$$\sum Y = na + b\sum X \ (n \text{ 为年份数})$$

再计算 XY 的总和，即

$$\sum XY = a\sum X + b\sum X^2$$

上述两个公式的共同因子是 $\sum X$。为简化计算，将 $\sum X$ 取 0。其方法是：若 n 为奇数，则取 X 的间隔为 1，将 $X=0$ 置于资料期的中央一期；若 n 为偶数，则取 X 的间隔为 2，将 $X=-1$ 与 $X=1$ 置于资料中央的上下两期。

当 $\sum X = 0$ 时，上述两式分别变为：

$$\sum Y = na$$

$$\sum XY = b\sum X^2$$

由此推算出 a，b 值：

$$a = \frac{\sum Y}{n}$$

$$b = \frac{\sum XY}{\sum X^2}$$

所以

$$Y = \frac{\sum Y}{n} + \frac{\sum XY}{\sum Y^2} \sum X$$

（4）统计需求分析法

时间序列分析法把过去和未来的销售都看作时间的函数，即仅随时间的推移而变化，不受其他任何现实因素的影响。然而，任何产品的销售都要受到很多现实因素的影响。统计需求分析法就是运用统计学方法发现影响企业销售的最重要的因素，研究这些因素与产品销售之间的关系，将产品销售量看作一系列独立的需求变量的函数，运用多元回归分析建立反映需求变量与销售量之间关系的预测模型，进行市场需求预测的一种方法。企业经常分析的因素主要有价格、收入、人口和促销等。

统计需求分析将销售量 Q 视为一系列独立需求变量 X_1，X_2，…，X_n 的函数，即

$$Q = f(X_1, X_2 \cdots, X_n)$$

但是，这些变量同销售量之间的关系一般并不能用严格的数学公式表示出来，而只能用统计分析来揭示和说明，即这些变量同销售量之间的关系是统计相关。多元回归技术就是这样一种数理统计方法，它在运用数理统计工具寻找最佳预测因素和方程的过程中，可以找到多个方程，这些方程均能在统计学意义上符合已知数据。

在运用统计需求分析法时，应充分注意影响其有效性的问题：观察值过少；各变量之间高度相关；变量与销售量之间的因果关系不清；未考虑到新变量的出现。

需要说明的是，需求预测是一项十分复杂的工作。实际上只有特殊情况下的少数几种产品的预测较为简单，如未来需求趋势相当稳定，或没有竞争者存在（如公用事业），或竞争条件比较稳定（如纯粹垄断的产品生产）等。在大多数情形下，企业经营的市场环境是在不断变化的，由于这种变化，总市场需求和企业需求都是变化的、不稳定的。需求越不稳定，越需要精确的预测。这时准确地预测市场需求和企业需求就成为企业成功的关键，因为任何错误的预测都可能导致库存积压或存货不足，从而使销售额下降以至中断等不良后果。

5.2.3 市场预测的步骤

1. 确定预测目标

明确目标，是开展市场预测工作的第一步，因为预测的目标不同，预测的内容和项目、所需要的资料和所运用的方法都会有所不同。明确预测目标，就是根据经营活动存在的问题，拟定预测的项目，制订预测工作计划，编制预算，调配力量，组织实施，以保证市场预测工作有计划、有节奏地进行。

2. 搜集资料

进行市场预测必须拥有充分的资料，这样才能为市场预测提供进行分析、判断的可靠依据。在市场预测计划的指导下，调查和搜集预测有关资料是进行市场预测的重要一环，也是预测的基础性工作。

3. 选择预测方法

根据预测的目标以及各种预测方法的适用条件和性能，选择出合适的预测方法。有时

可以运用多种预测方法来预测同一目标。预测方法的选用是否恰当，将直接影响到预测的精确性和可靠性。运用预测方法的核心，是建立描述、概括研究对象特征和变化规律的模型，根据模型进行计算或者处理，即可得到预测结果。

4. 预测分析和修正

分析判断是对调查搜集的资料进行综合分析，并通过判断、推理，使感性认识上升为理性认识，从事物的现象深入到事物的本质，从而预计市场未来的发展变化趋势。在分析评判的基础上，通常还要根据最新信息对原预测结果进行评估和修正。

5. 编写预测报告

预测报告应该概括预测研究的主要活动过程，包括预测目标、预测对象及有关因素的分析结论，主要资料和数据，预测方法的选择和模型的建立，以及对预测结论的评估、分析和修正等。

任务 6

汽车目标市场营销策略

生产经营过程中，汽车企业面对的是一个变幻莫测的复杂市场，在这个市场中的消费者由于年龄、职业、收入、社会地位、生活习惯的不同，对汽车产品及服务有着不同的需求。由于资源、生产条件、生产技术及产品种类等多方面的原因，一个企业不可能凭借自己的力量为整个市场服务。因此，对汽车生产企业而言，应该在市场细分的基础上有效地选择适合本企业的那部分市场作为目标市场，制订相应的生产、销售和服务计划，从而达到资源的合理利用，并实现利润的最大化。现代汽车市场营销的一个核心内容是 STP 营销，即汽车市场细分（Segmentation）、汽车目标市场选择（Targeting）、汽车市场定位（Positioning）。

1. 理解汽车市场细分的原则、步骤。
2. 掌握汽车市场细分的标准。
3. 理解汽车目标市场的选择和评估。
4. 掌握基本的目标市场策略。
5. 理解汽车市场定位的原则和步骤。
6. 掌握汽车市场定位的策略
总学时：6

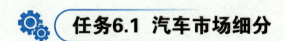

任务6.1 汽车市场细分

建议学时：2 学时

今天桐桐开始学习目标市场营销策略，进入营销策略阶段的学习。目标市场营销策略包括市场细分、目标市场选择、市场定位三个环节，首先开始市场细分阶段的学习。

市场细分是目标市场营销活动过程的一个重要的基础步骤，对于企业正确制定营销战略和营销策略都具有十分重要的意义。任何企业的产品都不可能为市场上的全体顾客服务，而只能满足一部分顾客的相关需求，所以为了解决市场需求的无限性与企业资源的有限性之间的矛盾，企业首先必须进行市场细分。

6.1.1 市场细分的定义和作用

1. 市场细分的定义

市场细分，就是企业通过市场调研，根据市场需求的多样性和购买者行为的差异性，把某一产品的整体市场划分为若干具有某种相似特征的顾客群的过程。每一个顾客群就是一个细分市场，也称子市场，每一个细分市场都是由具有相似需求倾向的消费者所构成。

市场细分的目的不在于对产品进行分类，而是对相同产品需求各异的消费者进行分类，以找出具有不同需求的购买者或用户群的购买规律，为企业进行市场营销活动提供依据。

2. 市场细分的作用

（1）有利于发现有价值的营销机会

一方面，通过有效的市场细分，企业能够了解广大汽车消费者购买汽车的不同需求。另一方面，通过市场细分，企业能够更直观地了解到汽车市场现状和市场竞争的激烈程度，从细微处找到竞争较小的那部分市场，发现并抓住有价值的营销机会。

（2）有利于企业合理利用资源，发挥自身优势

这主要表现在3个方面：一是企业可以按照目标市场的需求和变化，及时、准确地调整产品结构和营销策略；二是企业能够有效地建立起营销和运输渠道，有针对性地进行广告宣传；三是可以集人、财、物于一点或数点，使有限的资源发挥出最大的功用，从而最大限度地避免浪费。换句话说，每个企业的经营能力都有优势和劣势，将整体市场细分，确定自己最核心的目标市场，将有助于企业集中优势力量，更好地满足市场需求。

（3）有利于营销组合决策

通过市场细分，企业能够认识和掌握顾客需求的特点及其对不同营销策略反应的差异，从而针对不同细分市场的特点，改进现有的产品与服务的规格、种类、质量特性等，甚至去开发新的产品和服务，制定具体、完善、有效的营销策略。

6.1.2 市场细分的原则

1. 可进入原则

可进入原则是指企业的资源条件与市场营销能力必须达到足以进入所选定的细分市场的水平，并且具备施展自身实力的空间。假如一家生产低端微型轿车的厂商将豪华车列入自己的细分市场，那这种市场细分将是无效、无意义的。

2. 可测量原则

可测量原则主要包括两方面的内容。一是细分市场的顾客特征信息不仅要通过市场调研获得，而且具有可衡量性，否则，该特征信息不能成为细分市场的标准。二是细分出来的各个子市场不仅范围要界定明确，而且各子市场的规模大小和购买能力都是能够被测量的，否则，各子市场将会无法界定和衡量，企业进行市场营销活动时难以对其进行确切的描述与说明，市场细分也将变得毫无意义。

3. 可赢利原则

可赢利原则要求必须细分出具有一定销售潜力的子市场，即各个子市场应拥有足够数量的潜在购买者和足够多的市场需求，否则企业将无法得到必要的利润。

4. 稳定性原则

稳定性原则是指细分市场必须具有一定的稳定性。如果细分市场变化太快，则极易使已经制定好的营销策略组合失效，致使营销资源必须重新分配调整，造成损失，使企业市场营销活动前后脱节。

5. 差异性

如果细分出来的各个子市场对企业营销变量组合中的任何要素的变动都能做出差异性反应，则说明市场细分有效；若反应相同，则说明细分无效。另外，企业进行市场细分应尽可能地区别于已有的或竞争对手的市场细分，以突出自己的特色和个性，便于发现更多有价值的市场机会，这样才可以在营销活动中巧妙出击，出奇制胜。

6.1.3 市场细分的标准

汽车产品市场细分的标准多种多样，通常情况下可以按照以下方法对汽车市场进行细分。

1. 按地理位置细分

按地理位置细分就是把市场分为不同的地理区域，如按国家、地区、纬度、地形等来细分市场。各地区由于自然气候、经济、文化水平等因素各异，形成了不同特点的消费习惯和偏好，影响消费者的需求。汽车企业在进行销售时，应根据不同的地理因素，采取不同的营销方案。

2. 按人口特点细分

按人口特点细分就是按年龄、性别、家庭人数、收入、职业、教育程度、民族等性质因素来对市场进行细分。这是按照与人口相关的一系列性质因素来辨别消费者需求上的差异。

在众多人口因素中，消费者的收入水平始终是汽车营销进行市场细分必须考虑的因素。目前的中国汽车市场，汽车对大多数普通居民来说还是一种奢侈品，影响购买的最重要因素是收入。

3. 按购买者心理细分

按购买者心理细分就是按照消费者的生活方式、性格等心理因素上的差异对汽车市场加以细分。生活方式是指一个人或者一个群体对于生活消费、工作和娱乐等的看法和态度。不同的生活方式导致不同的消费需求。同样，每个消费者由于性格各不相同，也会产生消费需求的差异。例如，世界著名的汽车品牌往往都被赋予了个性色彩，这些都是按照购买者的心理特征设计的。

4. 按购买者的行为细分

按购买者的行为细分，指的是根据用户对产品的认知、态度、使用情况与反应等行为将市场细分为不同的购买者群体。属于行为细分的因素主要有以下几种。

（1）购买理由

购买理由细分指的是将购买者按照购买产品的理由分成不同的群体。例如，有的消费者购买汽车是作为上下班的代步工具，有的是为了节假日自驾车外出游玩。汽车生产企业可根据用户不同的需求提供不同的产品，以满足用户的需要。

（2）品牌忠诚度

消费者的忠诚度包括对生产经营企业的忠诚度和产品品牌的忠诚度，也可用来作为市

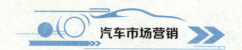

场细分的依据。按照消费者的忠诚程度，可以将他们分为4类，绝对忠诚型、适度忠诚型、转移型、多变型。企业应考察和研究各类消费者的特征，以不断地增加自己产品的购买群体及数量，同时了解本企业产品和营销方面的薄弱环节以及竞争对手的产品特点和优势所在。

（3）使用者情况和使用频率

很多市场研究人员都按照消费者对于消费品的使用情况，将消费者细分为某一产品的未使用者、曾使用者、初次使用者、将使用者和经常使用者等类型。在某种程度上，企业的经济状况决定了企业将会把营销重点放在哪一类使用者身上。一般而言，大企业对潜在使用者较为关注，而小企业则以经常使用者为主要服务对象。但是，无论是大企业还是小企业，对不同使用类型的消费者，在营销方式、广告宣传、品牌推广等方面都会有所不同。

（4）利益寻求

消费者在购买商品时各自所追求的利益有所不同。在不同的利益追求当中，有追求汽车产品物美价廉的，有追求名牌赶潮流的，有追求汽车动力性的，也有追求汽车操控性的，还有将汽车作为身份地位象征的。例如，丰田企业的汽车产品中，既有中庸实用的"花冠"，也有作为身份象征的"皇冠"，既有适合追求动感、活力的白领的"锐志"，也有充满时尚色彩、适合刚刚工作的年轻人的"新威驰"。

（5）待购阶段

对各种汽车产品，消费者总会处于不同的待购阶段，据此可将消费者细分为6大类：根本不了解该车型的、已经了解该车型的、相当熟悉该车型的、对该车型已经产生兴趣的、希望拥有该车型的、打算购买该车型的。按照待购阶段的不同，对汽车市场进行细分，有利于汽车企业针对处于不同阶段的待购群体，通过适当的营销组合策略的实施来促进销售。

（6）消费者态度

消费者对于汽车产品的态度可以分为5种类型：热爱型、肯定型、冷漠型、排斥型和敌意型。汽车企业应当针对持有不同态度的消费者所占的比例，采取不同的营销策略。

5. 按最终用户的类型细分

不同的最终用户对同一产品追求的利益不同。企业通过分析最终用户，可以针对不同用户的不同需要制定不同的对策。如我国的汽车市场按用户类型可以分为军用和民用两个市场。军用汽车要求质量绝对可靠、越野性能好、按期交货，但对价格并不太在意，民用汽车则要求质量好、服务优、价格适中。

6. 按用户规模细分

根据用户规模，可将汽车市场划分为大、中、小三类客户。一般来说，大客户数目少但购买额（量）大，对企业的销售额（量）起着举足轻重的作用，因此企业应特别重视，注意保持与大客户密切的业务关系；而对于小客户，企业一般不直接供应，可通过中间商或各地的经销商进行销售。

7. 按用户的地理位置细分

按用户的地理位置来细分市场，方法简便，易于细分，可使企业把一个地区的目标用户作为一个整体考虑。这样，企业的促销和广告宣传由于针对性强可大大节约促销费用和广告成本，可以大大节省推销人员往返于不同用户之间的时间，还可以有效地规划运输路线，从而节省运输费用和提高效益。

在绝大多数情况下，对汽车市场的细分通常不是依据单一标准进行的，而是把一系列划分标准组合起来进行细分，目标市场则是各种细分市场的交集。

6.1.4 汽车市场细分的阶段和具体步骤

1. 汽车市场细分的阶段

完成一个市场细分，通常要经过 3 个阶段，即调查阶段、分析阶段和细分阶段。调查是指了解市场的现有情况、消费者的需求和不同消费者的特征、企业和产品的知名度以及竞争对手的情况，这是进行市场细分的前提所在；分析是指根据已经得到的资料，提出相关性很大的变量，将这些变量作为市场细分的依据；细分是指根据选定的变量划分出不同的群体，这些不同群体构成了不同的细分市场。

2. 汽车市场细分的步骤

为了有效地细分汽车市场，有的放矢地实施营销策略，企业在进行市场细分时，应该按照以下步骤进行。

（1）根据需要选择产品市场范围

企业应该明确，企业要考虑的不是生产什么产品销往什么地方，而是什么地方、什么人需要什么产品，企业就生产什么产品，并投放该市场。

（2）分析潜在顾客的需求

企业通过市场调研选定产品后，市场分析研究人员通过科学的方法，从地理因素、行为因素和心理因素等方面，分析潜在顾客有哪些需求，为后面的深入分析提供资料。

（3）分析潜在顾客的不同需求

通过抽样调查，分析潜在顾客有哪些需求。

（4）为细分市场命名

企业从整体市场中划分出不同的细分市场，结合各细分市场顾客的特点进一步分析，并为细分市场命名。

（5）测量各细分市场大小

对细分市场大小进行测量的目的是确定该市场有多少消费者，估计市场的容量，以此来决定企业是否选择该细分市场以及将要投放的产品的数量。

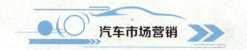

任务6.2 汽车目标市场选择

建议学时：2学时

任务下达

市场细分之后，企业要进行目标市场的选择。如何选择目标市场？目标市场营销策略又有哪些？桐桐将开始本任务的学习。

市场细分是企业选择和确定目标市场的前提与基础。汽车企业在完成了市场细分后，必须对各种细分市场进行科学评价，并根据客观条件选择适合本企业的目标市场，以不断巩固和拓展市场。

6.2.1 目标市场的定义

所谓目标市场，是指企业的目标顾客群体，也就是企业营销活动所需要满足的市场需求，是企业期望且能够开拓和占领的，并最终决定要进入的市场。企业应当根据自己的资源情况、长远发展目标和优势来选择适合本企业的目标市场。企业的一切营销活动都是围绕目标市场进行的，选择和确定目标市场、明确企业的具体服务对象，是企业制定营销策略的基本出发点。

6.2.2 目标市场的分析

在竞争日益激烈的汽车市场中，企业要从种类繁多的细分市场中挑选一个或者几个最适合企业发展的目标市场，必须从以下几个方面认真做好目标市场的比较分析。

1. 市场规模和发展潜力分析

市场规模主要由消费者的数量和人们的购买力所决定，同时也受到不同地区的消费情况、消费者对汽车企业市场营销策略的响应程度的影响。分析汽车市场规模既要考虑当前市场上消费者的消费水平，又要考虑该市场潜在的发展趋势。

2. 企业特征分析

企业特征分析指的是分析企业现有的和将来的资源条件以及经营目标是否能与细分市场的要求相符合。这就要求企业应当根据自身的经营目标和企业的经营规模、资源条件、管理水平、技术等级、资金基础、人员素质等状况来衡量并确定企业是否能保证对目标市场的控制，实现在该市场的经营目标。

3. 获利情况分析

企业经营的最终目的是要落实在能否长期获利上，要对现实的和潜在的竞争者、替代产品、消费者和供应者进行充分细致的分析，正确判断这5种力量对企业的长期获利带来的是机会还是威胁。利润是企业生存和发展的源泉，因此，只有能为汽车企业带来足够利润的细分市场，才能被企业确定为目标市场。

6.2.3　确定目标市场的范围

市场经过细分、分析后，可能得出若干可供进军的细分市场，企业是向某一个市场进军还是向多个市场进军呢？这就需要确定目标市场的范围。企业可以在五种目标市场类型中进行选择，如图 6-1 所示。

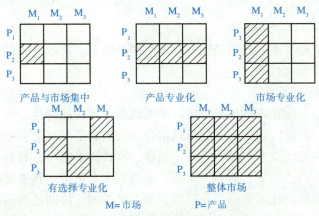

图 6-1　五种目标市场选择类型

1. 产品与市场集中

企业选择一个细分市场作为目标市场，企业只生产一种产品来满足这一市场消费者的需求。这种策略的优点主要是能集中企业的有限资源，通过生产、销售和促销等专业化分工，提高经济效益。一般适应实力较弱的小企业，与其在大（多）市场里平庸无奇，倒不如在小市场里有一席之地。但采用这种策略存在着较大的潜在风险，如消费者的爱好突然发生变化，或有强大的竞争对手进入这个细分市场，企业很容易受到损害。

2. 产品专业化

企业选择几个细分市场作为目标市场，企业只生产一种产品来分别满足不同目标市场消费者的需求。这种策略可使企业在某个产品上树立起很高的声誉，扩大产品的销售，但如果这种产品被全新技术产品所取代，其销量就会大幅下降。

3. 市场专业化

企业选择一个细分市场作为目标市场，并生产多种产品来满足这一市场消费者的需求。企业提供一系列产品专门为这个目标市场服务，容易获得这些消费者的信赖，产生良好的声誉，打开产品的销路。但如果这个消费群体的购买力下降，就会减少购买产品的数量，企业就会产生销量滑坡的危险。

4. 有选择专业化

企业选择若干个互不相关的细分市场作为目标市场，并根据每个目标市场消费者的需求，向其提供相应的产品。这种策略的前提就是每个市场必须是最有前景、最具经济效益的市场。

5．整体市场

企业把所有细分市场都作为目标市场，并生产不同的产品满足各种不同的目标市场消费者的需求。只有大企业才能选用这种策略。

6.2.4　目标市场的营销策略

1．目标市场营销策略的类型

目标市场营销策略是企业在市场细分和评估的基础上，对拟进入的目标市场制定的经营策略，这种策略主要有以下三种类型。

（1）无差异营销

无差异营销是指企业在市场细分之后，不考虑各子市场的特性，而只注重子市场的共性，决定只推出单一产品，运用单一的营销组合，力求满足尽可能多的顾客的需求，如图6-2所示。这种策略的优点是产品的品种、规格、款式简单统一，有利于标准化及大规模生产，有利于降低生产、存货、运输、研发、促销等成本费用。其主要缺点是单一产品要以同样的方式广泛销售并让所有购买者都满意是不可能的。特别是当同行业中有几家企业都实行无差异营销时，在较大的子市场中的竞争将会日益激烈，而在较小的子市场中的需求却得不到满足。

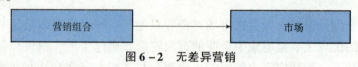

图6-2　无差异营销

（2）差异营销

差异营销是指企业决定同时为几个子市场服务，设计不同的产品，并在渠道、促销和定价方面都加以相应的改变，以适应各个子市场的需要，如图6-3所示。企业的产品种类如果同时在几个子市场都占有优势，就会提高消费者对企业的信任感，进而提高重复购买率。而且，通过多样化的渠道和产品线进行销售，通常会使总销售额增加。差异营销的主要缺点是会使企业的生产成本和营销费用（如产品改进成本、生产成本、管理费用、存货成本、促销成本等）增加。有些企业曾实行超细分策略，即许多市场被过度地细分，导致产品价格不断上涨，影响产销数量和利润。于是，一种被称为反市场细分的策略应运而生。反市场细分策略并不反对市场细分，而是将多个过于狭小的子市场组合起来，以便能以较低的价格去满足这一市场的需求。

图6-3　差异营销

（3）集中营销

集中营销是指企业集中所有力量，以一个或少数几个性质相似的子市场作为目标市场，试图在较少的子市场上实现较高的市场占有率，如图 6-4 所示。实行集中营销的企业，一般是资源有限的中小企业，或是初次进入新市场的大企业。由于服务对象比较集中，对一个或几个特定子市场有较深入的了解，而且在生产和营销方面实行专业化，因此，可以比较容易地在这一特定市场取得有利地位。如果子市场选择得当，企业可以获得较高的投资收益率。但是，实行集中营销有较大的风险，因为目标市场范围比较狭窄，一旦市场情况突变、竞争加剧或消费偏好改变，企业可能陷入困境。

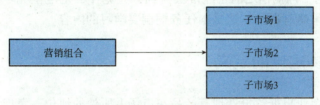

图 6-4　集中营销

2. 确定目标市场策略应考虑的因素

企业在选择营销策略时，必须考虑各种因素，权衡利弊，慎重决策。

（1）企业的实力

企业实力强则可实行差异营销策略，否则就应该选择无差异营销或集中营销策略。

（2）市场的差异性

如果市场的需求偏好、购买特点以及对营销刺激的反应等存在较大差别，则适合进行差异营销策略。

（3）产品的差异性和所处生命周期的阶段

如果企业所生产的汽车产品性能和结构差异性很大，那么企业就应当采取差异营销策略。汽车产品所处的生命周期不同，企业应当采取不同的营销策略。当产品处于市场导入期或者成长期时，企业营销的重点应该放在启发、引导和巩固消费者的偏好上。在这个阶段，如果企业精力有限，可以不必提供太多的车型，只需采取无差异营销策略或集中营销策略。当产品处于成熟期时，由于市场竞争激烈，消费者需求也日益多样化，企业可以改用差异营销策略，大力发展新车型，开拓新市场，尽可能地延长产品的生命周期，提高企业的竞争能力。

（4）竞争对手的营销策略

一般而言，企业的实力如果强于竞争对手，则可采取无差异营销策略，也可以采取差异营销策略，差异的程度可与竞争对手一致，甚至比其更强。如果企业实力不及竞争对手，则应慎重选择适合本企业发展的营销策略，一般不应采取与竞争对手完全一样的营销策略。在这种情况下，企业可采取集中营销策略，坚守某一细分市场，也可以采取差异营销策略，但在差异性方面应该针对竞争对手较薄弱的产品项目展开竞争，以便形成自己的独特优势。

总而言之，企业对目标市场营销策略的选择应当慎重，应当着眼于如何有利于下一步的市场定位工作。

任务6.3 市场定位

建议学时：2 学时

任务下达

"市场定位"这个词桐桐之前也经常会听到，究竟什么是定位呢？企业如何进行市场定位？市场定位的策略有哪些？这是本任务桐桐要学习的内容。

6.3.1 市场定位的定义

市场定位就是企业根据竞争者现有产品在市场上所处的地位，考虑自己以何种产品形象和企业形象出现，并把这种形象生动地传递给目标顾客，给目标顾客留下深刻的印象，为产品确立恰当的市场位置。

产品形象和企业形象指的是顾客对产品和企业的印象。如大家常说的"物美价廉""经济实惠""豪华高贵""性能优良"等都属于产品形象。而"对顾客负责""质量过硬""实力雄厚"等则属于企业形象。市场定位的最终目的就是要在目标市场上建立本企业的竞争优势，并使顾客形成倾向于本企业的偏爱。这就要求企业在市场定位过程中，努力了解消费者和竞争者的情况，并在此基础上为企业设计出具有鲜明个性的产品形象。这种个性和形象既可以从产品实体上表现出来，如形状、构造和性能等，也可以从消费者心理上反应出来，如豪华、名牌、典雅等，还可以表现为价格水平、质量水准等。

国内外各大汽车公司都十分注重市场定位，精心地为其企业每一种汽车产品赋予鲜明的个性，并将其准确地传递给消费者。例如，大众汽车公司的"为平民造车"，其产品真正"大众化"；奔驰公司"制作精湛"，其产品"优质豪华""高档名贵"；沃尔沃汽车公司的"设计生命"，其产品以"绝对安全"的形象著称。

6.3.2 市场定位的原则和指标

1. 市场定位的原则

企业要做好市场定位，使自己的产品在社会公众心目中树立起良好的形象，并不是一件容易的事情。企业必须在策略上考虑将产品和形象定位在合适的档次、位置或者水平上：是与竞争对手针锋相对，把自己的产品定位在与竞争对手相似的位置上，还是虽然与竞争对手争夺同一细分市场，但是将产品定位在与竞争对手完全不同的位置上，以避免与竞争对手的正面碰撞？上述考虑，就属于企业在进行市场定位前应该把握的原则。企业应该结合自己的实力、产品优势及其他主客观条件，综合分析对比，确定定位策略。

2. 市场定位的指标

汽车企业为其产品进行市场定位，是为了向市场提供具有差异性的产品，这样就可以使产品具有竞争优势。对于汽车企业而言，一般应在产品、服务和企业形象这 3 方面指标上实现差异化。

（1）产品差异化

虽然并不是每一种汽车产品都有明显的差别，但是，几乎所有产品都可以找到与其他产品相区别的特点。汽车就是一种可以实现高度差异化的产品，其差异化可以表现在品牌、性能、造型设计、风格、特色、一致性、耐久性、可维修性等方面。

（2）服务差异化

除了实现汽车产品的差异化以外，企业也可以对其所提供的服务进行差异化定位。在汽车整车销售过程中，消费者对服务的要求日益提高，这使得企业也日渐加强对这方面工作的关注度，并将其作为决定企业销售业绩的一项重要评价指标。特别是企业的汽车产品较难实现差异化经营时，企业常常要依靠全方位的服务来取胜。在汽车销售过程中，服务的差异化主要体现在订货方便、客户咨询、技术支持、维修保养和其他各种附加服务上。

（3）企业形象差异化

在汽车销售中，很少能遇到通过产品和服务两项指标都还无法区别的产品。即使与竞争产品和服务看上去都一样，消费者也能从企业形象或者品牌形象等方面感受到企业之间的区别，留下不同的印象。值得一提的是，在前两者都能够做到差异化的情况下，形象差异更是一个不可忽视的定位指标，甚至在有些时候还能起到突出企业形象的作用。

6.3.3　市场定位的步骤

市场定位的关键是汽车企业要想方设法让自己的产品和企业形象比竞争者更具市场竞争力，凸显本企业的优势。企业竞争优势一般有两种：第一种是价格优势，指在同样条件下比竞争对手推出的同类产品价格更低廉。若要具备这种优势，首先要求企业自身有一定的经济、技术实力；其次要求企业能够通过各种手段降低产品的单位成本。第二种是顾客偏好竞争优势，指企业能提供有特色的汽车产品或者服务来满足顾客的特定偏好。若要具备这种优势，则企业要在开发新产品、提供独特服务方面下功夫。

企业在选择市场定位策略时，往往希望建立起一整套独一无二的竞争策略组合，以其独有的竞争优势使自己不同于其他企业，从而充分吸引细分市场中的消费者。在选定定位策略后，企业可以通过发掘本企业的潜在竞争优势、准确地选择竞争优势和明确地展示竞争优势 3 个步骤来实现本企业在市场上的精准定位，如图 6 - 5 所示。

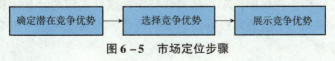

图 6 - 5　市场定位步骤

1. 确定潜在竞争优势

要明确本企业的竞争优势，企业应该先明确以下 3 个方面的问题：第一，竞争对手是如何定位自己的产品的？第二，目标市场上绝大多数顾客的需求被满足的程度如何，他们还有什么需求未被满足？第三，针对竞争对手的市场定位和顾客的潜在需求，本企业应如何应对，采取何种措施？带着这 3 个问题，企业要在营销过程中利用一切可以利用的条件，系统地展开调研活动，通过市场调查，充分搜集竞争者的产品规格、质量、性能、技

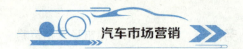

术水平、价格等数据，并将这些数据加以分析整理，形成报告，以确认竞争者在市场上的定位，正确判断竞争者的潜力和自身的实力，从中把握和确定本企业在市场中的潜在竞争优势。

2. 选择竞争优势

选择竞争优势是指企业要从潜在的众多优势中选择具有开发价值的竞争优势。企业的竞争优势既可以是现实的，也可以是潜在的。准确地选择竞争优势，能够体现出企业对自身生产经营状况的把握程度，并理性地与竞争者比较各自实力，采取有针对性的措施应对激烈的竞争。

3. 展示竞争优势

企业要想展示其独特的竞争优势，必须借助广告、促销等各种宣传手段，把企业的定位观念准确地传播给潜在的和现实的顾客，以引起顾客对本企业产品的注意和兴趣，影响顾客的购买行为。为此，首先，企业应当使目标顾客了解、认知、熟悉、喜欢甚至偏爱本企业的市场定位，在顾客心目中树立起与该定位相符合的形象；其次，企业要通过后续努力来强化在目标顾客心目中的形象，帮助目标顾客坚定对本企业的信念，通过与目标顾客建立深厚的感情来巩固企业的形象；最后，企业应当注意目标顾客对本企业市场定位产生的异议，避免因宣传上的失误或顾客理解上的偏差造成目标顾客对企业形象或产品形象模糊、混乱，及时纠正与市场定位不相符的形象。

6.3.4　市场定位的策略

1. 比附定位策略

比附定位策略就是攀附名牌的定位策略。企业通过各种方法和同行中的知名品牌建立一种内在联系，使自己的品牌迅速进入消费者的心里，占领一个牢固的位置，借名牌之光使自己的品牌生辉。其实质是一种借势定位或反应式定位，即借竞争者之势，衬托自身的品牌形象。

在比附定位策略中，参照对象的选择是一个重要问题。一般来说，企业只有与知名度、美誉度高的品牌作比较，才能借势抬高自己的身价。如沈阳金杯客车制造的金杯海狮车"金杯海狮，丰田品质"的定位就属此类定位策略。

2. 属性定位策略

这种定位策略是指企业根据汽车产品某些特定的属性来定位。如本田汽车在广告中宣传它的低价，宝马在促销中宣传它良好的驾驶性能等，都属此类定位策略。

3. 利益定位策略

这种定位策略是指根据产品所能满足的顾客需求或能为顾客提供的利益、解决问题的程度来对汽车产品定位，如"解放卡车，挣钱机器"即属此定位策略。

4. 与竞争者划定界线的定位策略

这是指与某些知名而又常见类型的产品做出明显的区分，给自己的产品定一个不同的位置。如"五谷道场"方便面，非油炸方便面与传统的油炸型方便面品牌划清了界限，就属于此类定位策略。

5. 市场空当定位策略

这是一种企业寻找市场尚无人重视或未被竞争对手控制的位置，使自己推出的产品恰好适应这一潜在目标市场需要的定位策略。如国内推出 MPV 车时在定位上就采用了这一定位策略。当年海南马自达生产的"普力马"刚上市的时候，其"五座＋两座，工作＋生活"的广告宣传就是看好这个空当，掀起一阵家庭用 MPV 的旋风，获得了较好的效果。

6. 性价比定位策略

这是指结合对照质量、性能和价格来定位的策略，如物有所值、高质高价或物美价廉等定位。

任 务 7

汽车产品策略

任务导语

汽车企业营销活动是以满足消费者需求为中心，而市场需求的满足只能通过提供产品和服务来实现。企业能否成功与发展，关键在于汽车产品能否满足消费者各种层次的需求，以及汽车产品策略的正确与否。

任务要求

1. 理解汽车产品整体的概念。
2. 掌握汽车产品生命周期理论。
3. 掌握汽车产品组合策略。
4. 理解汽车新产品开发的意义。
5. 掌握汽车品牌策略。

总学时：6

任务7.1 汽车产品的整体概念

建议学时：1 学时

任务下达

桐桐是 A 汽车经销店新入职的一名销售顾问，工作了几个月，他发现同城的 B 经销店，虽然经营同一品牌的汽车，但是 B 店的销量总是比自己所在的经销店高出很多。桐桐百思不得其解，这到底是为什么呢？

7.1.1 产品的整体概念

产品的本质是满足消费者需求的一种载体，或是一种能使消费者需求得以满足的手段。服务是产品的一种形式，是由消费者需求满足方式的多样性、多重性所决定的，所以产品由实体和服务构成，即产品＝实体＋服务。人们对汽车产品的理解，有狭义和广义之分，通常所说的汽车产品是狭义的理解，即仅指汽车产品实物本身，过于狭隘。汽车营销产品的概念从广义上来讲，包括汽车实体产品、汽车保险、汽车品牌、汽车服务等。简言之，汽车产品＝汽车实体＋汽车服务。

广义的汽车产品概念引申出汽车产品整体的概念。消费需求的不断扩展和变化使产品的内涵和外延不断扩大。从内涵上看，产品从有形实物产品扩大到服务、人员、地点、组织和观念。从外延上看，产品从核心产品向形式产品、附加产品拓展，这就是汽车产品的整体概念。

1. 汽车核心产品

汽车核心产品即向消费者提供产品的基本效用和功能，是指消费者需求的核心部分，是产品整体概念中最主要的内容。消费者购买产品，并不是为了获得产品本身，而是为了

获得满足自身某种需要的效用和利益。企业的产品生产或营销经营活动，首先考虑能为消费者提供哪些效用和功能，并且着眼于产品的这些基本效用和功能上。

2. 汽车形式产品

汽车形式产品是指产品的本体，是核心产品借以实现的各种具体产品形式，即向市场提供的产品实体的外观。而外观是指产品出现于市场时，可以为消费者识别的面貌，它一般由产品的质量、特色、品牌、商标、包装等有形因素构成。企业在产品设计时，应着眼于消费者所追求的基本利益，同时市场营销人员也要重视如何以独特的形式将这种利益呈现给消费者。

3. 汽车附加产品

汽车附加产品是指消费者购买产品时随同产品所获得的全部附加服务与利益，它包括提供信贷、免费送货、安装调试、保养、包装、售后服务等。附加产品是产品整体概念中的一部分，因为消费者购买产品就是为了需要得到满足，即希望得到满足其需求的一切东西。在现代市场经济中，特别是在同类或同质产品中，附加产品有利于引导、启发、刺激消费者购买、重复购买和增加购买量。

核心产品、形式产品和附加产品作为产品的 3 个层次，构成了产品的整体概念，是不可分割的。其中，核心产品是实质、根本，它必须转化为形式产品才能得以实现。企业在提供产品的同时，还要提供广泛的服务和附加利益，提高企业的竞争力。

7.1.2 研究产品整体概念的意义

产品整体概念的提出，对企业的营销活动具有多方面的意义。

（1）体现了以顾客为中心的现代营销观念

消费者购买产品，有时并非为了占有具体的物品，而是实现其他的愿望。企业如果不明白这一点，顾客需求不可能真正被满足，企业也不可能获得成功。

（2）重视产品的无形方面

企业必须特别重视产品的无形方面，包括产品形象、服务等。顾客对产品利益的追求包括功能性和非功能性两个方面，前者更多地体现了顾客在物质方面的需要；后者则更多地体现了在精神、情感等方面的需要。随着社会经济的发展和人民收入水平的提高，消费者对产品非功能性利益越来越重视，这就要求企业摆脱传统的产品观念，重视产品非功能性利益的开发，以更好地满足消费者的需要。

（3）在产品上的竞争可以在多个层次上展开

对于成熟的产品，在功能、品质上极为接近，难以制造大的差异，是否意味着企业只有在价格上相互厮杀呢？产品整体概念的提出，给企业带来了新的竞争思路，给产品开发设计提供了新的方向，为企业的产品差异化提供了新的线索。那就是可以通过在款式、品牌、售后服务等各个方面创造差异来确立市场地位和赢得竞争优势。

任务7.2 汽车产品生命周期理论

建议学时：2 学时

任务下达 ◢◢◢◢

通过上一个任务点的学习，桐桐知道了，虽然 A 店和 B 店都卖同一品牌的汽车，两家店出售的产品在核心产品和形式产品层次上相同，但是 B 店在附加产品的层次上具有明显优势。所以，每个月销售额才会遥遥领先。看来需要学习的东西真的很多，桐桐本次的任务是学习汽车产品生命周期理论。

7.2.1 产品生命周期的概念

产品生命周期，是指产品从投放市场到被淘汰出市场的全过程，是指产品在市场上的存在时间，其长短受消费者需求变化、汽车产品更新换代的速度等多种因素的影响。产品的市场生命与产品的使用寿命概念不同，产品的使用寿命是指产品从投入使用到损坏报废所经历的时间，受产品的自然属性和使用频率等因素的影响。这是两个不同的概念，不能将两者混淆起来。汽车营销学所研究的是汽车产品市场生命周期。

7.2.2 汽车产品生命周期各阶段的特点

汽车产品市场生命由于受到市场诸多因素的影响，生命周期内，其销售量和利润额并非是一条直线，不同的时期或阶段有着不同的销量和利润，典型的产品生命周期包括 4 个阶段，即导入期、成长期、成熟期和衰退期，如图 7－1 所示。

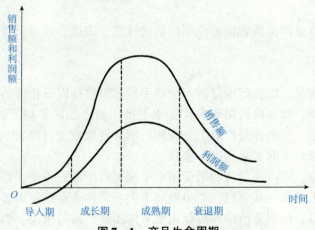

图 7－1　产品生命周期

1. 导入期

一般指产品从设计投产到投入市场试销的初期阶段。在此阶段，新产品首次进入市场并实现销售。人们对产品不够了解，所以销售量低，费用及成本高，利润低，有时甚至亏

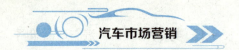

损。其主要特点为：①生产批量小，试制费用大，制造成本高。②由于消费者对产品不熟悉，广告促销费用较高。③产品售价常常偏高。这是由于生产量小、成本高、广告促销费用较高所致。④销售量增长缓慢，利润少，甚至发生亏损。

2. 成长期

成长期指产品通过试销阶段以后，转入成批生产和扩大市场销售的阶段。在此阶段，产品的销售量迅速爬升。其主要特点为：①销售额迅速增长。②生产成本大幅度下降，产品设计和工艺定型，可以大批量生产。③利润迅速增长。④由于同类产品、仿制品和代用品开始出现，市场竞争日趋激烈。

3. 成熟期

成熟期指产品在市场上销售已经达到饱和状态的阶段。在此阶段，产品的销售增长会慢下来或保持不变。其主要特点为：①销售额虽然仍在增长，但速度趋于缓慢。②市场需求趋向饱和，销售量和利润达到最高点，后期两者增长缓慢，甚至趋于零或负增长。③竞争最为激烈。

4. 衰退期

衰退期指产品不能适应市场需求，逐步被市场淘汰或更新换代的阶段。在此阶段，产品的销售量会下降。其主要特点为：①产品需求量、销售量和利润迅速下降。②新产品进入市场，竞争突出表现为价格竞争，且价格压到极低的水平。

7.2.3　汽车产品生命周期各阶段的营销策略

1. 导入期的汽车营销策略

对进入导入期的产品，企业总的策略思想应该是迅速扩大销售量，提高赢利，缩短导入期，尽量更快地进入成长期。

（1）促销

促销活动的重点是向消费者宣传介绍产品的性能、用途、质量，使消费者尝试使用新产品。

（2）组合策略

根据市场具体情况，组合运用促销与价格手段，可选择以下相应的策略。

①迅速掠取策略，指以高价格和高促销水平推出新产品的策略。这是一种先声夺人，迅速收回本钱的策略，但条件是产品十分新颖，消费者愿意支付高价。国外汽车企业在推出富有特色的中高级轿车时常采用这一策略。

②缓慢掠取策略，指以高价格和低促销水平推出新产品的策略。新产品必须有独特的特点，能填补市场上的某一项空白，竞争威胁不大，能使企业获得更多利润。

③迅速渗透策略，指用低价格和高促销水平推出新产品的策略。当人们对新产品不是很了解，但市场容量大、对价格相对比较敏感，且同业竞争激烈时，企业可降低成本打入市场。该策略可以给企业带来最快的市场渗透率和最高的市场占有率。日本、韩国的汽车企业在刚进入北美市场时，便大量采用此种营销策略。

④缓慢渗透策略，指用低价格和低促销水平推出新产品的策略。这种策略目的是迅速

地占领市场，阻止其他竞争者对市场的渗入。适合的市场条件是：市场容量大，汽车消费者对价格十分敏感，汽车产品弹性大，有潜在竞争者。

2. 成长期的汽车营销策略

汽车产品进入该时期，其销售额和利润都呈现出迅速增长的势头，故企业的策略是尽可能延长成长期时间，并保持旺销的活力。其主要策略有以下几方面。

（1）提升产品

为适应市场需求，集中企业必要的人、财、物资源，改进和完善生产工艺，提高产品质量，树立名牌产品，提高产品竞争力，满足人们的需求。

（2）细分市场

进一步细分汽车市场，扩大目标市场。

（3）品牌宣传

改变广告宣传目标，由导入期提高知名度为中心转为树立企业和汽车产品形象，为产品争创名牌。

（4）高效分销

建立高绩效的分销渠道体系。

3. 成熟期的汽车营销策略

汽车产品进入该时期，销售额和利润出现最高点。由于生产能力过剩、市场竞争加剧、销售增长速度缓慢甚至出现下降趋势。此时期企业的营销思想是应尽量延长产品的生命周期，使已处于停滞状态的销售增长率和利润率重新得以回升，其主要策略有以下几种。

（1）汽车市场改革策略

开发新的目标市场，寻求新顾客。其方式有：发展产品的新用途，即不改变产品质量、功能而发掘产品新用途，用于其他领域，从而延长产品的生命周期；寻求新市场，相对产品新市场而言，原市场在本地区、本省或本国，而其他地区、外省或外国就是新市场。

（2）汽车产品改革策略

通过对产品自身做某种改进，来满足消费者不同需要，从而为消费者寻求新用途，使销量获得回升。可以从产品的特性、质量、式样和附加产品等方面进行改革。

（3）汽车市场营销组合改革策略

对产品、定价、分销渠道和促销4个因素加以改革，以刺激销售额的回升，通常的做法如降价、增加广告、改善销售渠道，以及提供更多的售后服务等。

4. 衰退期的汽车营销策略

该时期产品的销售和利润直线下降，其主要策略有以下几种。

（1）立刻改革策略

在汽车企业已准备好替代的新产品，或者该产品的资金可能迅速转移，或者该产品存在危害其他有发展前途产品时，企业应当机立断，放弃经营。

（2）逐步放弃策略

如果企业立刻放弃该产品会造成更大损失，则应采取逐步放弃的策略。

（3）自然淘汰策略

企业不主动放弃该产品，继续沿用以往营销策略，保持原有的目标市场销售渠道，直到产品完全退出市场为止。

（4）集中策略

汽车企业把人力、物力集中到最有利的细分市场，从而获得利润。

总之，如何放弃衰退期产品是企业最难做出的决策问题。首先，必须能正确判断产品是否已进入衰退期；其次，选择淘汰产品的最佳方式。而解决好这些问题的基础就是有健全的商情分析制度和确切的市场信息资料。

事实上，各种汽车产品生命周期的曲线形状是有差异的。有的产品一进入市场就快速成长，迅速跳过导入期；有的产品则可能越过成长期而直接进入成熟期；还有的产品可能经历了成熟期以后，进入第二个快速成长期。综上所述，产品生命周期各阶段的基本特点及营销策略可归纳为表 7 - 1。

表 7 - 1　产品生命周期各阶段的基本特点及营销策略

项目	生命周期阶段			
	导入期	成长期	成熟期	衰退期
销售额	低	迅速上升	达到顶峰	下降
单位成本	高	平均水平	低	低
利润	无	上升	高	下降
营销策略	建立知名度	提高市场占有率	争取利润最大化	实现产品更新换代

7.2.4　新产品的开发和扩散

产品生命周期理论指出，任何产品都有自身的市场生命周期，而且随着科学技术发展的日新月异和企业之间竞争的愈演愈烈，产品生命周期将变得越来越短。新产品的开发就是要满足消费者变化的需求，也是企业具有活力和竞争力的表现。新产品开发既会给企业的市场营销带来机会，也会给企业的经营带来风险。

1. 新产品的概念及分类

市场营销学中所说的新产品是从市场和企业两个角度来认识的，它与因科学技术在某一领域的重大发展所产生的新产品不完全相同。对市场而言，第一次出现的产品即为新产品；对企业而言，第一次生产销售的产品也称新产品。新产品具有新颖性、先进性、经济性和风险性等特点，一般有如下几类。

（1）全新产品

全新产品指应用新的技术、新的材料研制出的具有全新功能的产品。这种产品无论对企业或市场来讲都属新产品。如汽车、飞机、电话等第一次出现时都属于全新产品。

（2）换代产品

换代产品指在原有产品的基础上，全部采用或部分采用新技术、新材料、新工艺研制出来的新产品。换代产品与原有产品相比，产品性能有了一定改进，质量也有了相应提高。它适应了时代发展的步伐，也有利于满足消费者日益增长的物质需要。

（3）改进产品

改进产品指对老产品的性能、结构、功能加以改进，使其与老产品有较显著的差别，如电熨斗加上蒸汽喷雾，电视机配置遥控开关。与换代产品相比，改进产品受技术限制较小，且成本相对较低，便于市场推广和消费者接受，但容易被竞争者模仿。

（4）仿制产品

仿制产品指对国际或国内市场上已经出现的产品进行引进或模仿，研制生产出的产品。开发这种产品不需要太多的资金和尖端的技术，因此比研制全新产品要容易得多。

2. 新产品开发的意义

虽然新产品开发需要很多的投入，并且具有较大的风险，但企业若想在竞争激烈的市场上求得生存与发展，必须高度重视新产品的开发。

（1）新产品开发是企业生存与发展的要求

企业同产品一样，也存在着生命周期。如果企业不开发新产品，当产品走向衰退之时，企业也走到了生命周期的终点。企业要谋求生存与发展，保持旺盛的生命力，就必须不断地去开发新产品，并以新产品的新特性抵御竞争对手的冲击。

（2）新产品开发是消费需求变化的要求

消费结构的变化、消费选择的多样化，使顾客对产品的需求，不仅仅是数量的膨胀、质量的提高，而且对花色品种也提出了更高的要求。企业要满足广大消费者不断增长的、日新月异的需求，就必须推陈出新，开发更多更好的新产品。

（3）新产品开发是科学技术发展的要求

科学技术的迅猛发展，导致许多高新技术产品的出现，加快了产品更新换代的速度。企业只有不断地开发新产品，不断地用新的科学技术改造自己的产品，才能振兴与发展。

（4）新产品开发是市场竞争的要求

企业之间的竞争日趋激烈，企业若想保持在市场上的优势地位，就必须不断创新，开发新产品。企业定期推出新产品，可以增强企业的活力，提高企业在市场上的信誉和地位。

3. 新产品的开发程序

开发新产品是一项很复杂的工作，不仅投资大而且要冒很大的风险。为减少失误，企业开发新产品必须遵循一定的程序进行。

（1）新产品的构思

新产品的开发是从寻求构思开始的。所谓构思，就是开发新产品的设想。一个成功的新产品，首先来自一个有创造性的构思。虽然并不是所有的构思都可变成产品，但寻求尽可能多的构思可为开发新产品提供较多的机会。新产品构思的来源很多，主要有顾客、科学家、竞争对手、推销员、经销商、企业管理人员、营销咨询公司、广告公司等。

（2）筛选构思

筛选构思就是对大量的新产品构思进行评价，研究其可行性，选出可行的构思进一步开发，剔除不可行或可行性较低的构思。甄别构思时，一般都要将企业的发展目标及资源条件与之结合起来。第一，要考虑该构思是否与企业的战略目标相适应，如利润目标、销售目标等；第二，要考虑企业的资源是否有能力开发该构思，如资金能力、技术能力、人

力能力等。

（3）产品概念的发展与测试

产品构思是企业从自身角度考虑希望提供给市场的产品设想。而产品概念是企业从顾客角度对这种构思进行的详细描述。例如一块手表，从企业角度看，它是齿轮、轴心、表壳及制造过程、管理方法与成本的集合；而对顾客来说，只考虑手表的外形、特点、价格、准确性、保修期等。企业必须根据顾客上述几方面的要求，把产品构思发展为能被顾客理解，并能用文字、图形或模型予以具体描述的产品概念。

（4）制订营销计划

对已经入选的产品概念，企业需要制订一个初步的营销计划，这个营销计划将被不断地完善。营销计划一般包括三部分内容：第一，描述目标市场的规模和结构，规划产品的定位，计划产品的销售量和市场占有率，确定产品投放市场开始几年的利润目标等；第二，描述新产品的价格策略、分销策略以及第一年的营销预算；第三，描述预期的长期销售额和目标利润以及在不同时期的市场营销组合策略。

（5）商业分析

商业分析的任务是在初步拟订的营销计划基础上，对新产品从财务上进行分析，看它是否符合企业目标。具体内容有两方面：其一，估计销售额；其二，推算成本与利润。

（6）产品开发

产品开发是将产品概念转交给有关部门进行研究开发，将产品概念转化为具体的产品。与前面几个阶段相比，产品开发阶段的投入较多，时间较长。试制出来的产品如果符合下列要求，则被视为在技术和商业上具有可行性：第一，在顾客看来，产品具备了产品概念中列举的各项属性；第二，在正常使用条件下，可以安全地发挥功能；第三，能在规定的成本预算范围内生产出来。

（7）市场试销

产品投放市场后，能否受到顾客的欢迎，企业并无把握。为此，需要通过市场试销，即将产品投放到有代表性的小范围进行试验，观察其市场反应，以确定是否将产品正式投放市场。在试销的过程中，应注意取得有关的销售渠道、广告宣传、价格、产品质量等方面的信息资料，以便为以后的营销决策提供依据。

（8）正式上市

在试销基础上，企业可获取大量信息资料，决定是否将产品全面推向市场。一旦决定大批投产上市，就需再次大量投资，购置设备、原材料，支付广告费等。

任务7.3 汽车产品组合策略

建议学时：1 学时

任务下达

桐桐从小就对奥迪品牌情有独钟，慢慢地桐桐了解到奥迪除了 A 系列、Q 系列，还有 S 系列、RS 性能系列等车型。而且，这些奥迪车价格差异很大，A 系列的车型从 20 万元的 A3 到 100 万元的 A8 价格不等。能够拥有一辆属于自己的 A3 成为桐桐的梦想，桐桐为这个目标一直努力奋斗着。

7.3.1 汽车产品组合的概念

营销学把企业的各类产品线及其包含的全部产品项目看作一个企业的产品组合。产品项目是指在产品组合中，每一个具体的产品品种。产品线是指在产品组合中能满足顾客同类需求，在功能、使用与销售等方面具有类似性质的一组产品。例如，一汽集团生产的重型载货汽车、中型载货汽车、轻型载货汽车、高级轿车、中级轿车、普通型轿车、微型轿车等，这就是产品组合；而其中重型载货汽车或中型载货汽车等就是产品线；每一大类里包括的具体品牌、品种则为产品项目。

通常采用 4 个变量来研究产品组合：产品组合的宽度、产品组合的长度、产品组合的深度和产品组合的相关性。

产品组合的宽度是指一个企业的产品组合中所拥有的产品线的数目。例如，广汽丰田汽车公司现有雅力士、凯美瑞、汉兰达、逸致 4 条产品线，因此该公司的产品组合宽度为 4。

产品组合的长度是指产品组合中所有产品线的产品项目总数。每一条产品线内的产品项目数量，称为该产品线的长度。现在多数汽车公司的产品组合长度都能达到几十甚至上百，如果具有多条产品线，可将所有产品线的长度相加，得到产品组合的总长度，再除以产品组合的宽度，即可得到平均产品线的长度。

产品组合的深度是指一个企业产品线中的每一产品项目有多少个品种。例如，广汽丰田雅力士车系，共有不同配置的 7 款车型，则该产品线的深度为 7。

产品组合的相关性指各条产品线在最终用途、生产条件、分配渠道或其他方面相互关联的程度。例如，两个车系在零部件上的通用性高低，不同车型能否在同一平台上生产，都属于产品组合相关性的概念范畴。

一个汽车企业的产品要尽可能地加强相关性，如加强汽车零部件的通用性、不同车型共用一个生产平台等。加强汽车产品组合的相关性，可以降低企业新车型的开发和生产成本，减少投资风险。近几年来，各个厂商相继采取了平台化、模块化战略，就是为了加强产品组合的相关性，以增加产品的通用性，降低成本。

7.3.2　汽车产品组合策略

1. 扩大产品组合

扩大产品组合包括拓展产品组合的宽度和增加产品组合的长度。前者是在原产品组合中增加一个或几个产品大类，扩大产品范围；后者是在原有产品大类内增加新的产品项目。

当企业预测现有产品大类的销售额和利润额在未来一段时间内有可能下降时，就应考虑在现行产品组合中增加新的产品大类，或加强其中有发展潜力的产品大类。当企业打算增加产品特色，或为更多的子市场提供产品时，则可选择在原有产品大类内增加新的产品项目。一般而言，扩大产品组合，可使企业充分地配置资源，分散风险，增强市场应变能力和竞争能力。

2. 缩减产品组合

当市场不景气或原料、能源供应紧张时，缩减产品反而可能使总利润上升。这是因为从产品组合中删除了那些获利很小甚至亏损的产品大类或产品项目，使企业可集中力量发展获利多的产品大类和产品项目。通常情况下，企业的产品大类有不断延长的趋势，其原因主要有：生产能力过剩迫使产品大类经理开发新的产品项目；中间商和销售人员要求增加产品项目，以满足顾客的需要；产品大类经理为了追求更高的销售和利润而增加产品项目。

但是，随着产品大类的延长，设计、生产、仓储、运输、促销等营销费用也随之增加，最终将会减少企业的利润。在这种情况下，需要对产品大类的发展进行相应遏制，剔除那些得不偿失的产品项目，使产品大类缩短，提高经济效益。

3. 产品线延伸

（1）向下延伸

向下延伸即把企业原来定位于高档市场的产品线向下延伸，在高档产品线中增加低价格产品项目。汽车企业在原来生产中、高档车型的基础上，又推出低档车型，这就是产品线向下延伸。该种策略通常适用于以下几种情况。

①利用高档品牌产品的剩余价值，吸引购买力水平较低的消费者慕名购买这种产品线中的低档廉价产品。

②高档产品的销售业绩表现不佳，市场范围有限，且企业的资源设备利用不足。

③企业最初进入高档产品市场的目的是建立品牌形象，然后再进入中、低档产品市场以增加销量。

④补充企业产品线上的空白，以占据更大的细分市场或防止新的竞争者进入。

实行这种策略也会给企业带来一定的风险，如果盲目采用，很可能会给企业原有产品的市场形象带来不利的影响。

（2）向上延伸

向上延伸即原来定位于低档产品市场的企业，在原有产品线内增加高档产品项目。这种策略通常适用于下列情况。

①高档产品市场具有较高的销售增长率和毛利率。

②企业的技术设备和营销能力可达到产品生产及经营要求，且企业具备进入高档市场的条件。

③企业想要打造高、中、低档完备的生产线，且具备在不同级别市场赢得竞争的能力。

④企业准备以较先进的产品项目来提高原有产品线的地位。

例如，吉利汽车公司在创立之初，以高性价比的低档车型占领市场，为了进军中高档用车市场，专门推出了"帝豪"品牌。

采用这种策略的企业也要承担一定的风险，因为要改变产品在消费者心目中的地位是有一定困难的，如果决策不当，不仅难以收回新产品开发的成本，还会影响原有产品的市场信誉。

（3）双向延伸

双向延伸即原定位于中档产品市场的企业，在掌握了市场优势之后，将产品项目逐渐向高档和低档两个方向延伸。这种策略在一定条件下有助于扩大市场占有率，提高企业的市场地位，但只有在原有中档产品市场取得优势，而且具有足够的资源和能力时，才可进行双向延伸。例如，上海通用汽车公司推出"别克"品牌后，取得了巨大的市场成功并赢得了良好的口碑，在此基础上，该公司分别于 2004 年和 2005 年引入了针对高档用车市场的"凯迪拉克"品牌及产品线和针对普通消费者市场的大众化品牌"雪佛兰"及产品线，这一策略就属于双向延伸策略。

任务7.4 汽车品牌策略

建议学时：2 学时

任务下达

说起国内的豪华汽车品牌，人们都会想到 BBA，也就是奔驰、宝马和奥迪。除了精湛的技术工艺，桐桐认为这些汽车的畅销也和其品牌本身有很大的关系，桐桐决定一探究竟。

7.4.1 汽车品牌的概念

品牌是汽车产品整体概念的重要组成部分。品牌又称产品的牌子，它是制造商或经销商加在产品上的标志，是指用来识别卖方的产品或劳动的名称、符号、象征、设计或它们的组合。

汽车品牌是一个集合概念，它包含品牌名称、品牌标志等概念。汽车品牌名称是指品牌中可以用语言来称呼和表达的部分，如"福特""奔驰"等。汽车品牌标志是指品牌中可被识别而不能用语言表达的特定标志，包括专门设计的符号、图案、色彩、文字等。

品牌不仅仅是一种符号，一种让人可以加以区别的标记，品牌更是有灵魂、有个性的，它可以把产品及设计者的精神意图传递给消费者，可以从心灵深处打动消费者，激起他们的购买欲望。因此，品牌是形式产品的重要组成部分。对品牌可以从 6 个角度进行理解。

1. 属性

品牌属性是指消费者感知的与品牌的功能性相关联的特征。如梅赛德斯－奔驰的属性表现为高贵、制造精良、高舒适度等。多年来该品牌一直宣传它是"世界上工艺最佳的轿车"，这就是在宣传它的属性。

2. 利益

品牌利益是指品牌为消费者提供的之所以购买该品牌产品而非其他产品或品牌的利益出发点或理由。品牌利益主要有两个方面：功能性利益和精神性利益。功能性利益是指源于品牌属性使消费者获得的独特效用，满足的是消费者对品牌的功能需求；精神性利益是指源于精神因素而使消费者获得的满足。例如，梅赛德斯－奔驰品牌让人联想到的是精良的产品和高贵的心理体验。

3. 价值

品牌价值是品牌管理要素中最为核心的部分，也是品牌区别于同类竞争品牌的重要标志。迈克尔·波特在其品牌竞争优势理论中曾提到：品牌的资产主要体现在品牌的核心价值上。劳斯莱斯公司生产的轿车，多年来不仅被认为是一种交通工具，更是英国上流社会生活方式的一种标志。

4. 文化

品牌文化是指通过赋予品牌深刻而丰富的文化内涵，建立鲜明的品牌定位，并充分利用各种强有效的内外部传播途径，使消费者在精神上形成对品牌的高度认同，创造品牌信仰，最终形成强烈的品牌忠诚。拥有品牌忠诚就可以赢得顾客忠诚，赢得稳定的市场，大大增强企业的竞争能力，为品牌战略的成功实施提供强有力的保障。

品牌文化的核心是文化内涵，具体而言是其蕴含的深刻的价值内涵和情感内涵，也就是品牌所凝练的价值观念、生活态度、审美情趣、个性修养、时尚品位、情感诉求等精神象征。例如，梅赛德斯 – 奔驰代表了豪华、高贵的品牌文化，宝马代表了运动、活力的品牌文化，沃尔沃代表了安全、精致、儒雅的品牌文化。

5. 个性

在品牌竞争激烈的当今社会，人们提到某个品牌，首先想到的是其独特的个性。品牌个性关注的是品牌告诉了消费者什么，以及消费者与品牌发生联系时的感受。消费者会根据品牌个性，来选择适合自己的品牌。例如，选择宝马的消费者追求驾驶的乐趣，选择劳斯莱斯的消费者想要显示自己的社会地位和财富。

6. 使用者

品牌还体现了购买或使用这种产品的是哪一类消费者。

如果企业在品牌规划和推广方面做出努力后，能让目标消费者从以上 6 个方面整体认识品牌，则说明企业的品牌战略是成功的。

7.4.2 汽车品牌的作用

1. 品牌对消费者的作用

有助于消费者识别产品的来源或产品制造厂家，更有效地选择和购买商品；有助于消费者得到相应的服务便利，如更换零部件、维修服务等；有利于消费者权益的保护，如选购时避免上当受骗，出现问题时便于索赔和更换等；有助于消费者避免购买风险，降低购买成本，从而更有利于消费者选购商品；好的品牌对消费者具有很强的吸引力，有利于消费者形成品牌偏好，满足消费者的精神需求。

2. 品牌对生产者的作用

（1）有助于产品的销售和占领市场

品牌一旦形成一定的知名度和美誉度后，企业就可利用品牌优势扩大市场，促成消费者品牌忠诚，品牌忠诚使销售者在竞争中得到某些保护，并使它们在制订营销计划时具有较强的控制能力。

（2）有助于稳定产品的价格

品牌形成一定时期后，将有助于稳定产品价格，减少价格弹性，增强对动态市场的适应性，减少未来的经营风险。

（3）有助于市场细分，进而进行市场定位

品牌有自己的独特风格，除有助于销售外，还利于企业进行市场细分。企业可以在

不同的细分市场推出不同品牌以适应消费者个性差异，更好地满足消费者。

（4）有助于新产品开发，节约新产品市场投入成本

一个新产品进入市场，风险是相当大的，而且投入成本也相当大，但是企业可以成功地进行品牌延伸，借助已成功或成名的品牌，扩大企业的产品组合或延伸产品线，采用现有的知名品牌，利用其知名度和美誉度，推出新产品。

（5）有助于企业抵御竞争者的攻击，保持竞争优势

新产品一推出市场，如果畅销，很容易被竞争者模仿。但品牌是企业特有的一种资产，它可通过注册得到法律保护，品牌忠诚是竞争者通过模仿无法达到的。当市场趋向成熟，市场份额相对稳定时，品牌忠诚是抵御同行竞争者进攻的最有力的武器。另外，品牌忠诚也为其他企业进入构筑了壁垒。所以，从某种程度上说，品牌可以看作企业保持竞争优势的一种强有力工具。

7.4.3　汽车品牌策略

品牌策略是指企业如何合理地使用品牌，发挥品牌的积极作用，具体有以下几种策略。

1. 品牌有无策略

一般来讲，现代企业都有自己的品牌和商标。虽然这会使企业增加成本费用，但也可以使企业得到以下好处：便于管理订货；有助于企业细分市场；有助于树立好的企业形象；有利于吸引更多的品牌忠诚者；注册商标可使企业的产品特色得到法律保护，防止别人模仿、抄袭。

一些企业对某些消费品不规定品牌名称和品牌标志，也不向政府注册登记，实行非品牌化，这种产品叫无牌产品。所谓无牌产品是指在市场上出售的无品牌、包装简易且价格便宜的普通产品。企业推出无牌产品的主要目的是节省包装、广告等费用，降低价格，扩大销售。

2. 品牌归属策略

企业有三种可供选择的策略：企业使用自己的品牌，这种品牌叫作制造商品牌、生产者品牌；企业将其产品大批量地卖给中间商，中间商再用自己的品牌将物品转卖出去，这种品牌叫作中间商品牌；企业决定有些产品用自己的品牌，有些产品用中间商品牌。

企业选择使用制造商品牌还是中间商品牌，需要综合考虑许多因素，权衡哪种选择更有利于自己营销目标的实现。通常，企业有良好的市场信誉及形象、市场地位优越，使用制造商品牌具有更好的效果。但是，如果企业实力薄弱、资源紧缺，中间商品牌可能是企业更好的选择。另外，如果中间商在目标市场拥有较好的品牌信誉及庞大而完善的销售网络，企业通过利用中间商品牌可以更好地占领市场时，也可以考虑使用中间商品牌。所以，企业进入国际市场时经常会先选择中间商品牌。

3. 品牌统分策略

如果企业决定其大部分或全部产品都使用自己的品牌，那么还要进一步决定其产品是分别使用不同的品牌，还是统一使用一个或几个品牌。在这个问题上有四种可供选择的

策略。

（1）个别品牌

个别品牌是指企业各种不同的产品分别使用不同的品牌。其好处主要是：①企业的整个声誉不致受其某种商品的声誉的影响。例如，如果某企业的某种产品失败了，不致给这家企业的脸上抹黑，因为这种产品用自己的品牌名称。②某企业原来一向生产某种名牌高档产品，后来推出较低档的产品，如果这种新产品使用自己的品牌，也不会影响这家企业的名牌高档产品的声誉。

（2）统一品牌

统一品牌是指企业所有的产品都统一使用一个品牌名称，例如美国通用电气公司（GE）的所有产品都统一使用"GE"这个品牌名称。企业采取统一品牌策略的好处主要是：①企业宣传介绍新产品的费用开支较低；②如果企业的名声好，其产品必然畅销。

（3）分类品牌

分类品牌是指企业的各类产品分别命名，一类产品使用一个牌子。这主要是因为：①企业生产或销售许多不同类型的产品，如果都统一使用一个品牌，这些不同类型的产品就容易互相混淆。②有些企业虽然生产或销售同一类型的产品，但是为了区别不同质量水平的产品，往往也分别使用不同的品牌名称。

（4）企业名称加个别品牌

这种策略是指企业对其不同的产品分别使用不同的品牌，而且各种产品的品牌还冠以企业名称。例如，美国通用汽车公司（GM）生产的各种类型的汽车就采用公司名称（GM）加上各种不同的品牌名称，如凯迪拉克、别克、雪佛兰等。用这种策略来表明这些汽车都是通用汽车公司生产的，但它们又各有特点。企业采取这种策略的好处主要是：在各种不同新产品的品牌名称前冠以企业名称，可以使新产品合法化，能够分享企业的信誉，而各种不同的新产品分别使用不同的品牌名称，又可以使新产品各具特色。

4. 多品牌策略

多品牌策略是指企业在同类产品中同时使用两种或两种以上品牌。这种策略可以给企业带来几方面的利益：可以增加品牌的陈列面积，增加零售商对产品的依赖性；可以吸引喜好新牌子的消费者；使组织内部直接产生竞争，有利于提高企业的工作效率和管理效率；可以满足不同的细分市场的需要，为提高总销售量创造条件。

其存在的风险为：使用的品牌量过多，导致每种产品的市场份额很小，使企业资源分散，而不能集中到少数几个获利水平较高的品牌上。

5. 品牌延伸策略

品牌延伸是指企业利用其成功品牌的声誉来推出改进产品或新产品。品牌延伸通常有两种做法。

（1）纵向延伸

企业先推出某一品牌，成功后，又推出新的经过改进的该品牌产品；接着，再推出更新的该品牌产品。例如，宝洁公司在中国市场先推出"飘柔"洗发香波，然后又推出新一代"飘柔"洗发香波。

（2）横向延伸

把成功的品牌用于新开发的不同产品。例如，海尔公司先后向市场推出冰箱、空调、电视机、电脑、手机等产品。

品牌延伸可以大幅度降低广告宣传等促销费用，使新产品迅速、顺利地进入市场。这一策略如运用得当，有利于企业的发展和壮大。然而，品牌延伸未必一定成功。另外，品牌延伸还可能淡化甚至损害品牌原有的形象，使品牌的独特性被逐步遗忘。所以，企业在品牌延伸决策上应谨慎行事，要在调查研究的基础上，分析、评价品牌延伸的影响，在品牌延伸过程中还应采用各种措施尽可能地降低对品牌的冲击。

6. 品牌重新定位策略

品牌的重新定位是指由于某些市场情况发生变化，而对产品品牌进行重新定位。企业在进行品牌重新定位策略时，要全面考虑两方面的因素：第一，产品品牌从一个细分市场转移到另一个细分市场的费用。重新定位的距离越远，重新定位的费用越高。第二，企业定位于新位置的品牌能获多少收益。收益多少取决于此细分市场的顾客数量、平均购买率、竞争者的实力及数量等。企业应对各种品牌重新定位方案进行分析，权衡利弊，从中选优。

任务 8

汽车定价策略

任务导语

汽车价格是汽车市场营销中的一个非常重要的因素，它在很大程度上决定着市场营销组合的其他因素。价格的变化直接影响着汽车市场的接受程度、消费者的购买行为、汽车生产企业盈利目标的实现等。因此，汽车的定价策略是汽车市场竞争的重要手段，它既要有利于促进销售、获取利润、补偿成本，同时又要考虑消费者对价格的接受能力。

任务要求

1. 了解汽车价格的相关知识。
2. 掌握影响汽车定价的因素。
3. 掌握汽车定价的基本方法和策略。
4. 熟悉汽车价格调整策略。

总学时：6

任务8.1 汽车定价概述

建议学时：2 学时

任务下达

汽车价格逐渐走低，成为每个家庭的必需品。价格从几万元、十几万元到几十万元、上百万元，价格差距悬殊。桐桐想，这巨大价格差异的背后，除了成本因素，一定还有其他更为重要的因素，桐桐决定好好学习下。

8.1.1　汽车价格的构成

价格是企业营销 4P 组合中最灵活的组成部分，汽车产品的价格不仅是汽车商品价值的货币表现形式，而且可以随着市场需求的变动而变动，也正因为如此，定价具有很强的科学性，也具有很强的艺术性。企业定价的原则必须是在遵循客观经济规律的基础上，合理地、自由地、富有想象力地以及富有创造力地设定产品价格。汽车价格的构成有四个要素。

（1）汽车生产成本

它是汽车价值的重要组成部分，也是制定汽车价格的重要依据。

（2）汽车流通费用

它是发生在汽车从汽车生产企业向最终消费者移动过程各个环节之中的，并与汽车移动的时间、距离有关，因此它是正确制定同种汽车差价的基础。

（3）国家税金

它是汽车价格的构成因素。国家通过法令规定汽车的税率，并进行征收。税率的高低直接影响汽车的价格。

（4）汽车企业利润

它是汽车生产者和汽车经销者为社会创造和占有的价值的表现形态，是汽车价格的构成因素，是企业扩大再生产的重要资金来源。

8.1.2　影响汽车定价的主要因素

1. 生产成本

汽车产品的生产成本是指汽车企业为生产一定数量和一定种类的汽车产品所发生的各种生产费用的总和，主要包括厂房、机器等固定资产，也包括生产汽车所需要购买的原材料如钢板、轮胎等，还包括隐性成本如知识产权等。它们不仅是企业定价的依据，同时也是制定产品价格的最低界限。成本因素是影响定价的主要因素。

（1）总固定成本（TFC）

总固定成本是指在一定生产经营规模范围内，不随产品种类及规模数量变化而变化的那部分成本，包括固定资产折旧费、房屋与场地租金、管理人员工资、财产保险费等。不管企业的产量是多少，这些费用必须支出。

（2）总变动成本（TVC）

总变动成本是指随产品种类及规模数量变化而变化的那部分成本费用。产量越大，总变动成本也越大；反之，产量越小，总变动成本也越小。包括原材料、员工奖金、产品包装费用、运输及仓储费用、部分营销费用等。如汽车企业从供应商处采购轮胎，产量越大，轮胎的采购量也越大，这部分费用是随着产量的变化而变化的。

（3）总成本（TC）

总成本是企业生产某种产品的总固定成本与总变动成本之和。当产量为零，即企业不进行生产时，企业的总成本等于总固定成本。

（4）平均固定成本（AFC）

产品的平均固定成本等于总固定成本除以总产量。虽然固定成本不随产量的变动而变动，但平均固定成本却随着产量的增加而减少，这是由规模效益发挥的作用，从长期来看，平均固定成本是企业定价时不可忽视的因素之一。

（5）平均变动成本（AVC）

产品的平均变动成本等于总变动成本除以总产量。在一定的技术熟练程度和生产设备条件下，平均变动成本不会随产量的增减而变动。而当生产发展到一定规模、工人熟练程度增加、大批量采购原材料和配件的成本降低时，变动成本则呈递减趋势，但若超过某一经济界限，平均变动成本又有可能上升。

（6）平均成本（AVC）

产品的平均成本也就是产品的单位成本，它等于总成本与总产量之比，或者等于平均固定成本与平均变动成本的总和。

（7）边际成本（MC）

边际成本是增加一个单位产量相应增加的单位成本。一般来说，边际成本的变化取决于产量的大小。在产量增加初期，由于固定生产要素的使用效率逐渐提高，使产量增加呈现收益递增现象，从而边际成本递减。而在产量达到一定程度后，由于增加的变动生产要素无法获得足够的固定生产要素的配合，即在短期内无法增加固定成本投入，使得产量逐渐出现递减现象，收益递减甚至出现负的收益率，此时，边际成本将大幅递增。

企业要实现利润最大化，必须让边际收入等于边际成本。因为，边际利润等于边际收入减去边际成本，当边际收入高于边际成本时，企业增加销量所带来的边际利润是正值，从而带来利润的增加，于是企业会不断增加销售量。但随着销售量的增加，边际成本会提高，最后将导致成本支出大于边际收入，那么这时边际利润就是负值，于是企业的利润就会开始下降。这样，只有当边际收入等于边际成本，企业的利润才是最大的。

汽车工业的固定投资是十分巨大的，一个汽车工厂的资本投入动辄便是数十亿元，而这都会分摊在每台车的造车成本之中。作为一个汽车工业起步很晚的国家，我国的多数汽车厂商还处于投资期，车商每年都将数十、上百亿元的资金投在工厂和生产线上，而这些投入哪怕是部分分摊在每年的造车成本上，都将是十分庞大的。另外，汽车知识产权成本也是汽车生产成本的主要组成部分。国外各大厂商的车型都拥有自主知识产权，核心部件也是自行生产的，因此能够将成本降至最低。而国内几大汽车制造厂商的主力车型都是合资生产，且不说海外合资方的技术和设备转让费用，单是一些零部件的进口费用便让车价难以降下来。

2. 市场竞争

根据市场的竞争程度，市场结构可分为四种不同的类型。

（1）完全竞争市场

完全竞争市场，又称自由竞争市场，是指同种产品有多个营销者，他们都以同样的方式向市场提供同类的标准化的产品。他们的产品供应量都只占市场买卖总量的极小份额，任何一个企业都不可能单独左右该种产品的市场价格。

产品价格在多次交易中自然形成，各个经销商都是价格的接受者而不是决定者。企业的任何提价或降价行为都会导致对本企业产品需求的骤减或利润的不必要流失。在完全竞争状态下，产品定价应随行就市。

（2）完全垄断市场

完全垄断市场，又称独占市场，是指在一个行业中某种产品的生产和销售完全由一个卖主独家经营和控制。

在这种市场环境中，垄断企业没有竞争对手，而且有较高的自由定价的权利，可以独立地或与极少数几家企业协商制定价格，可以在国家法律允许的范围内随意定价（可以将产品价格定得很高，只要市场承受得住即可）。

（3）垄断竞争市场

垄断竞争市场指既有独占倾向又有竞争成分的市场。这种市场比较符合现实情况，其主要特点是：同类产品在市场上有较多的生产者，市场竞争激烈；新加入者进入市场比较容易；不同企业生产的同类产品存在着差异性，消费者对某种产品产生了偏好，垄断企业由于某种优势而产生了一定的垄断因素。

这时，企业已不是一个消极的价格接受者，而是一个对价格有影响力的决定者。

（4）寡头垄断市场

寡头垄断市场是指某类产品的绝大部分由少数几家企业垄断的市场，它是介于完全垄断和垄断竞争之间的一种市场形式。在现实生活中，这种形式比较普遍。在这种市场中，产品的市场价格不是通过市场供求关系决定的，而是由几家大企业通过协议或默契规定的。

3. 汽车产品的需求

汽车产品价格与需求之间存在着密切关系。不同的车型、不同的用途、不同的档次的汽车其需求价格弹性各不相同。高档豪华轿车，如宝马、奔驰其需求价格弹性可能就小，消费者不会因为其价格上涨百分之几就转而购买其他品牌的汽车。购买豪华轿车的用户其看中的主要是品牌，以及自身的身份与地位的需要，对价格的变化并不敏感。但对于中低档的家庭用车，价格因素是消费者主要的考虑因素，价格的变化会影响消费者对车辆的选择，较多的替代车型也会影响消费者的选择。

一般来说，当测定某一款车型的需求价格弹性较大时，采取低价策略可以吸引更多顾客，取得较大利润，但必须注意竞争者的反应。当测定某一款车型的需求价格弹性较小时，汽车生产企业可适当提高价格来增加利润，但应考虑与同行业竞争者的关系以及国家价格政策和法律规定。

4. 汽车产品的生命周期

汽车产品的生命周期对于定价有显著影响。例如，处于导入期的汽车产品常采用高价策略，而对于产品生命周期中衰退期的汽车产品常采用低价策略。另外，在产品生命周期的各个阶段之间又都会出现一个拐点，当拐点开始突变时，产品销售量、大众普及率、消费者购买愿望等都将不同，价格也就成了制约购买的瓶颈。因此，拐点前后的企业定价策略会出现巨大差别，企业能否正确认识到这个拐点，以及能否及时调整定价战略，会导致完全不同的竞争结果。

5. 消费者的心理状况

消费者的心理因素对价格的影响主要表现在人们对汽车产品的预期价格上，即在心目中认为这种汽车应该值多少钱。因此，企业在制定或调节汽车产品的价格时，必须认真分析消费者的心理。任何一件商品都是为消费者服务的，消费者在购买汽车时往往受到不同心理倾向支配。如自我感觉优越心理、追求时尚心理、炫耀心理等，不同的消费心理对汽车产品的价格有不同的要求。企业只有在研究掌握了不同的消费心理之后，才能制定出最佳的汽车产品价格。

6. 国家相关的政策法规

目前，我国的汽车市场价格更多的是在政府物价部门审批下制定的。此外，国家的政策也会影响汽车定价。比如，前些年新政策要求厂家实现欧Ⅱ转欧Ⅲ排放标准，对于资金和技术都还不够完善的企业来说，由此产生的运营成本就会相应增加，而这部分费用最终还是会反映到汽车价格上来。

任务8.2　汽车定价的目标、方法与策略

建议学时：2 学时

任务下达

通过之前的学习，桐桐了解了影响汽车产品定价的因素。而且，桐桐发现，不同品牌、不同车型的定价方法也是不一样的。桐桐决定系统地学习汽车产品定价的目标、方法与策略。

8.2.1　汽车定价的目标

定价目标就是每一件商品的价格实现以后应达到的目的，它和企业战略目标是一致的，并为经营战略目标服务。企业定价目标大致有以下 5 个方面。

1. 以获取利润为目标

（1）获取最大利润目标

获取最大利润目标是指企业在一定时期内综合考虑各种因素后，以总收入减去总成本的最大差额为基点，确定单位产品的价格，以获得最大利润总额。最大利润有长期、短期之分，还有单一产品最大利润和企业全部产品综合最大利润之分。

最大利润目标并不意味着抬高价格。价格抬高会导致销量下降，利润总额可能因此减少，有时高额利润是通过实施低价策略，待占领市场后再逐步提价来获得的；有时企业可以通过对部分产品定低价，甚至亏本销售以招徕消费者，从而带动其他产品销售，进而获取最大的整体利润。

（2）获取合理利润目标

获取合理利润目标是指企业在补偿正常情况下的社会平均成本的基础上，适当地加上一定利润作为产品价格，以获取正常情况下合理利润的一种定价目标。企业在自身力量不足、不能实现最大利润目标或预期投资回报率目标时，往往采取这种定价目标。汽车企业通常愿意采取这种定价目标。

2. 以市场占有率最大化为目标

市场占有率是企业销售量或销售额占同行销售量或销售额的百分比，是汽车企业的经营状况和产品竞争力的直接反映，它的高低对企业的生存和发展有重要意义。一个汽车企业只有在产品市场逐渐扩大和销售额逐渐增加的情况下，才有可能生存和发展。因此，保持或提高市场占有率是一个十分重要的目标。基于此，许多汽车企业宁愿牺牲短期利润以确保长期的收益。为此，就要实行全部或部分产品的低价策略，以求薄利多销，从而实现提高市场占有率的目标。

3. 以产品质量最优为目标

有些企业以产品质量领先于同行作为自己的经营目标，这就需要实行"优质优价"策略，以高价来保证高质量产品的研发成本和生产成本，并在生产和市场营销过程中始终贯彻产品质量最优的思想。采取这种定价目标的企业，其品牌和产品在消费者心目中一般都

享有一定声誉，因此企业可利用消费者的求名心理，制定一个较高的产品价格，这种定价目标适合于市场信誉度较高的产品。

4. 以应对和防止竞争为目标

在产品的营销竞争中，价格竞争是最有效、最敏感的手段。实力较弱的中小企业为了防止价格竞争的发生，在定价时，通常顺应市场领导企业的价格水平，以此避免因价格竞争带来的风险。中国汽车市场竞争十分激烈，有的企业常常将产品价格定得比竞争对手低，或在一定条件下将价格定得比竞争对手高，以显示自己的产品比竞争产品更有优势。这种定价目标比较适合于目标实现的可能性较大，而且实力比较雄厚的企业。

5. 以维持生存为目标

如果汽车企业产能过剩，或者面临激烈的竞争，或者市场对价格较为敏感，或者试图改变消费者需求，企业则可能需要把维持生存作为企业主要的经营目标。为了确保工厂持续运转，企业必须制定较低的价格。在这种情况下，汽车企业的生存要比利润重要得多。此时，企业制定的价格如果能够补偿变动成本和部分固定成本，企业就可以维持生存。这种定价目标只适合做企业的短期目标。

8.2.2 汽车定价的方法

中国现行的汽车市场存在的基本定价方法有以成本为导向、以需求为导向和以竞争为导向三种定价方法。

1. 成本导向定价法

成本导向定价法是指以企业产品的成本为基础来制定价格，这种定价完全是企业以自身经营成本为考虑前提，也就是说企业先要快速回收投资成本。这种定价的方法有以下3种。

（1）完全成本加成法

完全成本加成法是指在汽车产品的单位成本上，加上企业一定的加成率作为产品的销售价格，加成率是企业预期的利润与成本之间的比例。这样在售价与成本之间形成的差额就是企业实际所获得的利润。其计算公式如下：

$$汽车单位产品价格 = 单位产品的总成本 \times （1 + 加成率）$$

例如，某企业生产某一款家用轿车所需的总成本为 10 万元，加成率为 20%，则该汽车的总销售价为

$$10 \times （1 + 20\%） = 12 （万元）$$

成本加成法主要的优点是：一方面，企业可以完全控制成本的计算，因为成本是企业的内部信息，只需估计单位产品的总成本和加成率，就可以确定产品的价格；另一方面，这种定价方法的价格泡沫成分较少，对于企业和消费者来说都较为合理。但成本加成定价不利于企业参与市场竞争，原因是成本加成定价是根据卖方的主观意愿来决定汽车产品的价格，而没有考虑到竞争对手的定价策略。因此，当产品的价格一旦定下后，如果出现由于市场竞争而调整价格，则企业的经营计划将会受到影响。例如，调整价格时，企业需要重新印制价目表，还可能因此而损失客户。另外，这种定价法也没有考虑到企业今后的销

售量的计划没有实现时的应变策略。

（2）目标利润定价法

目标利润定价法是企业首先确定自身总成本和计划总的销售量这两个指标，然后再加上一定的投资收益率作为利润来确定产品的价格。值得注意的是目标利润率一定要大于同期的银行利率。其计算公式如下：

汽车单位产品价格 = 总成本 × （1 + 目标利润率）/预计的销售总量

目标利润定价法的优点很明显：这种定价为企业确保投资收益的回收而设定了一个目标，也就是说只要能完成这个销售目标，企业就一定能赢利；另外企业设定的销售目标也是企业对市场的一个整体反映，具有一定的科学性。但这种定价法，也和成本加成定价法一样，对市场的风险性估计不足。如果由于某种外界因素，企业的目标不能完成，则企业产品的价格就不能保证企业的投资收益率，企业的投资回收期也会相应延长。

（3）盈亏平衡定价法

盈亏平衡分析，是通过把成本划分为固定成本和变动成本，假定产销量一致，根据成本、产量、售价和利润之间的函数关系，找出产量、产品价格、单位产品的变动成本、年固定成本、生产能力利用率等因素的盈亏平衡点，再结合预测的各个因素可能的变动情况，对项目的风险情况及项目对各因素不确定性的承受能力进行大致判断的一种分析方法。盈亏平衡点就是项目处于盈亏平衡状态时该因素的数值，其中盈亏平衡状态就是销售收入等于总成本、项目盈利为零的状态，即

$$T_r = PQ = F_c + C_v Q = T_c$$

其中，T_r 为销售收入；P 为产品价格；Q 为产品产量，即销售量；T_c 为总成本；F_c 为固定成本；C_v 为单位产品的变动成本。

由该公式可以容易地计算出各个因素的盈亏平衡点，如图 8-1 所示。

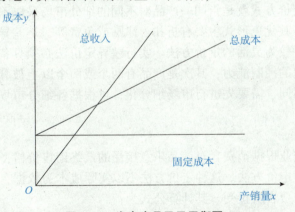

图 8-1　汽车产品盈亏平衡图

盈亏平衡分析法被广泛应用的原因是：首先，研究产量变化、成本变化和利润变化之间的关系，这是盈亏平衡分析法的最基本功能。由于企业的任何决策都有可能引起产销量、成本、价格等因素的变化，所以分析这些因素的变化对利润的影响，就能为汽车企业决策提供依据。其次，能确定盈亏平衡点产量，即指企业不盈不亏时的产量，这时企业的总收入等于总成本。最后，能确定企业的安全边际。在确定盈亏平衡点产量的基础上，就可以进一步确定企业的安全边际。安全边际是指超出盈亏平衡点的销售量或期望销售量、

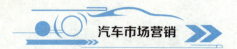

销售收入或期望销售收入，也就是盈亏平衡点以上销售量，即现有销售量超过盈亏平衡点销售量的差额。安全边际的计算说明了从现有销售量或预计可达到的销售量到盈亏平衡点是否还有差距，还有多大的差距，只要有差距企业就亏损，差距越大，亏损也就越大；反之，销售量只要超过盈亏平衡点，企业就盈利，超过越多，盈利就越多，企业经营就越安全。

2. 需求导向定价法

需求导向定价法，是以消费者的需求情况和价格承受能力作为定价依据，而不是通过企业产品的成本来制定价格。其主要有认知价值定价法、需求差异定价法和反向定价法三种。

（1）认知价值定价法

这种定价方法认为，某一汽车产品的性能、质量、服务、品牌、外观设计和价格等，在消费者心目中都有一定的认知和评定。消费者往往根据他们对产品的认识、感受或理解的价值水平，综合商品的直接与间接的购物经验、对市场行情和同类产品的了解程度对价格做出评判。当汽车产品的价格水平与消费者对该产品价值的理解水平大体一致时，消费者就会接受这种价格，反之，消费者就不会接受这种价格。

现在的中国汽车消费者已经越来越成熟，越来越理智，消费者买车买的是综合的性价比，买的是实惠。随着市场的逐步规范，服务、零配件、随车配置等的价格变得越来越透明，消费者对任何一款车自然有他们可以承受的心理价位。

（2）需求差异定价法

需求差异定价法采用的是价格歧视方式，即指企业按照两种或两种以上与成本无关的差异价格来销售同一种产品，以适应顾客的不同需要，从而扩大销售，增加收益。在同一品牌汽车交易过程中根据不同顾客不同价格、不同款式不同价格、不同地点不同价格、不同时间不同价格、不同用途不同价格以及不同付款条件不同价格等方式来定价。

上述各种差异定价方式就是指同一产品对不同的细分市场采取不同的价格，而给予买方不同的价格优惠。其优惠形式主要有折扣、津贴或免费等，是差异化营销策略在价格制定中的体现，是一种较为灵活的定价方法。实行差异定价法必须具备以下3个条件：首先是企业对价格有一定的控制能力；其次是产品有两个或两个以上被分割的市场；最后是不同市场的价格弹性不同，需要先进行市场细分化，再根据各细分市场的成本、需求和利润目标定价。

（3）反向定价法

反向定价法是企业根据消费者对商品乐意接受的最终销售价格，逆向推算出产品的批发价和零售价的一种定价方法。这种定价方法不以实际成本为依据，而以市场需求为出发点，力求使价格为消费者所接受。其计算公式为：

出厂价格＝市场零售价格 ×（1－批零差率）×（1－进销差率）

分销渠道中有批发商和零售商的情况，厂家多采取这种定价方法。汽车销售业务一般采取特许经营的方式，厂家直接供应给汽车4S店，价格采用"返点"的方法，厂商和销售商协商确定的返点率，作用同批零差率相似。

例如，消费者对某型号汽车的可接受价格为10万元，汽车经销商的经营毛利率为5%，该型号汽车的返点率为7.5%，则该型号汽车的价格为：

汽车经销商可接受价格＝消费者可接受价格 ×（1－5%）

$$=10 \times (1-5\%)$$
$$=9.5 （万元）$$

汽车厂商可接受价格 = 汽车经销商可接受价格 $\times (1-7.5\%)$

$$=9.5 \times (1-7.5\%)$$
$$=8.7875 （万元）$$

3. 竞争导向定价法

竞争导向定价法是一种以竞争对手的价格为基础，根据竞争双方的力量等情况作对比后，企业制定比竞争者的价格或高或低或相同的价格，以达到增加利润、扩大销售量或者提高市场占有率目标的定价方法。常用的方法有以下几种。

（1）随行就市定价法

随行就市定价法，即企业在竞争中力求把自己的产品价格保持在同行业平均价格水平上，依据竞争对手的价格来定价。在竞争激烈供需基本平衡的市场上，这是一种比较稳妥的定价方法。这样做既减小了风险又大体反映了该商品的社会必要劳动时间，还有利于与同行和平共处，从而获得平均利润。但不能变相搞成价格共谋，否则，将被视为不正当的价格行为而遭制裁。

（2）排外定价法

排外定价法是一种主动竞争的方法，一般为实力雄厚或独具产品特色的企业所采用，故也称竞争价格定价法。当一个行业随波逐流者增多，竞争趋于激烈时，行业中一些领头企业，就可能采取低价策略，以扩大销售量，获得规模效益。这种策略具有强烈的排他性，行业中一些弱小的竞争者常常被挤出去。这种定价方法的运用，要求企业必须具备一定的实力，如果企业产品在各方面都不占优势，则竞争对手的价格就是本企业产品价格的上限。当然如果企业产品自身有很高的信誉，质量优于竞争者的产品，则应实行优质优价，所定价格可高于竞争对手的价格。

（3）竞争投标定价法

通过投标争取业务的企业，大多采取竞争投标定价法。在竞争投标中，报价越低，得标的概率越大。因此，参加投标的企业在确定投标报价时，必须预测竞争者的价格意向，制定最佳报价。最佳报价必须兼顾两个方面，既能使企业得标，又可给企业带来最大利润。美国 GE 若需要订购一批汽车零件，它们会在网上发布这个消息，然后在许多供应商的投标中选择价格低的供应商订货。

以上所讲的各种定价方法，只是汽车行业通常定价法中的分类，而实际上，企业的定价中，这些方法是相互影响、相互渗透的。产品定价是一个动态过程，因此企业就应根据自身情况以及市场综合分析，根据不同情况采取不同的定价方式。

8.2.3 汽车定价策略

在市场营销活动中，制造商为了实现自己的经营战略和目标，经常根据不同的产品、市场需求和竞争情况，采取各种灵活多变的定价策略，使价格与市场营销组合中的其他因素更好地结合，促进和扩大销售，提高企业的整体效益。

1. 汽车新产品定价策略

（1）高价策略

高价策略，也称撇脂定价策略，是指企业以较高的成本利润率为汽车定价。当新产品刚刚上市，类似产品还没有出现之前，以求通过"厚利稳销"来实现利润最大化。很多汽车新产品的上市通常采取这一定价策略。这种策略也是一种较特殊的促销手段，利用人的求名、求美、求新心理，一般运用于价格弹性小的产品，或消费者对价格反应迟钝的产品。

高价策略的优点是：一方面新车上市之初，顾客对其尚无理性的认识，此时的购买动机多属于求新求奇，利用这一心理，企业通过制定较高价格，以提高产品身价，创造高价、优质的品牌形象；另一方面上市之初的高价，使企业在汽车产品进入成熟期时可以拥有较大的调价余地，以保持企业的竞争力。

这种策略的缺点是：一方面过高的价格不利于市场开拓，会在一定程度上抑制销量，导致大量竞争者涌入，仿制品、替代品大量出现，迫使企业降价；另一方面价格过分高于价值，易造成消费者的反对和抵制，引发大量批评和一系列的公关问题。

（2）低价策略

低价策略也称渗透定价策略，是指汽车产品一投入市场就以低于预期的价格销售，以求通过"薄利多销"，来争取获得最高的销售量和最大的市场占有率。采取渗透定价法的好处是不但迅速占领了市场的份额，而且低价薄利能有效地阻止竞争者进入市场。

这种策略的应用主要体现在企业会以低端市场作为目标市场，因为低端市场对价格最敏感、品牌忠诚度比较低、消费者最关心产品的核心功能而对附加功能不太重视，也就是说，企业要充分利用消费者求"物美价廉"的心理。采用这种策略的企业的利润率会低于同行业的平均水平。因此，这种策略的成功取决于两点：第一，企业能否在销量上打破保本点；第二，企业的技术实力能否很快推出利润较高的产品。从产品的生命周期来看，属于产品导入期和衰退期的汽车，常常会用低价策略。前者的目的是迅速占领市场，后者是加快更新换代。

低价策略的优点是可以迅速占领市场，排斥竞争者，阻止潜在竞争者介入；通过规模效应可以获得较多的利润。但低价策略往往由于低价而损害汽车企业形象，不利于企业长期经营发展。

（3）中价策略

中价策略，也称稳定价格策略、满意价格策略，汽车价格应接近于产品对大部分潜在顾客带来的价值。这些价值可能是汽车对顾客带来的工作的便利性、时间的节省、地位的体现、虚荣心的满足以及节约成本等。

中价策略的优点在于既能避免高价策略带来的风险，又能防止采取低价策略给制造商带来的麻烦，但实行起来困难较多，缺乏可操作性。这主要是因为：随着生产技术的不断成熟，生产规模的不断扩大，在生产规模达到经济规模效益之前，单位产品成本随着时间推移不断降低，价格也在不断变化，因此中价水平不易保持长期稳定。同时对于新产品，特别是全新产品，市场上首次出现，价格无相关参照物可比较。

2. 汽车产品组合定价策略

常用的产品组合定价方法有以下几种。

（1）产品线定价策略

对于制造商来说，企业通常开发的汽车产品不是单一产品，而是以产品线的形式存在。当企业生产的系列产品存在需求和成本的关联性时，为了充分发挥这种内在关联性的积极效应，企业可采用产品线定价策略。定价时，在其中确定某一车型的较低价格，这种低价车可以在该系列汽车产品中充当价格明星，以吸引消费者购买这一系列中的各种汽车产品。同时又确定某一车型的较高价格，这种高价可以在该系列汽车产品中充当品牌价格，以提高该系列汽车的品牌效应。

（2）汽车附带产品定价策略

这种定价策略即指将一个企业生产的汽车产品与其附带的一些可供选装配置的产品看作一个产品组合来定价。譬如，汽车消费者可以选装该汽车企业的电子开窗控制器、除雾器和感光器等配置。汽车企业首先要确定产品组合中应包含的可选装配置产品；其次，再对汽车及选装配置产品进行统一合理的定价。如汽车价格相对较低，而选装配置的价格相对稍高一些，这样既可吸引汽车消费者，又可通过选装配置增加企业利润。

3. 心理定价策略

心理定价策略是汽车经销商常用的一种定价方法，是指汽车制造商针对顾客心理活动而采用的定价策略，主要包括以下几种。

（1）声望定价策略

所谓声望定价策略，是指企业利用消费者仰慕名牌商品或名店声望所产生的某种心理来制定商品的价格，故意把价格定成高价。采用这种方法定价，主要是因为每一个消费者都会有崇尚名牌的心理，认为高价格通常能代表高质量。

（2）尾数定价策略

尾数定价策略又称非整数定价策略，指企业针对消费者的求廉心理，在商品定价时有意定一个与整数有一定差额的价格。这是一种具有强烈刺激作用的心理定价策略。心理学家的研究表明，价格尾数的微小差别，能够明显影响消费者的购买行为。尾数定价法在欧美及我国常以奇数为尾数，如 3.99 万元等，这主要是因为消费者对奇数有好感，容易产生一种价格低廉，价格向下的错觉。由于"8"与"发"谐音，在定价中"8"的采用率也较高。

（3）整数定价策略

整数定价法也叫恰好价格法，与尾数定价策略相反，利用顾客"一分钱一分货"的心理，采用整数定价。该策略适用于高档、名牌产品或者是消费者不太了解的商品。经销商把价格提高一个阶梯，给消费者以高等级、高品位的感觉。

（4）招徕定价策略

招徕定价策略，是指经销商利用部分顾客求廉的心理，特意将部分汽车产品或服务的价格定得较低，造成经销店的汽车产品都在降价的虚假氛围以吸引顾客，从而实现心理定价策略的目的。例如，在二手车交易市场中，一些经销商为了吸引客户，甚至打出了"100 元即能过户"的广告来招徕客户，而实际上目前我国汽车市场微型轿车的过户费用是 200 元起，1.0 L 排量的轿车 300 元起，两者的过户费用最高均为 600 元。

（5）习惯型定价策略

有些经济型轿车在顾客心目中已经形成了一个习惯价格，这些产品的价格稍有变动，就会引起顾客不满，提价时顾客容易产生抵触心理，降价会被认为降低了质量。因此对于这类汽车产品，企业宁可在产品的外观、配置等方面进行调整，也不要轻易采取调价的策略。

4. 地区定价策略

地区定价策略，是企业依据地区的差异性，对同一款汽车产品的购买者分别制定不同的地区价格。这种策略的存在形式主要包括以下几种。

（1）原产地定价策略

所谓原产地定价，是指顾客按照出厂价购买某种产品，生产企业只负责将这种产品运到某种运输工具上交货，然后由顾客承担从产地到目的地的一切风险和费用。采用这种定价方法存在两种情况：一方面对于离原产地近的消费者来说具有合理性，这主要是因为消费者可以根据自身实际情况来购买离他们近、运费低的企业的汽车产品，这样企业可以赢得这部分市场份额；另一方面，对于部分离原产地较远的消费者，可能会不愿意承担这部分运费，从而导致企业失去地理位置较远的市场份额。

（2）统一交货定价策略

统一交货定价策略，和原产地定价正好相反，是指企业采用全国统一价格对产品定价，这样无论顾客离产地远还是近，企业都会按平均价格对产品加价，如运费，从而保证全国市场上的顾客都能以相同价格买到同一产品。采用这种定价策略有利于企业的价格管理，有利于企业全国范围内的广告促销，有利于企业拓展外地目标市场的份额。但这种策略容易失去距离较近的部分市场。

（3）分区定价策略

所谓分区定价策略，是指企业根据全国的地理情况，习惯地把企业的销售市场划分为若干区域，同时对于不同区域的顾客，分别制定不同的地区价格。一般来说，价格区与企业的距离越远，价格就越高；反之，价格就越低。

企业采用分区定价应注意两个问题：第一，在同一价格区内，有些顾客距离企业较近，有些顾客距离企业较远，前者就不合算；第二，处在两个相邻价格区交界处的顾客，他们相距不远，却要按高低不同的价格购买同一种产品。相邻区域的价格差异有可能导致经销商发生窜销行为，不利于企业对区域价格的控制。

（4）基点定价策略

所谓基点定价，是指企业选定某些地区的经销点作为基点，顾客购买汽车产品时，则需要另外加上从基点到顾客所在地运费的价格。顾客可在任何基点购买，企业也可将产品推向较远的市场，有利于市场扩展。

（5）运费免收定价策略

所谓运费免收定价策略，是指企业免收或承担部分产品到消费者所在地路程中的运费。这种策略的运用，主要是为了快速拓展某个市场，增加产品的销量。实行免收运费定价策略，对于企业来说，从局部利益考虑，可能是一个损失，但从理论上讲，如果产品销量增加，其平均成本就会降低，就能够在一定程度上弥补运费开支。采取运费免收定价策略，同时也有利于企业在新的目标市场中实现快速渗透。

5. 折扣和折让定价策略

价格折扣和折让是指企业在一定的市场范围内，以价格目标为标准，根据买者的具体情况和购买条件，以某种优惠的手段，刺激销售者更多地销售本企业产品的一种价格策略，通常有以下 5 种形式。

（1）现金折扣

现金折扣是指企业对于付款及时、迅速或提前付款的消费者，给予一定的价格折扣，以鼓励消费者按期或提前付款，加快企业资金周转，减少呆账、坏账的发生。例如，有的经销商对于一次性能付清全部购车款的消费者，会给予 3% 左右的折扣。

（2）数量折扣

为了鼓励消费者多购买本企业商品，企业在确定商品价格时，可根据消费者购买商品所达到的数量标准，给予不同的折扣。购买量越多，折扣越多。在实际应用中，其折扣可采取累积和非累积数量折扣策略。目前市场上出现的汽车团购现象就是一种典型的数量折扣方式。

（3）功能折扣

功能折扣，也称贸易折扣，是指汽车制造商为促进经销商或企业内部员工执行企业内部的某种市场营销功能（如服务、信息反馈等）而给予的一种额外折扣。美国通用汽车企业，为促进美国汽车销售，该企业向其 15.9 万名美国员工，以 1 000 美元的折扣抛售轿车或载货车。功能折扣的比例，主要考虑中间商在分销渠道中的地位、对生产企业产品销售的重要性、购买批量、完成的促销功能、承担的风险、服务水平、履行的商业责任，以及产品在分销中所经历的层次和在市场上的最终售价等，功能折扣的结果是形成购销差价。

（4）季节折扣

季节折扣，也称季节差价。汽车产品的生产是连续的，而其消费却具有明显的季节性。为了调节供需矛盾，制造商便采用季节折扣的方式，对在淡季购买汽车产品的顾客给予一定的优惠，使企业的生产和销售在一年四季能保持相对稳定，以确保企业生产均衡，加速企业的资金周转和节约费用。

（5）回扣和津贴

回扣是间接折扣的一种形式，它是指购买者在按价格目录将货款全部付给销售者以后，销售者再按一定比例将货款的一部分返还给购买者。津贴是企业为特殊目的，对特殊顾客以特定形式所给予的价格补贴或其他补贴。比如，当经销商为企业产品提供了包括刊登地方性广告等在内的各种促销活动时，汽车制造商给予经销商一定数额的资助或补贴。

任务8.3 汽车价格变化及企业对策

建议学时：2学时

任务下达

桐桐几个月前拿到了驾照，这段时间桐桐去看了几款比较中意的车型。当桐桐拿定了主意准备购买A车型时，从销售顾问那里得知由于芯片价格上涨A车型涨价了。桐桐很困惑，原本是想等价格降一些再买，怎么反倒涨价了呢？

8.3.1 企业降价与提价

1. 主动提价策略

价格作为经营行为中最为敏感的环节，牵一发而动全身，一次提价行为必然牵涉到方方面面。通常消费者会对企业的降价保持正常心理态度，但不降反升的反常做法通常会引起市场上的一些议论。因此，企业要提价成功应注意以下4个方面。

（1）完善的企业提价基础

成功提价不仅可以提高企业的利润，增强企业的综合实力，同时也可以在很大程度上提升企业产品品牌的美誉度。企业提价基础主要包括：第一，企业的产品具有相当的市场基础，否则产品的提价必然在很大程度上导致产品销售量的下降；第二，企业的品牌具有相当的认可度；第三，拥有高忠诚度的消费者。

（2）寻找合适的提价理由

也就是说企业凭什么提价才能让消费者信服。企业涨价的理由有很多，从我国目前汽车市场影响价格的因素分析，有内部因素中的生产成本、经营成本等成本费用方面的提高，而外部因素则有原材料、运输、税额及竞争对手价格的变动，等等。

（3）寻找合适的提价时间

企业提价往往很容易减少企业产品的销售量。找到合适的提价时间就是为了尽可能地减少由于提价而引起销售量下降的负面影响。例如，汽车在销售旺季过程中，由于销售量大，就不应该采用提价策略。反之，在汽车销售的淡季，由于销售量小，企业对汽车产品提价，不会对企业的销售产生很大的冲击。

（4）强而有力的后勤保障

企业的后勤保障通常包括企业自身的人力、物力，企业和经销商的凝聚力等，这些后勤保障因素制约着企业的提价目标能否顺利完成。例如，作为一个营销工程，提价工作的实施应该动员所有的营销人员，在横向及纵向及时详尽地做好工作布置。应由高层领导负责设立专门的领导小组，一段时间内专门应对和处理与提价有关的工作项目。

2. 主动降价策略

所谓主动降价策略，是指汽车厂商基于对市场良好的判断，为了争夺产品的市场份额，以在原来价格的基础上下调的形式来达到其营销目的的一种价格策略。汽车降价其实是企业二次和再次定价的过程，但是降价的影响比较大，它可能打破目前的价格格局，打破与竞争对手的价格和谐，最重要的是可能会打乱消费者的期望。汽车企业能不能很好地利用这一价格策略，取决于汽车企业在降价之前应注意的几个方面。

（1）确立降价的原因

降价是种常态，也是一种市场竞争行为，企业降价的原因主要包括以下几种。

①企业自身需要。汽车企业降价策略的实施是和企业自身资源、市场状况紧密结合在一起的，因此，策略中带有很强的主观目标性。这样，企业自身的需要在整个降价策略中极为关键，它直接影响着降价策略和降价效果。由于汽车行业是一个较为复杂的行业，汽车投资回收周期较长，汽车企业降价的目的往往和企业战略相结合。2003年新雅阁下线之际，一次降了4万元，新雅阁的降价是和其生产规模的提高、配套体系的建立、新产品的推出、战略目的相结合的。此次降价让很多厂商始料未及，不但跟进的速度慢，而且降幅远远不如新雅阁，因此新雅阁赢得了市场份额，从而确定了稳固的市场领先地位，同时为企业持续发展奠定了基础。

②迫于竞争对手的压力。我国汽车产业刚刚开始打破行政性垄断，完全的市场竞争还需要较长时间才能形成，价格竞争是各大厂商扩大市场占有率特别是提高品牌影响力的关键。

③市场需求不足导致降价。降价在一定程度上是为了满足消费者低价格的需求，以及促进更多的需求。汽车消费需求的变化及影响消费需求因素的变化，都会对汽车厂商的价格策略产生一定的影响。

（2）把握降价的主动权

降价的主动性是指降价行为是由谁起主导作用，率先发动价格战与被动地应付价格战之间存在很大的差异性。当行业处于一个价格敏感的时期，先发动价格战的企业会获得巨大收益，而应战者的收益会少得多。

先动者可以在其他竞争对手没有进行有效反应或者跟进之前获得高于行业平均水平的收益率。这取决于先动者所采用的是什么样的具体行动，同样，竞争对手也会迫于竞争需要而进行反击，但竞争对手在采用策略之前，需要一定的时间去研究市场上是什么样的竞争态势、是否需要进行反击、采用什么方式反击，以及如何组织资源去实施反击等。于是，先动者就有机会获得顾客的忠诚，从而为后来的跟进者制造感情障碍。

另外，率先降价可以节约大量的广告费用。每当一个企业率先降价的时候，媒体都会有大量的报道，这种报道的影响力是巨大的。但跟进者的速度越快就越能削弱先动者的优势，跟进者模仿、学习和创新能力越强，先动者能够保持优势的时间就越短。

（3）控制降价的幅度

降价幅度是指降价前的产品价格与降价后的产品价格差的大小。价格战中的调价幅度越高，对市场产生的作用越大；反之，调价幅度越小，对市场产生的影响也就越小。因此，价格战中的降价幅度很少会低于10%。如果低于这个幅度，则价格战的影响力就会大打折扣。

企业之所以要控制降价幅度，是因为降价幅度直接关系到降价策略能否成功。通常消费者会相信，在一个较大幅度的降价之后，不会再次大幅降价，所以，企业的大幅降价，

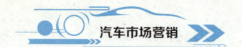

会引发消费者的购买热情。而多次的小幅降价却无法达到这个效果，因为，会有很多的消费者猜想，后面是不是还有更大的降价行动，唯恐买早了吃亏，所以小幅降价反而会造成汽车购买者观望。例如，2003年以及2004年，汽车价格频频降低，但是几乎没有出现大幅降价而只是小幅下降，降价的幅度一般保持在5%～10%。虽然汽车销售非常良好，但是持币观望的消费者也越来越多。

（4）寻找合适的降价时机

降价时机的选择，可能决定着汽车产品的市场表现。企业在降价策略实施过程中，首先要知道什么是企业的降价时机，因为这个时机选择和竞争厂商是否有可能跟进、是否有实力跟进有关，直接影响着企业的降价效果。

8.3.2 顾客对价格变动的反应

企业无论是提高价格还是降低价格，都必然影响到顾客、竞争者、中间商和供应商的利益。首先分析顾客对企业变价的反应。

1. 顾客对企业降价的反应

顾客对于企业的某种产品的价格降低可能会这样理解：①这种产品的式样过时了，将被新型产品所代替；②这种产品有某些缺点，销售不畅；③企业财务困难，难以继续经营下去；④价格还要进一步下跌；⑤这种产品的质量下降了。

2. 顾客对企业提价的反应

企业提价通常会影响销售，但是购买者对企业的某种产品提价也可能会这样理解：①这种产品很畅销，不赶快买就买不到了；②这种产品很有价值；③卖主想尽量取得更多利润。

一般来说，购买者对于价值高低不同的产品价格变动的反应有所不同。购买者对于那些价值高、经常购买的产品的价格变动较敏感，而对于那些价值低、不经常购买的小商品，购买者就不大注意。此外，购买者虽然关心产品价格变动，但是通常更关心获得、使用和维修产品的总费用。因此，如果卖主能使顾客相信某种产品获得、使用和维修的总费用较低，就可以把这种产品的价格定得比竞争者高，获得更多的利润。

8.3.3 竞争者对价格变动的反应

虽然透彻地了解竞争者对价格变动的反应几乎不可能，但为了保证调价策略的成功，主动调价的企业必须考虑竞争者的价格反应。

假如所有的竞争者行为相似，只要对一个典型竞争者做出分析就可以了。假如竞争者在规模、市场份额或经营风格方面有明显的差异，则各个竞争者将会做出不同的反应，这时，就应该对各个竞争者分别予以分析。分析的方法是尽可能地获得竞争者的决策程序及反应形式等重要情报，模拟竞争者的立场、观点、方法思考问题。最重要的问题是要弄清楚竞争者的营销目标：假如竞争者的目标是实现企业的长期最大利润，那么，本企业降价，它往往不会在价格上做相应反应，而在其他方面做出努力，如加强广告宣传、提高产品质量和服务水平等；假如竞争者的目标是提高市场占有率，它就非常可能跟随本企业的价格变动，相应调整价格。

在实践中，为了减少因无法预知竞争者对价格变化的反应而带来的风险，企业在主动调价之前必须明确回答以下问题：

①本行业产品有何特点？本企业在行业中处于何种地位？

②主要竞争者是谁？竞争对手会怎样理解本企业的价格调整？

③针对本企业的价格调整，竞争者会采取什么对策？这些对策是价格性的还是非价格性的？它们是否会联合做出反应？

④针对竞争者可能的反应，企业的对策又是什么？有无可行的应对方案？

在细致分析的基础上，企业方可确定价格调整的幅度和时机。

8.3.4 企业对竞争者调价的反应

在现代市场经济条件下，企业经常会面临竞争者调价的挑战。如何对竞争者的调价做出及时、正确的反应，是企业定价策略的一项重要内容。

在同质产品市场上，如果竞争者降价，企业必须随之降价，否则顾客就会购买竞争者的产品，而不购买该企业的产品；如果某个企业提价，且提价会对整个行业有利，其他企业也会随之提价；但是如果其他企业不随之提价，那么最先发动提价的企业和其他企业将不得不取消提价。

在异质产品市场上，企业对竞争者调价的反应有更多的选择余地。因为在这种市场上，顾客选择卖主时不仅考虑产品价格因素，而且考虑产品的质量、服务、性能、外观、可靠性等多方面的因素，因而在这种产品市场上，顾客对于较小的价格差异并不在意。

面对竞争者的调价，企业必须认真调查研究如下问题：

①竞争者为什么调价？

②竞争者打算暂时调价还是永久调价？

③如果对竞争者调价置之不理，将对企业的市场占有率和利润有何影响？

④其他企业是否会做出反应？

⑤竞争者和其他企业对于本企业的每一个可能的反应又会有什么反应？

任 务 ⑨

汽车分销策略

消费者可以不与生产厂家打交道就能得到所需要的商品，甚至不需要知道谁是真正的生产者，却可以享用产品所带来的利益。这一切之所以成为可能，就是因为有了较为发达的分销渠道。

1. 了解汽车分销渠道的类型。
2. 熟悉汽车分销渠道的设计、组织与管理。
3. 熟悉汽车销售方式。
总学时：4

任务9.1 分销渠道理论

建议学时：1学时

桐桐作为一名汽车销售人员，从事分销渠道工作。但是，桐桐并不了解分销渠道作为市场营销非常重要的一个环节具体包括哪些工作，桐桐需要系统地学习分销渠道理论。

9.1.1 分销渠道的概念

所谓分销渠道是指某种商品和服务从生产者向消费者转移的过程中，取得这种商品和服务的所有权或帮助所有权转移的所有企业和个人。因此，分销渠道包括中间商（因为他们取得所有权）和代理中间商（因为他们帮助转移所有权）。此外，它还包括处于渠道起点和终点的生产者和最终消费者或用户。

一般说来，分销渠道有以下三个基本特点。

（1）分销渠道由参加商品转移的各种类型的机构组成

分销渠道包括生产者、批发商、零售商、仓储公司、运输公司、广告公司、银行等参与商品转移的机构。这些机构共同为解决产品实现问题而执行各自不同的职能，因共同的经济和社会利益而结成共生伙伴关系；同时它们也有各自独立的经济利益，甚至有时会发生各种矛盾和冲突，从而需要管理和协调。

（2）分销渠道的起点是生产者，终点是消费者或最终用户

分销渠道的结构无论多么复杂，但起点都是生产者，即生产者是产品和服务的提供者，是渠道运作的发力者；消费者或最终用户是产品或服务的接受者，也即渠道运作的终点。由此可见，渠道的基本功能就是帮助生产者把产品卖出去，让消费者或用户想买就能够买得到。

（3）在分销渠道中，产品运动是以其所有权转移为前提的

产品从生产领域流向消费领域时，至少要转移一次商品所有权，即生产者把产品直接

卖给消费者或最终用户。但在大多数情况下，生产者需要经过一系列中介机构转卖或代理其产品，即产品在从生产领域向消费领域转移时要多次转移其所有权。

9.1.2　分销渠道的功能

分销渠道把产品从生产者转移到消费者手中，解决了产品或劳务与使用者之间存在的数量、品种、时间、地点等方面的矛盾。分销渠道起到以下几种功能。

（1）信息

搜集与传递有关营销环境中各种力量和因素的信息，以供规划和促成交易。

（2）促销

发展和传播产品的说服性信息。

（3）接触

寻找潜在购买者并与之进行沟通。

（4）配合

使所提供的产品能符合购买者需要，包括制造、分级、装配、包装等活动。

（5）谈判

为了转移所供产品或劳务的所有权，而就其价格及有关条件达成最后协议。

（6）物流

从事商品的运输和储存。

（7）融资

资金取得周转，以满足销售工作的各项成本。

（8）承担风险

承担完成销售工作所带来的风险。

上述的前五项功能主要在于协助促进交易，后三项功能主要在于帮助履行交易。可见，分销渠道功能是非常必要的，但关键的问题在于由谁来执行这些功能。当由制造商来执行这些功能时，制造商的成本增加，其产品的价格也必然上升。如若干功能转移到中间商手中，生产者的费用和价格下降了，但是中间商必须增加收费，以补偿他们的工作。因此，由谁来执行各种功能，是一个有关效率和效益的问题。

9.1.3　汽车分销渠道的类型

1. 由汽车生产企业直售型（零层渠道模式）

汽车生产企业不通过任何中间环节，直接将汽车销售给消费者。这是最简单、最直接、最短的销售渠道。其特点是产销直接见面，环节少，有利于降低流通费用，及时了解市场行情，迅速开发与投放满足消费者需求的汽车产品。但这种销售模式需要生产企业自设销售机构，因而不利于专业化分工；难以广泛分销，不利于企业拓展市场。但是，随着电子商务的发展、普及和完善，相信这种模式会被汽车企业作为重要的销售渠道之一。

2. 由汽车生产企业转经销商直售型（一层渠道模式）

汽车生产企业先将汽车卖给经销商，再由经销商直接销售给消费者。这是经过一道中间环节的渠道模式。其特点是，中间环节少、渠道短，有利于生产企业充分利用经销商的力量，扩大汽车销路，提高经济效益。我国许多专用汽车生产企业、重型车生产企业都采用这种分销方式。

3. 由汽车生产企业经批发商转经销商直售型（二层渠道模式）

汽车生产企业先把汽车批发销售给批发商（或地区分销商），再由其转卖给经销商，最后由经销商将汽车直接销售给消费者。这是经过两道中间环节的渠道模式，也是销售渠道中的传统模式。其特点是中间环节较多，渠道较长。一方面，有利于生产企业大批量生产，节省销售费用；另一方面，也有利于经销商节约进货时间和费用。

4. 由汽车生产企业经总经销转经销商直售型（二层渠道模式）

汽车生产企业先委托并把汽车提供给总经销商（或总代理商），由其销售给经销商，最后由经销商将汽车直接销售给消费者。其特点是中间环节较多，但由于总经销商（或总代理商）不需承担经营风险，易调动其积极性，有利于开拓市场，打开销路。这种分销渠道在我国的大、中型汽车生产企业的市场营销中较常见。

5. 由汽车生产企业经总经销商与批发商后转经销商直售型（三层渠道模式）

汽车生产企业先委托并把汽车提供给总经销商（或总代理商），由其向批发商（或地区分销商）销售汽车，批发商（或地区分销商）再转卖给经销商，最后由经销商将汽车直接销售给消费者。这是经过三道中间环节的渠道模式。其特点是总经销商（或总代理商）为生产企业销售汽车，有利于了解市场环境，打开销路，降低费用，增加效益。缺点是中间环节多，流通时间长。

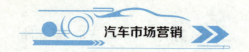

任务9.2 汽车分销渠道的设计、组织与管理

建议学时：2学时

任务下达

桐桐发现有的汽车品牌在当地仅有一家经销店，有的品牌则有几家经销店，而且，这几个店销售的车型很多情况下还是有差别的，这是为什么呢？桐桐发现需要学习的东西太多了，桐桐决定利用闲暇时间多探访不同的品牌经销店，更为深入地学习汽车渠道知识。

9.2.1 汽车分销渠道的设计

分销渠道设计要在遵循企业经营目标设计、充分评价影响因素的基础上做出最佳设计。

1. 影响分销渠道设计的因素

影响分销渠道设计的因素很多，制造商在决定分销渠道前，应对产品、市场及企业本身等各种因素进行综合分析，以便做出正确的决策。

（1）产品因素

①单位产品价值。单位价值低的产品，往往通过中间商来进行销售，让中间商承担部分销售成本，同时有利于扩大产品的市场覆盖面。其分销路线长，环节多，且每一个环节中间商多，即渠道宽。反之，高单价产品，分销路线就短。

②产品的大小与重量。体积大、分量重的产品，往往意味着高的装运成本和高的储存成本，一般应尽量选择最短的分销渠道，如机械设备多数只通过一个环节，甚至取消中间环节由生产者直接供应给用户。

③产品的易腐性。产品是否容易腐烂、损坏，是影响产品实体运输和储存的非常关键的问题。易腐、易毁的产品，应尽量缩短分销途径，迅速地把产品出售给消费者。

④产品技术的复杂性。产品技术比较复杂、对售后服务要求较高的产品，如大型机电设备等，一般生产企业要派出专门的人员去指导用户安装、操作和维修。因此，这些产品的分销渠道一般都是短而窄的。

⑤产品的时尚性。式样或款式更新变化快的产品，如各种新奇玩具、时装等，分销渠道应尽量缩短，以免流转环节较多、周转时间较长。而时尚性不强、款式更新慢的商品，分销渠道可以适当长一点，以便广泛销售。

⑥是否新产品。企业为了尽快地把新产品推向市场，通常会采取强有力的推销手段，甚至不惜为此付出大量的资金组建推销队伍，直接向消费者推销。当然，为节约成本，在情况许可时，也应考虑利用原有的分销渠道。

（2）市场因素

①市场范围的大小。一般情况下，产品销售范围越大，则分销渠道就越长。如产品要在全国范围销售或进入国际市场，则应广泛利用中间商，要选择较长、较宽的渠道；如果

产品销售范围很小，或就地生产就地销售，则可由生产者直接销售或通过零售商销售。

②消费者的购买习惯。消费者的购买习惯，也影响分销渠道的选择。一些日用生活必需品，其价格低，消费者数量大，购买频率高，顾客不必做仔细的挑选，希望随时随地都能买到。生产企业应尽量多采用中间商，扩大销售网点，其分销渠道应长而宽。对于一些耐用消费品，生产企业一般只通过少数几个精心挑选的零售商去销售产品，甚至在一个地区只通过一家零售商去推销其产品，其分销渠道可以短而窄。

③竞争者的分销渠道状况。一般来说，企业要尽量避免和竞争者使用相同的分销渠道。如竞争者使用和控制着传统的分销渠道，本企业就应当使用其他不同的分销渠道来推销其产品。有时同类产品也采取与竞争者相同的分销渠道，以便让顾客进行产品价格、质量等方面的比较。

④市场的其他特点。销售季节性的变化、节日商品等因素也都是企业选择分销渠道时应考虑的因素。

（3）企业自身因素

①企业的声誉与财力。企业的声誉越卓著，财力越雄厚，越可以自由选择分销渠道，甚至还可以建立自己的销售网点，采取产销合一的方法经营，而不经过任何其他中间商。

②企业自身的销售力量和销售经验。一般来说，如果企业自身有足够的销售力量，或者有丰富的销售经验，就可以少用或者不用中间商。

③企业对分销渠道的控制要求。如果企业想要严格控制产品的销售价格和新鲜程度，或为了产品的时尚，则要选择尽可能短的，或尽可能窄的分销渠道，因为短而窄的分销渠道，企业比较容易控制。

（4）社会环境及传统习惯因素

社会环境这一因素主要是指政府的方针政策及对产品分销渠道的限制情况。如国家规定有些产品专营，对某些产品进出口加以限制等，对于这些产品，企业没有选择分销渠道的权利。此外，传统的消费习惯、购买习惯、营销习惯等，也是影响分销渠道选择的重要因素。

（5）中间商方面的因素

企业应考虑中间商的服务对象是否与自己所要达到的市场相一致，这是最基本的条件。此外，还应考虑中间商的员工素质及服务能力、中间商的资金力量、财务和信誉状况、中间商的营销能力，以及中间商的商品构成中是否也有竞争者的产品等。

经济效益的高低与分销渠道的选择密切相关。一般来说，缩短渠道能减少环节，加速产品流转，节约社会劳动，提高经济效益。但从某些商品的营销要求来看，只有增加渠道环节，才能拓展市场，扩大销售，提高市场占有率，从而提高经济效益。因此，企业究竟选择一种分销渠道，还是同时采用几种分销渠道，要通过分析、比较、衡量采用各种渠道的成本费用，视其综合经济效益的大小而进行决策。

2. 分销渠道设计的内容

分销渠道设计包括确定渠道长度、宽度等内容。

（1）确定渠道长度

分销渠道的长度取决于"环节"的多少。在产品从生产者流向消费者或用户的流通过程中，经过的环节越多，渠道越长，反之，则越短。

长渠道的优点是：市场覆盖面广；占有的分销资源多；可以借用分销渠道的资源；适用于顾客密度较小、较分散的区域。缺点是：控制程度低，管理难度大；服务难度大，容易造成渠道成员之间的矛盾。

短渠道的优点是：市场密集；企业对渠道的控制程度高；适宜时尚商品、专用商品以及顾客密度较大的市场区域。缺点是：企业的外部组织承担了大部分分销渠道的职能；需要大量的资源投入；市场覆盖面较窄。

（2）确定渠道宽度

按照产品在流通过程中所经过的每个"环节"或"层次"中使用同种类型中间商的数目的多少来确定一个渠道的宽窄，可分为若干宽度不同的渠道。

①密集分销策略，即生产者尽可能多地通过那些负责的、适当的批发商、零售商或代理商推销其产品，尽量使产品能广泛地和消费者接触，方便消费者购买。该策略的优点是：能使产品广泛地与所有消费者见面，使大区域性的广告发挥更大作用；便于对中间商的选择、评价、淘汰，促进中间商之间的竞争，增进产品销售。其缺点是：由于经销商多，生产者没有精力来联系所有经销商，且不易取得经销商的有效合作，关系松散；经销商多，各种经销商推销某一产品不专一，不愿做专门的促销和广告宣传，而要靠生产者来承担广告宣传费用。

②独家分销策略，即生产者在特定的市场区域内仅选择一家批发商或零售商经销其产品，双方一般要协商签订独家经销合同，规定经销商不得经营竞争者的同类产品，生产者不得把同类产品委托本地区域内的其他经销商经营。该策略的优点是：对于生产者来说，易于控制市场价格和数量，能获得经销商有效的合作和支持，有利于带动其他新产品上市。对经销商来说，能够在本地区内获得该产品的垄断权，以及生产者提供的各种优惠条件。其缺点是：双方依赖性太强，对生产者来说，经销商经营状况不好，其可能失去这个区域的市场，而对经销商来说，如果生产和市场发生变化，其将蒙受较大的损失。

③选择分销策略，即生产者在特定的市场里，选择几家批发商或零售商经销其产品，如采取特约经销或代销的形式把经销关系固定下来。可以获得经销商的合作，提高经销商的经营积极性；生产者与经销商之间关系密切，依附关系较强；可以减少经销商之间的盲目竞争，有利于提高产品的声誉。

3. 分销渠道的评估

每一个渠道设计方案都可能成为企业产品送达最后顾客的最终路线。当生产者面对几种可供选择的渠道设计方案时，对于每一渠道方案，必须从渠道的经济效益、控制能力和适应性方面进行评估。

（1）渠道经济效益的评估

不同渠道导致不同的销量和成本。经济性的标准要求企业在评估分销渠道方案时，要比较每个方案可能达到的销售额及费用水平。企业要对此进行权衡，从中选择最佳分销方式。一般而言，电子商务、电话营销等直接营销渠道在营销成本方面比零售商、批发商等非直接营销渠道具有更大的优势，这是近年来电子商务迅速发展的根本原因。

（2）渠道控制力的评估

在对两条以上渠道进行评估时，需要把控制问题考虑在内。利用企业的推销人员显然比利用销售代理商更易于控制。这是因为销售代理商是追求自身利润最大化的独立的商业企业，他们可能专注于那些能为其带来最高利益的顾客，而不是某个企业的产品。再者，代理商的销售人员可能不熟悉有关厂商的产品技术细节，也不会有效运用厂商的促销材料。这种产销双方之间的利益矛盾必须及时加以控制和解决。

（3）渠道适应性的评估

在评估各渠道方案时，还有一项需要考虑的标准，那就是分销渠道是否具有适应环境变化的能力。就每一渠道而言，其所承担的义务都是有一定期限的。在此期限间，生产者不能随意更改合同或调整渠道，而这又将使渠道失去灵活性和适应性。所以，涉及长期承诺的渠道方案，只有在渠道经济效益和控制力方面都较有优势的情况下，才可予以考虑。

9.2.2　分销渠道的组织

分销渠道的组织是对分销渠道方案的落实。

1. 分销渠道的组织方式

采取不同的组织方式，将会建立性质不同的中间商，并决定了企业与中间商的关系。分销渠道的组织方式有三种。

（1）企业在目标市场设立自己的销售网点（子公司、分公司或销售点）

这种网点是企业的直接渠道成员，企业对它的可控性最高。但如果企业同时还有中间商形式，则企业设立这种自销网点，常常会招致所有经销商的攻击、抵制，影响经销商的积极性。所以，除非企业全部采用自销方案（直接渠道），否则这种性质的网点不宜多设。

（2）企业与各地的中间商共同组建分销机构（合资公司、股份公司或合作公司）

这是按现代企业制度建立的具有独立法人资格、自主经营、自负盈亏的流通企业。企业对这种公司的控制权依其股份的多少而异。通常情况下，企业采取以知识产权、经营特权、销售返利等形式出资，也有企业以投资或现金形式出资。

（3）企业在社会中间商中招募经销商、特约经销商或销售代理商

企业对这种中间商没有资产关系，只是业务合作关系。相对以上两种方式，企业对此类中间商的控制力小一些。但此类中间商，是大部分企业产品分销的主要形式，是企业依据一定程序选建的。

2. 中间商的选建程序

企业经销商、特约经销商或销售代理商的发展，必须依据一定程序，做到科学选建。以某品牌轿车经销商选建程序为例，包括以下几个步骤。

（1）申请

有意加盟的中间商，向所在地区的汽车厂家设立的营销管理机构提交正式的书面申请，并附有关资质材料，如营业执照及法人代码、经营资格证明、资信证明、近期的财务决算书、当地市场基本数据或市场调查书、营业场所标定图及公司内外图纸或照片等。

（2）评估

区域管理机构初步考察、评估。

（3）审查

企业营销总部审查，主要审查其资质、销售能力以及是否符合企业的分销渠道布局规

划。通过后，通知申请人按相应的经销商等级的建设规范，进行硬件和形象建设。

（4）复审

申请人按建设规范施工完毕后，申请复审。复审通过，则审批，签约，纳入企业销售网点管理序列。

9.2.3　分销渠道的管理

分销渠道的管理，主要包括对各类中间商的培训、激励、考核、调整和协调等内容。

（1）培训与激励

企业需要仔细地制订渠道成员的培训计划，并认真执行，特别是对产品技术含量较高的企业来说更是如此。培训对象包括中间商负责人、中高级管理人员的培训，属于高级层次的培训；培训对象为中间商的各种业务骨干人员的培训，属于业务层次的培训。高级培训的培训内容，包括战略培训、企业对中间商管理规范的培训等。业务培训的内容，涉及会计与财务业务、销售和服务管理业务、信息管理业务、配件业务、新型拓展业务及产品关键技术等。

培训有利于提高中间商的经营能力，本身也属于给予中间商激励的一种方式。除此以外，企业还应同中间商加强沟通，消除彼此之间的矛盾，减少相互抱怨。由于中间商是独立实体，在处理同生产商、顾客的关系时，往往偏向于自己和顾客一方，认为自己是顾客的采购代表，讨价还价。因此，欲使中间商的分销工作达到最佳状态，生产商应该用看待最终用户的方式，来看待中间商，应对其进行持续不断的激励。

（2）考核与调整

对中间商的工作绩效要定期考核，如对销售定额完成情况、平均存货水平、送货时间、对残次品的处理情况、促销和培训计划的合作情况、货款返回状况、对顾客提供的服务水平和顾客的满意度、经营设施的投资水平及改进情况、执行生产企业营销政策的情况等，都是经常性考核的项目内容。这些考核一般以年度为周期进行，考核的结果将是企业对中间商进行计酬、奖励、惩处，乃至调整或取消某些渠道成员的依据。

当然，除中间商工作不力需要调整、淘汰外，还有一些原因也会引起渠道调整。例如，市场环境的变化、消费者购买方式的变化、市场扩大或缩小、出现新的分销方式等。生产企业调整分销渠道，主要有三种方式：增减某一渠道成员；增减某一分销渠道；调整、改进整个市场营销系统。

（3）协调与管理

渠道成员间经常出现冲突，需要加以协调。渠道冲突主要有以下三种类型：

①垂直渠道冲突。即同一条渠道中不同层次之间的冲突。如生产商与代理商之间，批发商与零售商之间，可能就购销服务、价格和促销策略等方面发生矛盾和冲突。

②水平渠道冲突。即不同渠道内同一层次渠道成员之间的冲突，如批发商与批发商、零售商与零售商之间的冲突。

③多渠道冲突。即两条以上的渠道向同一市场出售产品引起的冲突。

导致上述渠道冲突的原因：一是渠道成员之间的目标不同，如生产商希望以低价政策获得市场的高速成长，而零售商则希望获取短期高利润；二是没有明确的授权，如销售区域的划分、权限和责任界线不明确等；三是各自的预期不同，如对经济形势的看法，生产厂商看好，但经销商看淡；四是中间商对生产商过分依赖，如经销商的经营状况往往取决于生产厂商的产品设计和定价政策，由此会产生一系列冲突。

渠道冲突有些是结构性的，需要通过调整渠道的方法解决；有些则是功能性的，可以通过管理手段来加以控制。主要措施有：

①渠道成员间加强合作。渠道成员间应确立和强化共同目标，如市场份额、高品质、用户满意度等目标，特别是在受到外界竞争威胁时，渠道成员会更深刻体会到实现这些共同目标的重要性；渠道成员之间应努力理解对方，多从对方的角度考虑问题；一个成员还须努力赢得另一成员的支持，包括邀请对方参加咨询会议、董事会以及根据对方意见合理修订本方政策等，以减少冲突。

②发挥民间组织的作用。加强渠道成员之间的业务沟通，如通过行业协会互相交换意见，促进各方做好工作。

③通过政府有关部门解决。当冲突经常发生，或冲突激烈时，有关各方可以采取谈判、调解和仲裁的办法，根据政府机构相关程序解决冲突，以保证继续合作，避免冲突升级。

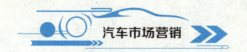

任务9.3 汽车销售方式

建议学时：1学时

桐桐逛了当地的一些4S店，最终选定了A款车。无意中发现这款车在网上商城的旗舰店也在售卖，价格还低一些。习惯了网上购物的桐桐想，这车要不要在网上买呢？桐桐有些犹豫，她决定全面了解下汽车销售的各种方式。

9.3.1 直销模式

直销模式是指由汽车生产厂商及其下设的销售机构，直接向最终用户销售汽车。目前，这种分销模式主要针对汽车大客户，如政府机构、大型企业、军队等，这种分销渠道模式有利于制造商快速开拓区域性的目标市场，对大客户比较适用。

显而易见，直销可以减少中间环节，让消费者得到更多的实惠，在很多日用品领域，直销已经成为一种全新的分销渠道，受到市场的广泛欢迎，但汽车产品的直销由于运营成本非常高，在我国并没有呈现遍地开花的局面。不少汽车厂商曾经尝试以直销的模式进行汽车销售，并进行了不同方式的探索，但由于成本过高、经销商阻力过大等种种原因多数并未获得成功。

9.3.2 代理模式

代理商是指受汽车生产企业的委托，在一定时期、一定区域和一定业务范围内，以委托人的名义从事经营活动的中间商。代理模式是一种非常有效的分销网络模式，世界上很多国家都建立了汽车代理制，不少国家还成立了汽车代理商协会，由代理商组成销售网络。目前，代理商已成为各大汽车公司的重要销售渠道。

代理制的优势主要体现在：实现生产、销售的分工，可调动生产厂家和代理商的积极性；销售网点多，可以更贴近消费者，使销售活动更加灵活主动；代理商一头是消费者，另一头是企业销售部门，有利于减少销售渠道的环节，降低企业销售成本；可促使销售实现专业化，效率更高；代理商可为汽车生产企业承担经营风险。

在中国汽车市场中，代理模式曾经非常普及，但目前采用这一模式的厂商已经很少，当前采用代理模式的主要是进口汽车，如法拉利、斯巴鲁等。

9.3.3 特许经销制

代理制模式曾在我国非常流行，但也产生了一些弊端，如厂商很难规范代理商、厂商对终端产品价格的控制力较弱、代理商之间展开恶性竞争、一个代理商同时同地经营多个品牌等。1996 年以后，汽车分销渠道模式逐渐转变为特许经销制。这一模式的特点是生产企业与流通企业没有资金合作的关系，通过提供优惠的汽车经销价格和货款结算方式，将流通企业确定为生产企业的特许经销公司，经营方式采取联合营销。

普通经销商若想加盟成为某品牌的特许经销商，须满足一定的条件，如在企业规模、占地面积、注册资金标准、人员素质、在某地区的经营时间、良好的信誉等方面满足生产企业的要求。

9.3.4　品牌专卖制

根据汽车专卖店功能的组合，可以将汽车专卖店分成 2S 专卖店、3S 专卖店、4S 专卖店和 5S 专卖店，其主流是 4S 专卖店。汽车 4S 店是一种以"四位一体"为核心的汽车特许经营模式，包括整车销售（Sale）、零配件（Sparepart）、售后服务（Service）、信息反馈（Survey）等。4S 店是 1998 年以后才逐步由欧洲传入中国的。由于它与各个厂家之间建立了紧密的产销关系，具有购物环境优美、品牌意识强等优势，一度被国内诸多厂家效仿。

1. 4S 店的优势

（1）信誉度方面

4S 店有一系列的客户投诉、意见、索赔的管理，给车主留下良好的印象。

（2）专业方面

由于 4S 店只针对一个厂家的系列车型，有厂家的系列培训和技术支持，对车的性能、技术参数、使用和维修方面都非常专业。

（3）售后服务保障方面

随着竞争的加剧，4S 店越发注重服务品牌的建立，加之 4S 店的后盾是汽车生产厂家，所以在售后服务方面可以得到保障。

（4）人性化方面

4S 店让车主真正享受到"上帝"的感觉，累了有休息室，渴了有水喝，无聊可以看杂志、报纸、上网，如果急着用车还有备用车供客户使用，整个流程有专门的服务人员为客户打理，不用客户操心就完成整个业务。

2. 目前中国 4S 店存在的问题

（1）维修服务和配件经营难以为继

目前 4S 店维修、保养和配件价格居高不下，致使部分车主一过汽车的保修期，就选择自己去汽配城买配件，去快修店维修。调查显示，4S 店的维修部若要正常运转，每月的维修量要达到 800～1 000 辆，但很多经销商的月平均修理量只有 200～300 辆，维修服务和配件经营难以为继。

（2）有"四位"无"一体"

4S 中一个很重要的功能就是信息反馈。信息是决策的基础，4S 店每天在销售、保养、维修等服务过程中接触到大量极具价值的信息，但由于信息反馈创造效益的不明显性，实际上多数 4S 店极少注意发挥 4S 店的信息反馈功能。

4S 店对厂家有极为明显的依附性，其经营的优劣，除了经销商的努力外，更受汽车厂商品牌的影响力、市场策略的灵活性、经营管理的支持度等因素的影响。经销商的被动很大程度上导致了 4S 店模式的僵化。

（3）有"形"无"神"，软竞争力缺乏

目前 4S 店的营销队伍专业化程度较低，对现代汽车营销更是知之甚少。据调查，品牌专卖店销售人员中，虽然大专以上文化程度占 80%，但接受过系统汽车营销专业培训的人不到 20%，一般销售员仅接受过厂家针对自己品牌的销售培训。

服务流程的软瑕疵更是数不胜数。虽然绝大多数经销商都为车主建立了完备的维修档案，但是能与车主经常进行沟通的比例只达到 30%，这表明经销商的售后服务工作依然流于表面。

（4）模式的泛化

4S 店持续发展的基础是主流品牌以规模求得效益，高端品牌以厚利维持发展。作为 4S 店的起源地欧洲，车型集中，并且每种车型有较大的保有量（德国汽车拥有量 5 000 万辆，品牌多是大众、奔驰、宝马等），所以 4S 店模式具备了存在和发展的基础。

我国市场基础尚未完全成熟，在一定程度上，4S 店存在着泛化的现象。各个品牌不论高低皆热衷于 4S 店建设，在过度重复建设的同时也导致了无序竞争的局面。一些主流品牌和高端品牌的经销商尚可以维持，其他品牌的 4S 店举步维艰。

9.3.5　汽车交易市场

汽车交易市场是指各种不同的汽车产品和众多经销商集中在同一场所，以店面方式开展经营，同时提供相应配套的多样化交易场所。这种方式出现在 20 世纪 90 年代初，当时我国出现了新的汽车消费群体——私人购车者，他们对汽车性价比的关注有时要大于对品牌的关注。汽车交易市场的优点适应了这些消费者的需求，给予用户较高的顾客让渡价值。

1. 汽车交易市场的优势与劣势

优势：制造商和经销商流通成本低廉；可以给用户提供较大的品种选择空间；具有配备较为齐全的设施和服务。

劣势：缺乏服务功能或服务与销售功能相脱离，无法适应消费者日益增长的对质量和服务的要求；不利于培育和树立企业与产品品牌。

2. 汽车交易市场的几种模式

（1）以管理服务为主

该模式的主要特征是管理者不参与经营销售，由经销商进场经营售车，市场只做好硬件建设及完善的管理服务。

（2）以自营为主

该模式，其他的入市经销商少，即市场管理者同时也是主要的汽车销售者。

（3）自营与其他经营并存

从销量上看，自营与其他的入市经销商各占 50%。

9.3.6 汽车超市（汽车城、汽车广场）

汽车超市和交易市场有许多相似之处，都是场地很大、多品牌经营、车型多而齐全；不同的是，汽车超市的环境、服务等软硬件要大大好于传统的交易市场，地理位置一般坐落于较繁华地段，交通也很方便。

汽车超市的兴起是对特许经营的挑战。国外汽车零售随处可见，高速路边、机场边都会有汽车超市，卖汽车如同卖自行车一样普通。在中国，汽车超市的最大好处就是让多品牌汽车近距离地面对消费者，除了拉近了空间距离外，更重要的是拉近了心理距离。随着中国售后服务与维修业的社会化发展，会有越来越多的消费者到汽车超市购买汽车。

9.3.7 汽车工业园

汽车工业园是结合中国市场"既集中又分散"的特点，将国外几种渠道模式有机结合，成为集约式汽车交易市场发展的新方向，但它绝不是汽车交易市场简单的平移和规模扩张。汽车工业园相对于汽车交易市场和品牌专营店的最大优势就是功能的多元化，集国际汽车交易、售后服务、展览、信息交流、咨询服务中心、汽车特约维修、物流配送、二手车服务和休闲娱乐等功能为一体。

汽车工业园的优势：功能的多元化，为经销商和消费者提供了最大便利；融合了汽车交易市场和汽车专卖店的优点，克服了二者的缺点。

汽车工业园的劣势：汽车工业园的建设需较高的资金投入。

9.3.8 网络销售

随着互联网和电子商务的发展，包括大众、丰田、日产、吉利、长安等在内的多家汽车企业都已拓展了网上售车渠道，有的商家已经初尝甜头。网络销售在汽车业界引起了广泛关注，这也是当今汽车行业创新营销模式的又一举措。消费者通过网上购车，可以随意从多角度欣赏汽车，可以查看其他用户的留言和评价，还可以根据自身爱好选择车型和配件。这种模式更加符合个性化的消费特征，消费者甚至还可以从网上选择汽车配置、颜色、内饰风格等。

网络销售虽然是未来汽车营销的趋势，但如果没有强大的经销网络、售后服务体系作为依托，网上销售汽车也只能是海市蜃楼。此外，汽车价值较高，消费者更倾向"眼见为实"，希望能够亲身体验和试驾汽车，同时对网络购车的安全性也存在一定的顾虑，所以当前多数网上购车还仅限于产品介绍、咨询、预订等，表现为"网上下单，网下提车"。网上销售汽车暂时离不开现实销售渠道的支持。当前网络购车的一般流程如图9-1所示。

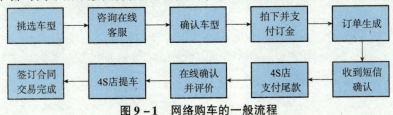

图 9-1 网络购车的一般流程

任务 ⑩

汽车促销策略

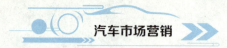
成功的市场营销活动，不仅需要向市场提供令消费者满意的产品、制定适当的价格、选择合适的分销渠道，而且需要采取适当的方式进行促销。正确制定并合理运用促销策略是企业在市场竞争中取得有利的产销条件、获取较大经济效益的必要保证。促销策略是四大营销策略之一。

任务要求

1. 理解促销的含义、方式和促销组合策略。
2. 掌握人员推销、广告、公共关系、营业推广这几种促销方法。
3. 理解汽车促销策划的基本知识，掌握促销策划的基本步骤。

总学时：10

 任务10.1 促销策略概述

建议学时：2 学时

任务下达

桐桐知道营销组合最为经典的 4P 理论，前面已经学习了产品策略、价格策略、渠道策略，今天就要开始学习最后一个 P——促销策略。想到《汽车市场营销》这本书即将学完，桐桐还真是有些小兴奋。

10.1.1 促销的含义及作用

1. 促销的含义

促销就是营销者向消费者传递有关本企业及产品的各种信息，说服或吸引消费者购买其产品，以达到扩大销售量的目的。从这个概念不难看出，促销具有以下几层含义。

（1）促销工作的核心是沟通信息

企业与消费者之间达成交易的基本条件是信息沟通。企业只有将提供的产品或劳务等信息传递给消费者，才能使消费者引起注意，并有可能产生购买欲望。

（2）促销的目的是引发、刺激消费者产生购买行为

在消费者可支配收入既定的条件下，消费者是否产生购买行为主要取决于消费者的购买欲望，而消费者购买欲望又与外界的刺激、诱导密不可分。促销正是针对这一特点，通过各种传播方式把产品或劳务等有关信息传递给消费者，以激发其购买欲望，使其产生购买行为。

2. 促销的作用

（1）传递信息，提供情报

在促销过程中，一方面，卖方（企业或中间商）向买方（中间商或消费者）介绍有

关企业现状、产品特点、价格及服务方式和内容等信息，以此来诱导消费者对产品或劳务产生需求欲望并采取购买行为；另一方面，买方向卖方反馈对产品价格、质量和服务内容、方式是否满意等有关信息，促使生产者、经营者取长补短，更好地满足消费者的需求。

（2）突出特点，诱导需求

企业通过促销活动，宣传、说明本企业产品有别于其他同类竞争产品之处，便于消费者了解本企业产品在哪些方面优于同类产品，使消费者认识到购买、消费本企业产品所带来的利益较大，进而消费者乐于认购本企业产品。

（3）指导消费，扩大销售

在促销活动中，营销者循循善诱地介绍产品知识，一定程度地对消费者起到了教育指导作用，从而有利于激发消费者的需求欲望，变潜在需求为现实需求，实现扩大销售之功效。

（4）形成偏爱，稳定销售

企业运用适当的促销方式，开展促销活动，可使较多的消费者对本企业的产品形成偏爱，进而稳住已占领的市场，达到稳定销售的目的。对于消费者偏爱的品牌，即使该类商品需求下降，也可以通过一定形式的促销活动，促使消费者对该品牌的需求得到一定程度的恢复和提高。

10.1.2　促销方式

汽车企业将适合的汽车产品，在适当地点、以适当的价格出售的信息传递到目标市场，一般是通过两种方式：一是人员推销，即推销员和顾客面对面地进行推销；另一种是非人员推销，主要包括广告、公共关系和营业推广等多种方式。汽车企业为了支持和促进汽车销售，需要进行多种方式的促销，使消费者了解汽车企业和信赖汽车产品。不同促销方式特点不同，效果也不同。汽车相关企业通过人员促销，面对面的向消费者介绍，帮助消费者选购汽车；通过广告，传播企业与产品的信息；通过营业推广，加深汽车消费者对汽车产品的了解；通过各种公共关系，改善企业与产品在公众心目中的印象。

促销策略从总的指导思想上可分为推式策略和拉式策略两类。推式策略，是企业运用人员推销的方式，把产品推向市场，即从生产企业推向中间商，再由中间商推给消费者。推式策略一般适合于单位价值较高的产品，性能复杂、需要做示范的产品，根据用户需求特点设计的产品，流通环节较少、流通渠道较短的产品，市场比较集中的产品等。拉式策略是指企业运用非人员推销方式把顾客拉过来，使其对本企业的产品产生需求，以扩大销售。对单位价值较低的日常用品，流通环节较多、流通渠道较长的产品，市场范围较广、市场需求较大的产品，常采用拉式策略。

10.1.3　促销组合策略

所谓促销组合策略，就是人员推销、广告、公共关系、营业推广等各种不同的汽车促销方式有目的、有计划地结合起来，并加以综合运用，以达到特定的促销目标。这种组合

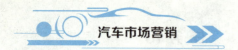

既可包括上述四种方式，也可包括其中两种或三种组合。促销组合策略的制定，其影响因素主要有以下几个方面。

1. 促销目标

它是企业从事促销活动所要达到的目的。在企业营销的不同阶段，为适应市场营销活动的不断变化，要求有不同的促销目标。无目标的促销活动收不到理想的效果。

2. 产品因素

（1）产品的性质

不同性质的产品，购买者和购买目的就不相同。因此，对不同性质的产品必须采用不同的促销组合和促销策略。一般说来，在消费者市场，因市场范围广而更多地采用拉式策略，尤其以广告和营业推广为主要形式；在生产者市场，因购买者购买批量较大，市场相对集中，则以人员推销为主要形式。

（2）产品的市场生命周期

促销目标在产品市场生命周期的不同阶段是不同的，这决定了在市场生命周期各阶段要相应选配不同的促销组合，采用不同的促销策略。以消费品为例，在导入期，促销目标主要是宣传介绍商品，以使顾客了解、认识商品，产生购买欲望。广告起到了向消费者、中间商宣传介绍商品的功效，因此，这一阶段以广告为主要促销形式，以营业推广和人员推销为辅助形式。在成长期，由于产品打开销路，销量上升，同时也出现了竞争者，这时仍需加强广告宣传，但要注重宣传企业产品特色，以增进顾客对本企业产品的购买兴趣，若能辅之以公关手段，会收到相得益彰之佳效。在成熟期，竞争者增多，促销活动以增进购买兴趣与偏爱为目标，广告的作用在于强调本产品与其他同类产品的细微差别。同时，要配合运用适当的营业推广方式。在衰退期，由于更新换代产品和新发明产品的出现，使原有产品的销量大幅度下降。为减少损失，促销费用不宜过大，促销活动宜针对老顾客，采用提示性广告，并辅之适当的营业推广和公关手段。

3. 市场条件

市场条件不同，促销组合与促销策略也有所不同。从市场地理范围大小看，若促销对象是小规模的本地市场，应以人员推销为主；而对广泛的全国甚至世界市场进行促销，则多采用广告形式。从市场类型看，消费者市场因消费者多而分散，多数靠广告等非人员推销形式；而对用户较少、批量购买、成交额较大的生产者市场，则主要采用人员推销形式。此外，在有竞争者的市场条件下，制定促销组合和促销策略还应考虑竞争者的促销形式和策略，要有针对性地不断变换自己的促销组合及促销策略。

4. 促销预算

企业开展促销活动，必然要支付一定的费用。费用是企业经营十分关心的问题，并且企业能够用于促销活动的费用总是有限的。因此，在满足促销目标的前提下，要做到效果好而费用省。企业确定的促销预算额应该是企业有能力负担的，并且是能够适应竞争需要的。

任务10.2　促销组合认知

建议学时：4学时

任务下达

通过上一个任务的学习，桐桐知道了常规汽车促销方式有人员推销、广告、公共关系、营业推广4种方式，在本任务中桐桐将系统学习这4种促销方式。

10.2.1　人员推销

1. 人员推销的概念及特点

（1）人员推销的概念

人员推销是推销人员在一定的营销环境中，运用各种推销技巧和手段，说服消费者接受企业的产品。对汽车销售企业而言，这种方式主要是由销售人员与消费者面对面地进行沟通交流，主要方式有在展厅内、展会上的人员推销，或是入户访问的人员推销。这种方式可以与客户建立长期的合作关系，并可以快速反馈消费者的意见，但这种方式对销售人员的素质要求较高。

（2）人员推销的特点

①方式灵活。推销人员与潜在消费者进行的是面对面的交谈。通过交谈和观察，推销人员可以及时发现问题，采取必要的协调措施，满足消费者的需求，使交易达成。

②针对性强。与其他市场销售策略相比，人员推销更具有针对性，因为人员推销在推销前总要对顾客进行调研，选择最有可能实现交易的顾客进行推销，针对性强，目标明确，提高了达成率。

③信息的双向沟通。一方面，推销员向消费者介绍产品的功能、质量、售后等情况，在介绍中使顾客对企业和产品有更深的了解；另一方面，推销员将消费者的意见和态度及时反馈给公司，以利于更好地满足消费者需求。

2. 人员推销的形式

（1）上门推销

上门推销是最常见的人员推销形式。它是由推销人员携带产品的样品、说明书和订单等走访顾客，推销产品。这种推销形式，可以针对顾客的需要提供有效的服务，方便顾客，故为顾客所广泛认可和接受。此种形式是一种积极主动的、名副其实的"正宗"推销形式。

（2）展厅推销

展厅推销又称门市推销，指汽车企业在适当地点设置固定的展厅、专卖店等，由营销人员接待进入展厅的顾客，推销产品。展厅推销和上门推销的方式正好相反，它是等待顾客上门的一种推销方式。因为汽车产品是大件商品，它的特殊性，决定了汽车销售企业都

要选用这种方式。

（3）会议推销

指通过寻找特定顾客，通过亲情服务和产品说明会的方法销售产品的销售模式。会议推销的魅力在于：它可以迅速地使产品在市场上崛起；可以让品牌在短期内为目标受众群体所熟悉；可以使企业在短期内收回投资；可以极大程度地利用社会资源；没有积压大额货款的担忧；投资相对较少；可以让其从业人员获得丰厚的收入。近年来国内举办的汽车博览会就属于这种推销方式。

3. 人员推销的步骤

通常情况下，人员推销包括以下 7 个相互关联又具有一定独立性的工作程序，如图 10 - 1 所示。

图 10 - 1　人员推销过程

（1）寻找顾客

寻找顾客是推销工作的第一步，也是最基础性和关键性的一步，就是找出产品的潜在消费者。推销人员要善于挖掘与识别不同的潜在消费者，并采取相应的应对措施，提高人员推销的成功率，所以寻找并识别目标消费者应当是推销人员的基本功。

（2）事前准备

推销人员必须掌握三方面的知识：产品知识，即关于本企业和本企业产品的特点、用途和功能等方面的信息及知识。顾客知识，即包括潜在顾客的个人情况、资金情况，用户的需要，购买者的性格特点等。竞争者的知识，即竞争者的能力、地位和它们的产品特点。同时还要准备好样品、说明材料，选定接近顾客的方式、访问时间、应变语言等。

（3）接近

接近消费者是指推销人员直接与目标消费者发生接触，以便成功地转入推销面谈。推销人员在接近消费者的过程中，应注重礼仪，稳重自信，把握消费心理，引导、启发和刺激消费者的注意和兴趣。接近客户的策略包括：

①介绍接近策略。自我介绍是最常用的方法，但一般顾客只有在对产品感兴趣时才会注意你的名片以及你的个人情况，所以要注意和别的方法配合使用。

②商品接近策略。直接利用所推销的商品吸引顾客的注意，引起顾客的兴趣，进而顺利进入洽谈。推销员可以将产品直接展示给顾客，这种方法适合具有特色的、功能独特的、造型别致的产品。

③利益接近策略。抓住顾客逐利心理，利用所推销的产品能够给顾客带来利益为切入点，从而接近顾客。这种方法要注意，对产品的介绍要符合顾客的利益，同时对产品要实事求是地介绍。

④问题接近策略。这也是在推销中常用的方法，推销员利用提问的方式或与消费者讨论的方式接近消费者。在实际使用中可以通过封闭式提问和开放式提问结合的方式搜集顾客的信息，并和别的方法配合使用，抓住顾客的注意力。

⑤赞美接近策略。利用消费者希望得到他人认可的心理，以赞美的语气博得消费者的好感，从而接近消费者。这种方法在使用中要注意表达上要恰到好处，不要引起消费者的

反感。

（4）介绍

在对目标消费者已有充分了解的基础上，推销人员应当根据所掌握的情况，有针对性地介绍目标消费者可能感兴趣的方面。这个阶段是整个推销活动的关键环节，必要时，应主动地进行一些产品的使用示范，以增强目标消费者对产品的信心，提高销售的成功概率。

（5）克服障碍

推销不可能是一帆风顺的，在大多数情况下，消费者对推销人员的销售都会提出一些质疑，甚至给予拒绝。推销人员只有善于排除这样的障碍，才能顺利地完成销售任务。排除障碍的有效办法是把握产生异议的原因，对症下药。

（6）达成交易

达成交易是消费者接受推销人员的建议并做出购买决定和行动的过程。此时，推销人员应当注意不要疏漏各种交易所必需的程序，应当使交易双方的利益得到保护。

（7）售后追踪

达成交易并不意味着整个推销活动的结束，推销人员还必须为消费者提供各种售后服务，如安装、维修、退换货和定期访问等，从而消除消费者的后顾之忧，树立信誉，以促使消费者产生对企业有利的后续购买行为和吸引新的消费者。因此，售后追踪既是人员推销的最后一个环节，也是新一轮工作的起点。

10.2.2　广告

1. 广告的概念和作用

（1）广告的概念

广告是通过报纸、杂志、广播、电视、广告牌等广告传播媒体形式向目标顾客传递信息。采用广告宣传可以使广大客户对企业的产品、商标、服务等加强认识，并产生好感。其特点是可以更为广泛地宣传企业及其商品，传递信息。

（2）汽车广告的作用

汽车广告是汽车企业用以对目标消费者和公众进行说服性传播的工具之一。汽车广告要体现汽车企业和汽车产品的形象，从而吸引、刺激、诱导消费者购买该品牌汽车。其具体作用有：

①建立知名度。通过各种媒介的组合，向汽车消费者传达新车上市的信息，吸引目标消费者的注意。汽车广告宣传可避免促销人员向潜在消费者描述新车所花费的大量时间，快速建立知名度，迅速占领市场。

②促进理解。新车具有的特点，可以通过广告，向目标受众有效地传达外观、性能等信息，激发其进一步了解的兴趣。

③有效提醒。对于还没有购买该产品的用户，广告可以不断地提醒潜在消费者，刺激其购买欲望。

④树立企业形象。企业通过广告可以使产品家喻户晓，在消费者心中树立起企业形象和产品形象，赢得消费者的青睐，以巩固和扩大市场占有率。

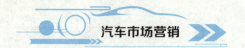

2. 汽车广告策划程序

（1）汽车广告的调查和市场分析

由于汽车广告环境对广告活动有直接或间接的制约和导向作用，所以应对广告环境进行深入细致的分析研究。同时要对车型卖点、目标顾客需求、竞争对手广告情况深入了解，确定正确的目标受众。

（2）确定汽车广告目标

汽车广告目标是指汽车企业在一个特定时期内，对某个特定的公众所要完成的特定的传播任务。这些目标必须服从先前制定的有关汽车目标市场、汽车市场定位和汽车营销组合等决策。

汽车广告按其目标可分为通知性、说服性和提醒性广告三种。

①通知性广告。主要用于汽车新产品上市的开拓阶段，目的是为汽车产品建立市场。

②说服性广告。主要用于竞争阶段，目的在于让消费者建立对某一特定汽车品牌的选择性需求。

③提醒性广告。主要用于成熟期，目的是使消费者保持对该产品的记忆。

（3）广告信息的确定

确定通过广告向目标传达什么信息，以怎样的形式表达这些信息。

（4）制定汽车广告策略

汽车广告策略是为实现汽车广告目标而采取的对策和方法。主要包括汽车广告定位、汽车广告创意、汽车广告文案。

（5）选择汽车广告媒体

广告媒体可以分为平面媒体，包括报纸、杂志、平面印刷广告等静态广告，也有电波媒体，包括电视、广播等动态广告。在确定选择哪种广告媒体或是媒体组合时要综合考虑多种因素。

（6）确定广告预算

汽车广告预算是指实现企业广告计划，达到广告目标所需的经费计划。它规定在广告计划期内，从事广告活动所需的经费总和及使用范围。汽车企业确定广告预算的方法主要有：

①销售量百分比法。按照销售额（销售实绩或销售预计额）或单台汽车产品售价的一定百分比来计算和决定广告开支。

②竞争对抗法。依照竞争对手的广告费用来决定本企业广告开支的多少。

③目标任务法。首先确定广告目标；其次决定为达到这个目标而必须执行的工作任务；最后估算执行这种工作任务所需的各种费用。

（7）汽车广告沟通效果测定

广告效果的评价一般有两种方法：一种是传播效果评价；一种是销售效果评价。

①传播效果评价。汽车广告传播效果评价，指汽车广告对于消费者知晓、认识和偏好的影响，是衡量汽车广告效果的重要方面。

②销售效果评价。一般来说，汽车广告销售效果评价比汽车广告传播效果评价更难于测量。主要是因为，汽车销售除受广告的影响外，还受很多因素的影响，如价格、性能、售后服务等。

3. 广告媒体的特点及选择

（1）常见广告媒体的特点

报纸、杂志、广播和电视这四种大众媒体，由于在广告传播所占的比重及所起的作用都是其他媒体所无法比拟的，因此被称为四大媒体。此外，户外、POP、网络等媒体也是广告中常用的。

①报纸。报纸不仅是新闻传播的主要工具，而且是目前世界各国选用的主要广告媒体。报纸作为一种广告媒体，最早出现在17世纪中期，时至今日，虽然受到广播、电视的挑战，但它仍然是主要的广告传播媒体。报纸广告的优点是制作简单，方便灵活，费用低廉，宣传覆盖面广。报纸作为广告媒体也有一定的缺陷，即时效性短，只能当日阅读，过后则往往无人问津；内容复杂，广告版面小，表现形式单调；阅读仓促，难以形象地表现产品外观与特征。

②杂志。杂志作为广告媒体，其优越性是杂志专业领域分布广泛，各种杂志本身特征明显，每一种杂志都有特定的读者群，因而广告的对象明确，宣传针对性强、效果好，而且保存时间长，信息利用充分；另外，杂志广告制作精良，画面生动鲜艳，能逼真地表现出商品的特性，有极大的吸引力。杂志广告的局限性是读者面较窄、传播范围小。专业杂志只适应于专业性的广告，出版周期长，时效差，制作比较复杂，成本费用高。

③广播。广播是传播信息最迅速、覆盖面最广的一种媒体，它通过电台向消费者介绍产品特点及选购方法，是听觉广告。其优点是语言和音响效果的传播不受时空限制，传播速度快，传播的对象也很广泛，空间范围大，可以在最短时间内把信息传到千家万户，灵活性极强。广播可以多次重复，加深人们的印象。其局限性是只依靠声音传递信息，有声无形，印象不深，盲目性较大，选择性较差，无法查阅研究，很难保存。

④电视。电视集图像、色彩、声音和活动于一体，是现代生活中不可缺少的信息交流工具，是现代化广告媒体。其具有覆盖面广，收视率高，画面形象生动，表现手法丰富，感染力强，宣传效果好，促销作用明显的特点。其局限性是制作、播出费用较高，中小企业难以承受；电视信息不易保留，一晃即逝；目标观众不易选择，针对性差。

⑤户外广告。凡是能在露天或公共场合通过广告表现形式同时向许多消费者进行诉求，能达到推销商品目的的物质都可称为户外广告。户外广告可分为平面和立体两大类：平面的有路牌广告、招贴广告、壁墙广告、海报、条幅等；立体广告分为霓虹灯广告、广告柱广告以及灯箱广告等。户外广告的优点是：对地区和消费者的选择性强，可以较好地利用消费者在公共场合经常产生的空白心理；表现形式丰富多彩，而且费用较低。户外广告媒体也有其不足之处，主要表现在覆盖面小，效果难以测评。

⑥售点广告。售点广告又叫POP广告，POP是英文Point of Purchase的缩写，意为销售点广告或购物场所广告。售点广告按场合分为店外和店内两类。店外售点广告，是使消费者认识店址，吸引消费者进入商店的广告，如招牌和橱窗。店内售点广告，是最接近消费者的广告，由柜台展示、货架陈列、地面展示、墙面广告、天花板装饰、商品包装、动态装饰等部分组成。售点广告实际上是其他广告媒体的延伸，对潜在购买心理和已有的购买意向能产生非常强烈的诱导功效，旨在吸引消费者，唤起消费者的购买欲，具有无声却又十分直观的推销效力。调查结果显示，购买者在出门前已确定买什么商品的情况只占全部销售额的28%，而在销售现场使潜在意识成为购买行为的则占72%，可见，销售现场

广告的作用是巨大的。

⑦网络。随着网络用户的增多，电子商务的迅猛发展，网络广告成为继报纸、杂志、广播、电视之后的第五大媒体。网络较之所有传统媒体，具有速度快、容量大、范围广、可检索、可复制，以及交互性、导航性、丰富性等优点，发展极为迅速。正是由于这些优势，越来越多的企业选择网络媒体进行广告宣传。

（2）影响广告媒体选择的因素

广告媒体种类很多，各有优缺点，除了要分析各种广告媒体的特点外，还要研究如何正确地选择广告媒体，才能把商品或服务信息及时、有效地传递给消费者。企业在合理选择广告媒体时需要考虑以下因素：

①广告媒体的传播范围。这是指广告媒体所能传播到的区域范围。不同的媒体传播的范围有大有小，所以企业在选择广告媒体时，应把产品销售的地理范围与广告媒体所能传播到的范围统一起来。如果是面向全国市场的产品，本企业又有巨大的资本实力，就可以选择有全国影响的电视、广播、报刊等媒体做广告；只是在局部地区销售的产品，则宜选择地区性报刊、广播电台和电视台作为广告媒体。

②消费者接触媒体的习惯与接受能力。企业应选择目标消费者经常接触的媒体，以便最有效地把信息传递给目标消费者，引导他们产生兴趣。如体育用品的目标消费群有观看体育类节目的习惯，媒体就可以选择体育频道或体育类报纸、杂志；面向学龄前儿童的广告，最好的媒体是电视。此外，还必须根据消费者的接受能力来选择广告媒体，这样才能保证广告信息被有效传达。如在交通条件不便的地区，可能只有广播是比较好的传播媒体。

③商品的性能和特点。商品本身的性质、特点是选择广告媒体的重要根据。不同的商品其性能、特点各不相同，一般而言，生产资料技术性强、结构用途复杂，较多地采用报纸、专业杂志、产品说明书、信函等印刷媒体，可对企业产品作详细的说明介绍；对于一般的日用消费品、高档耐用消费品则宜采用广播或电视媒体，能形象逼真地介绍商品的功能、特点与外观，能诱发消费者的购买欲望。

④广告媒体的成本。各媒体的费用差别是很大的，广告活动应考虑企业的经济负担能力。一般而言，电视的广告费用最高，广播、报刊次之，路牌、橱窗与招贴的广告费用则相对较低。企业应在分析各广告媒体特点的基础上选择使用，使之发挥最大的效力。

总之，要根据广告目标的要求，结合各广告媒体的优缺点，综合考虑上述各影响因素，尽可能选择使用效果好、费用低的广告媒体。

10.2.3 公共关系

1. 公共关系的概念及特征

（1）公共关系的概念

公共关系指企业在从事市场营销活动中正确建立企业与社会公众的关系，以便树立企业良好形象，从而促进产品销售的一种活动。与广告和营业推广一样，公共关系也是一种重要的促销方式，包含以下具体内容：

①公共关系是与企业相关的社会公众的相互关系。这些社会公众主要包括：供应商、

中间商、消费者、竞争者、金融机构、保险机构、政府部门和新闻传媒等。企业每时每刻都与这些公众发生经济联系和社会联系。

②公共关系的核心是建立良好的企业形象。企业所开展的一切公关活动都是围绕建立良好的企业形象来进行的。企业形象一般是指社会公众对企业的综合评价，表明企业在社会公众心目中的印象和价值。良好的企业形象，可促使企业在竞争中占据有利地位。

③公共关系的最终目的是促进商品的销售和提高市场的占有率。企业的营销目的是满足消费者需求，因此，企业应主动地研究消费者的相关信息，生产适销对路的产品，只有这样才能促进商品的销售。

（2）公共关系的特征

公共关系是一种隐性的促销方式。它是以长期目标为主的间接性促销手段，其主要特点有以下几个方面：

①长期性。公共关系的总体目标是树立企业的良好形象，而企业形象的建立是通过企业内部的经营管理、人员素质、企业信誉、产品质量和服务质量等各方面完整地呈现在公众面前的。这些工作的完成需要企业长期不断的努力，通过各种公关策略的运用，得到社会公众的理解、支持，从而能长时间地促进销售，占领市场。

②沟通双向性。一方面企业将各方面的信息传播给社会公众，使其了解企业及企业的产品，另一方面又运用各种手段和技术收集信息，为不断健全、完善企业形象与产品形象提供依据。

③可信度高。许多人认为新闻媒体报道比较客观，受众收看、收听和阅读的概率和兴趣较大，比企业广告更加可信。

④间接促销。公共关系强调企业通过积极参与各种社会活动，宣传企业营销宗旨、联络感情与扩大知名度，从而加深社会各界对企业的了解和信任，达到促进销售的目的。

⑤影响的多元性。一个企业周围的公众是多元的，主要有6种，即消费者（用户）、供应商、社区、媒介、政府和企业内部职工等。

⑥成本低廉。公共关系主要是利用信息沟通的原理和方法进行活动，它比广告成本少得多。如企业提供一个有趣的或有意义的活动，传媒就会争相报道，企业可以不用付费，并且能产生较大的轰动效应。从投入和产出之比来看，公共关系是所有促销方式中成本最低的。

2. 企业常见的公共关系

（1）外部关系

在现代化大生产中企业与外界公众的联系越来越多，外部公共关系是企业公共关系中的重要关系。一个企业开展外部公共关系的目的，是希望建立起企业的良好声誉与形象，争取尽可能多的支持。企业外部公共关系工作的好坏，直接影响到企业的声誉和形象。为此企业要针对不同的外部公众对象，进行有效的公关活动，做好以下几项工作：

①正确处理企业与顾客的关系。顾客是企业的上帝，每一个企业要想生存和发展，就必须处理好与顾客的关系。企业要处理好与顾客之间的关系，要注意以下两点：

第一，企业要宣传竭诚为顾客服务的宗旨，必要时可以适当地公开一些企业的业务，以取得顾客的理解和支持，建立企业良好的信誉。

第二，企业要进一步深入地了解顾客的需求，将有关信息及时反馈给企业决策机构，

以便及时改进企业的产品或工作，更好地满足顾客的需求。这样才能有助于企业巩固和加深与顾客良好的关系，创造适应企业生存与发展的市场环境。

②正确处理企业与新闻界的关系。记者被称为"无冕之王"，是新闻媒介的代表，是企业的重要公众，处理好同记者的关系，对于发展企业同新闻界的关系，具有不可忽视的作用。企业应积极主动地处理好与新闻界的关系、同记者的关系，这对于扩大企业的影响、塑造企业在公众中的良好形象、增加企业的销售量，都有积极的作用。

③正确处理企业与竞争者之间的关系。只要市场经济存在，竞争就是避免不了的。因而，协调好与竞争者的关系，对于企业、对于社会都有着重要的意义。

此外，处理好企业与地方政府、企业与金融机构、企业与社区等公众的关系，对于保证建立企业良好的声誉和形象，都有着重要的作用。

（2）内部关系

企业除了有外部公众外，还有内部公众——全体员工。一个企业要获得外部公众的支持与合作，首先必须获得企业内部全体员工的理解、支持。团结全体员工为企业的成功而奋斗，是企业公共关系部门的首要工作。企业的内部关系是企业最重要的公共关系，构建内部公众关系，要注意做好以下几项工作：

①满足全体员工利益要求，包括物质和精神的利益要求，以维系、动员、激励企业的全体员工，充分调动全体员工的积极性。

②创造一种使全体员工都能够茁壮成长的环境，给员工的成长和发展提供充分的机会。

③对全体员工工作、生活的各个方面予以积极的关心，使员工感到置身于企业就犹如置身于家庭之中，使他们有安全感、舒适感、归属感。情感需求的满足，必能形成强大的工作动力。

以上三项工作，是企业做好内部公共关系工作的基础，也是企业内部公共关系工作应努力追求的目标。

3. 公共关系活动的方式

公共关系活动是一门综合性的艺术，要实现公关目标，就必须善于运用各种公关活动方式。企业常用的公关活动方式有以下几种。

（1）通过新闻媒介传播企业信息

这是企业公共关系最重要的活动方式。企业可通过新闻报道、记者招待会、人物专访和记事特写等形式，利用各种新闻媒介对企业的新产品、新措施与新动态进行宣传，并邀请记者参观企业，还可撰写各种与企业有关的新闻稿件。新闻宣传不需要支付费用，这不仅可以节约广告费用，而且由于新闻媒介的权威性和广泛性，使得它比广告更为有效。

（2）加强与企业外部公众的联系

企业应通过同社会各方面（政府机构、社会团体以及供应商、经销商）的广泛交往来扩大企业的影响，改善企业的经营环境。通过同这些机构建立公开的信息联系，来争取他们的理解和支持，并通过他们的宣传，加强企业及其商品的信誉和形象。

（3）企业自我宣传

企业还可以利用各种能自我控制的方式进行企业的形象宣传。如在公开的场合进行演讲；派出公共关系人员对目标市场及各有关方面的公众进行游说；印刷和散发各种宣传资料，如企业介绍、商品目录、纪念册等。有条件的企业还可创办和发行一些企业刊物，持续不断地对企业形象进行宣传，以逐步扩大企业的影响。

（4）借助公关广告

通过公关广告介绍宣传企业，树立企业整体形象。公关广告的目的是提高企业的知名度和美誉度，公关广告的形式和内容可概括为3种类型。

①致意性广告，即向公众表示节日庆祝，感谢或道歉等。

②倡导性广告，即企业通过广告向社会倡导某种活动或提倡某种新观念。

③解释性广告，即就某方面情况向公众介绍、宣传或解释。

（5）举行专题活动

通过举行各种专题活动，扩大企业的影响。这方面的活动包括：举办各种庆祝活动，如厂庆、开工典礼、开业典礼等；开展各种竞赛活动，如知识竞赛、技能竞赛等；举办技术培训班或专题技术讨论会等，从而扩大企业的影响力。

（6）参与各种公益活动

通过参与各种公益活动和社会福利活动，协调企业与社会公众的关系，树立良好形象。这方面的活动包括宣传安全生产和环境保护、赞助社会各种公益事业等。

10.2.4　营业推广

1. 营业推广的概念及特点

（1）营业推广的概念

营业推广又称销售促进，是指在短期内刺激消费者或中间商迅速和大量地购买某种特定产品或服务的促销活动。它一般只作为人员推销和广告的补充方式，其刺激性很强，吸引力很大，包括免费样品、赠券、奖券、展览、陈列、折扣、津贴等，它可以鼓励现有顾客大量、重复购买，并争取潜在顾客，它还可鼓励中间商大量销售。

（2）营业推广的特点

①促销效果显著。一般说来，只要能选择合理的营业推广方式，就会很快地收到明显的促销效果，而不像广告和公共关系那样需要一个较长的时期才能见效。因此，营业推广适合在一定时期、一定任务的短期性的促销活动中使用。

②非正规性和非经常性。人员推销、广告和公共关系都是常规性的促销方式，而多数营业推广方式则是非正规性和非经常性的，只能是它们的补充方式。使用营业推广方式开展促销活动，虽能在短期内取得明显的效果，但它一般不能单独使用，常常配合其他促销方式使用。

③自降价值。采用营业推广方式促销，似乎迫使顾客产生"机会难得、时不再来"之感，进而能打破消费者购买行为的惰性。不过，营业推广的一些做法也常使顾客认为卖者有急于抛售的意图。若频繁使用或使用不当，往往会引起顾客对产品质量、价格产生怀疑。因此，企业在开展营业推广活动时，要注意选择恰当的方式和时机。

2. 营业推广形式

营业推广的方式多种多样，每一个企业不可能全部使用。这就需要企业根据各种方式

的特点、促销目标、目标市场的类型及市场环境等因素选择适合本企业的营业推广方式。

（1）向消费者推广的方式

向消费者推广，是为了鼓励老顾客继续购买、使用本企业产品，激发新顾客试用本企业产品。其方法主要有：

①赠送样品。向消费者免费赠送样品，可以鼓励消费者认购，也可以获取消费者对产品的反应。样品赠送，可以有选择地赠送，也可在商店或闹市区或附在其他商品中无选择地赠送。这是介绍、推销新产品的一种促销方式，但费用较高，对高值商品不宜采用。

②赠送代价券。代价券作为对某种商品免付一部分价款的证明，持有者在购买本企业产品时免付一部分货款。代价券可以邮寄，也可附在商品或广告之中赠送，还可以向购买商品达到一定的数量的顾客赠送。

③包装兑现。即采用商品包装来兑换现金。如收集到若干个某种饮料瓶盖，可兑换一定数量的现金或实物，借以鼓励消费者购买该种饮料。这种方式的有效运用，也体现了企业的绿色营销观念，有利于树立良好的企业形象。

④提供赠品。对购买价格较高的商品的顾客赠送相关商品（价格相对较低、符合质量标准的商品）有利于刺激高价商品的销售。由此，提供赠品是有效的营业推广方式。

⑤商品展销。展销可以集中消费者的注意力和购买力。在展销期间，质量精良、价格优惠、提供周到服务的商品备受青睐。可以说，参展是难得的营业推广机会和有效的促销方式。

此外，还有有奖销售、降价销售等方式。

（2）向中间商推广的方式

向中间商推广，其目的是促使中间商积极经销本企业产品。其方式主要有：

①购买折扣。为刺激、鼓励中间商购买并大批量地购买本企业产品，对中间商第一次购买和购买数量较多的中间商给予一定的折扣优待，购买数量越大，折扣越多。折扣可以直接支付，也可以从付款金额中扣出，还可以赠送商品作为折扣。

②资助。是指生产者为中间商提供陈列商品、支付部分广告费用和部分运费等作为补贴或津贴。在这种方式下，中间商陈列本企业产品，企业可免费或低价提供陈列商品；中间商为本企业产品作广告，生产者可资助一定比例的广告费用；为刺激距离较远的中间商经销本企业产品，可给予一定比例的运费补贴。

③经销奖励。对经销本企业产品有突出成绩的中间商给予奖励。这种方式能刺激经销业绩突出者加倍努力，更加积极主动地经销本企业产品，同时，也有利于诱使其他中间商为多经销本企业产品而努力，从而促进产品销售。

（3）对推销人员的营业推广

针对本企业推销人员展开营业推广，其目的是鼓励推销人员积极开展推销活动。

①红利提成。红利提成的做法主要有两种：一是推销人员的固定工资不变，在固定薪资之外，从企业的销售利润中提取一定比例的金额，对推销人员的努力工作所给予的现金奖励。二是推销人员没有固定工资，每达成一笔交易，推销人员按销售利润的多少提取一定比例的金额，其提成比例按递增关系，销售利润越大，提取的百分比率越大。

②销售竞赛。销售竞赛的目的在于刺激推销人员在一定时期内增加销售量。企业明确规定奖励的级别、比例与奖金的数额，成绩优异、优胜者可以获得一定的现金、实物、称

号、度假、进修深造、晋升和精神奖励等，以激发推销人员的工作热情。

③教育与培训。教育与培训是指向推销人员提供免费的业务培训和技术指导。

3. 营业推广的控制

营业推广是一种促销效果比较显著的促销方式，但倘若使用不当，不仅达不到促销的目的，反而会影响产品销售，甚至损害企业的形象。因此，企业在运用营业推广方式促销时，必须予以控制。

（1）选择适当的方式

营业推广的方式很多，且各种方式都有其各自的适应性。选择好营业推广方式是促销获得成功的关键。一般说来，应结合产品的性质、不同方式的特点以及消费者的接受习惯等因素选择合适的营业推广方式。

（2）确定合理的期限

控制好营业推广的时间长短也是取得预期促销效果的重要一环。推广的期限，既不能过长，也不宜过短。这是因为，时间过长会使消费者感到习以为常，减弱刺激需求的作用，甚至会产生疑问或不信任感；时间过短会使部分顾客来不及接受营业推广的好处，收不到最佳的促销效果。一般应以消费者的平均购买周期或淡旺季间隔为依据来确定合理的推广期限。

（3）禁忌弄虚作假

营业推广的主要对象是企业的顾客，因此，企业在营业推广全过程中，一定要坚决杜绝徇私舞弊的短视行为发生。在市场竞争日益激烈的条件下，企业的商业信誉是十分重要的竞争优势。本来营业推广这种促销方式就有贬低商品之意，如果再不严格约束企业行为，那将会产生失去企业长期利益的巨大风险。因此，弄虚作假是营业推广中的最大禁忌。

（4）注重中后期宣传

开展营业推广活动的企业比较注重推广前期的宣传，这非常必要，但中后期宣传同样不应忽视。在此期间，面临的十分重要的宣传内容是营业推广中的企业兑现行为，这是消费者验证企业推广行为是否具有可信性的重要信息源。令消费者感到可信的企业兑现行为，一方面有利于唤起消费者的购买欲望，另一个更重要的方面是可以换来社会公众对企业良好的口碑，增强企业良好形象。

此外，企业应根据财力、物力与人力条件，产品销售特点和市场动态特点来编制营业推广预算，科学测算营业推广活动的投入产出比。

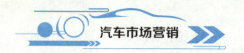

任务10.3 汽车营销策划

建议学时：4学时

现在汽车市场的竞争非常激烈，经销店的促销活动除了降价吸引力大，其他的活动好像都收效甚微。好的汽车促销策划应该是什么样的呢？桐桐决定好好学习下汽车促销策划相关的理论知识，希望对未来的工作有所帮助。

10.3.1 汽车营销策划基本知识

1. 汽车营销策划

（1）汽车营销策划的定义

营销策划是指为了改变企业现状，完成营销目标，借助科学方法与创新思维，立足于企业现有营销状况，对企业未来的营销发展做出战略性的决策和指导，具有前瞻性、全局性、创新性、系统性的特点。

汽车营销策划就是汽车企业为了达到一定的营销目标，包括提高企业形象、提高品牌认知度和影响力等，在企业现有的营销情况下，采取一定的科学方法和创新思维，对汽车企业未来的营销发展做出战略性的决策和指导。

（2）汽车营销策划的原则

①目标清晰。汽车企业进行营销策划是一种企业价值观的传递，目的在于赢得顾客的信赖。策划目标的达成比某一指标的完成内容更丰富，因此，策划人员应对营销的目标进行系统策划。

②方针明确。方针是指导工作的纲领，汽车企业在策划过程中要认识到策划的目的在于规范汽车市场，培育消费人群，树立品牌形象。在营销策划方案的制订、实施和控制过程中，只有准确把握这一方针，才能保证营销策划的方向性。

③保证质量。汽车营销策划的前提是要保证汽车产品的核心价值与消费者的核心利益，这是企业进行营销活动的综合体现，能够让企业的整体形象在更广的范围内得到传播，如果汽车产品整体质量得不到保证，所带来的危害就很大。

④信息有效。充分的市场调查是进行汽车营销策划的前提。订立的目标能否实现，设定的方针是否有针对性，提供的汽车产品是否能满足目标消费群的需求等问题，都需要有效的信息来印证。当前汽车市场虽然信息量大，但如何在海量信息中选择有效且有价值的信息，需要认真面对。

⑤策划可行。汽车营销策划需要创新，同时需要有科学的精神。要在可靠、严谨、可行、有益的条件下，检验营销策划方案的可操作性。

（3）汽车营销策划的内容

汽车营销策划有狭义、广义之分。广义的营销策划可以包括如下5方面的内容。

①汽车企业形象策划。CIS是英文Corporation Identity System的缩写，其含义为企业识

别系统，也称为企业形象策划。简单地说，CIS 是汽车企业用于市场竞争的一切设计所采用的统一形象，运用理念识别（MI）、视觉识别（VI）和行为识别（BI）将企业的理念及特性视觉化、规范化、系统化，通过各种传播媒介加以扩散，塑造独特、鲜明的企业形象，使公众对企业产生一致的评价和认同，从而增强企业的整体竞争力。

②汽车产品策划。汽车产品策划是汽车制造企业为赢得市场所必须做的一项经常性的工作，涉及汽车产品组合策划、汽车产品生命周期策划、汽车产品品牌策划和汽车产品服务策划等。

③汽车价格策划。汽车价格策划指汽车企业为了实现一定的营销目标，协调处理企业内部各种价格关系的活动。它不仅包括价格的制定，还包括在一定的环境条件下，为了实现企业较长时期的营销目标，协调配合营销组合的其他各有关方面的构思和选择，并在实施过程中不断修正价格策略，进行价格决策的全过程。

汽车价格策划是汽车新产品进入市场前，以及成熟产品面对激烈市场竞争时应做好的一项重要工作。成功的价格策划不仅能够让企业快速赢得市场，还能够抑制竞争对手的进攻。

④汽车销售渠道策划。对于汽车制造企业而言，在具有开发潜力的市场通过销售渠道的建设，让品牌和产品获得更大范围与消费者直接接触的机会，有利于促进销售目标的实现。对于汽车经销商而言，在制造企业能力和资金不能到达的地方，设立自己的下级分销渠道是渠道策划必须做好的工作。汽车销售渠道策划工作主要包括：确定销售渠道的目标；设计销售渠道策略的具体内容，包括销售渠道的网络设计及管理，以及销售渠道的实体分配。

⑤汽车促销策划。汽车企业的促销策划主要有三种类型：

a. 汽车广告策划。汽车广告策划是对汽车广告活动的运筹规划，是根据阶段性的汽车产品营销目标，在充分调查的基础上，制定出经济有效的策划方案，从人力、物力、时间、地区方面对广告的实施加以安排，并在实施后进行回馈评估。

b. 汽车公共关系策划。汽车公共关系策划是对公共关系活动的运筹规划，是在公共关系活动之前进行的创造性思维活动。公共关系策划的主要工作是调适汽车企业与社会公众的关系，目的是传播企业的良好形象，策划的重点是间接诱导。公共关系策划通过良好的企业形象，潜移默化地促成社会公众对企业的好感，间接达成促进销售的目的。

c. 汽车销售促进策划。汽车销售促进策划是对汽车销售促进活动的运筹规划，是在汽车销售促进活动前所进行的创造性思维活动。汽车销售促进策划的重心是迅速促进当前的汽车销售，其关键是发掘新颖独特的创新思维。同时，汽车销售促进策划要与其他促销策划相配合，才能发挥更有效的作用。

狭义的汽车营销策划，即我们通常所说的汽车营销策划，指的是汽车促销策划。本任务点后文所述的汽车营销策划，如无特殊说明，均指狭义的汽车营销策划。

2. 汽车营销策划书

（1）营销策划书的定义

营销策划书是指在市场销售和服务之前，为使销售达到预期目标而进行的各种销售促进活动的整体性策划。营销策划书则是汽车企业开展市场营销活动的蓝本。

（2）编制营销策划书的原则

①层次清楚。汽车营销策划的目的在于解决汽车营销过程中可能出现的问题，因此策划书必须层次清楚。首先要设定情况，交代策划背景，分析市场现状，再把策划中心目的全盘托出；其次要进行具体策划内容的详细阐述；最后要明确提出解决问题的对策。

②突出重点。策划书要突出重点，不要面面俱到。抓住汽车营销中所要解决的核心问题，深入分析，提出可行性的对策。优秀的汽车营销策划人员要善于把构想浓缩。

③便于操作。汽车营销策划书主要用于指导汽车营销活动，其指导性涉及汽车营销活动中每个细节的处理。因此，策划书的内容要具有良好的执行性，除了需要进行周密的思考外，详细的活动安排也是必不可少的。

④创意新颖。策划方案的内容与表现手法都要新，新颖的创意是策划书的核心内容。

⑤广受认可。任何汽车营销策划方案无论多么完美，如果只有策划者本人才能理解，都将无法付诸实施。优秀的营销策划必须要得到广泛的认可和支持，才能为企业所接受并付诸实施。

10.3.2 汽车促销策划的步骤

汽车销售企业通过开展各种促销活动，以达到企业的整体营销目标。汽车促销活动的过程可分解为 6 个步骤，如图 10-2 所示。

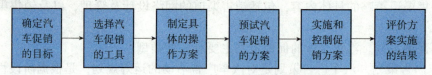

图 10-2 汽车促销方案策划流程

1. 确定汽车促销的目标

确定正确的策划目标是企业促销策划的首要任务。企业只有在充分市场分析的基础上，在企业战略目标的指导下去发现营销机会，才能制定出切实可行的促销策划目标。

（1）设定汽车促销目标

针对客户进行促销时，应考虑将鼓励顾客购车、争取未知者以及吸引竞争者的顾客作为促销目标。

①提升知名度。通过不同的传播渠道发布信息，可以提升品牌的知名度。品牌越熟悉，被消费者选购的概率也越高。

②吸引"人潮"。"人潮"和"业绩"有相当大的内在联系，尤其在展厅，因此，促销活动的首要任务便是吸引更多的人潮。很多汽车经销店在节日期间举办各种促销活动，就是希望借着各种活动，刺激消费而达到提升业绩的目的。

③增加销售量。促销会激发顾客采取购买行动。由于促销的手法不同，不管是"诱使新顾客购买"，还是针对老顾客的"促销"，均会增加销售量。

④巩固老顾客。初次交易的顾客无法确保日后成为忠诚度高的老顾客。因此，举办促销活动，激发顾客继续消费购买，以巩固老顾客，避免被其他品牌挖走。除了持续性的再消费，可利用老顾客的影响力，吸引新顾客前来消费，"亲朋好友推荐"是有效的促销方式。

⑤吸引顾客试驾。分析顾客的消费行为，若顾客对产品未深入了解，很难采取购买行动；为缩短他的评估时间，及早采取购买行动，可采用让消费者"试驾"的促销技巧，让顾客亲自体会产品的价值，以促成交易。

（2）促销活动时机的选择

汽车促销活动通常选择以下几个时机：

①展厅顾客流量较小时。

②顾客认为购车有困难时。

③新车型导入市场的速度必须加快时。

④经销商库存的车辆增多时。

⑤某一地区或某一特定时期，竞争特别激烈时。

⑥对企业或当地有特定意义的时刻。

2. 选择汽车促销的工具

不同的汽车促销工具可以用来实现不同的目标。选择汽车促销的工具，必须充分考虑市场类型、汽车促销目标、竞争情况以及各种汽车促销工具的成本效益等因素。

针对顾客的汽车促销工具有赠寄代价券、价格折扣、宣传卖点、赠送礼品、有奖销售、附加赠送、竞赛、特殊服务、公关赞助、奖励累计消费、俱乐部会员制等。

针对经销商的汽车促销工具有购车折让、推广津贴、合作广告、经销商销售竞赛等。

针对汽车推销人员的汽车促销工具有销售竞赛、销售红利、奖品等。

3. 制定具体的操作方案

在制定活动目标及选定促销工具后，必须明确下列事项。

（1）确定促销活动的主题

这一部分主要解决两个问题，即确定活动主题和包装活动主题。促销工具和促销主题的选择，要考虑活动的目标、竞争条件和环境以及促销的费用预算和分配。在确定主题之后，要尽可能淡化促销的商业目的，使活动更能打动消费者。这一部分是促销活动方案的核心部分，应力求创新，使活动具有震撼力和排他性。

（2）选择促销活动的时间和地点

促销活动的时间和地点选择得当可以事半功倍。在时间上，要尽量让消费者有空闲参与。在地点上，要让消费者方便，而且要事前与城管、工商等部门沟通好。同时，活动持续的时间也要深入分析。持续时间过短，会导致在这一时间内无法实现购买，很多应获得的利益不能实现；持续时间过长，又会引起费用过高而且无法形成市场热度。

（3）考虑促销活动的方式

①确定合作伙伴。确定共同举办活动的对象。例如：和政府或媒体联合有助于借势和造势；和经销商或其他厂家联合，可整合资源，降低费用及风险。

②确定刺激程度。必须刺激目标对象的积极参与。刺激程度越高，促进销售的反应也越大。但这种刺激也存在边际效应，因此，必须根据促销实践进行分析和总结，并结合客观市场环境确定适当的刺激程度和相应的费用投入。

（4）选择广告的配合方式

成功的促销活动需要全方位广告的配合。广告创意和手法，以及媒介炒作方式的选择

都意味着受众抵达率和费用投入的多少。

（5）明确促销活动的组织和职责分工

促销活动必须有明确的组织构架与职责分工。

①活动督导的职责。活动督导负责与相关部门沟通，对下属工作人员进行培训与工作评估，在工作中给促销小组明确的指导。

②促销主管的职责。促销主管负责全面保证促销活动的良好运行。

（6）汽车促销活动的费用预算

对促销活动的费用投入和产出应做出预算。促销费用包括实施促销活动本身的费用以及在活动中许诺给消费者的优惠条件所带来的利润损失。如果付出的费用大于促销活动带来的利润，又没有赢得更多的顾客，这个促销活动就是失败的。

（7）编制汽车促销方案

即将汽车促销方案详细地罗列出来，具体事项如表10-1所示。

表10-1　汽车促销方案的具体事项

事项	阐述内容的要点及注意事项
可提供的奖励幅度、数量及品种	赠品促销中的赠品价值与数量；抽奖中的事项设计与兑奖率
参与活动的条件限制	参与活动的条件务必明确易懂，尽可能说明清楚，以免引起顾客的误解。通过参与条件的设置，有助于界定目标消费群，达成活动的目标
活动的持续时间	如果时间太短，一些顾客可能由于太忙而无法参加活动。如果汽车促销的时间太长，顾客可能认为这是长期降价，而使促销失去效力，甚至会使顾客对产品质量产生怀疑。总体而言，以促进销售为目的的短期激励性工具不宜使用过频，一般每季度使用3周
活动的传播途径	确定如何将汽车促销方案向目标市场贯彻。假设汽车促销方案是提供一张折价券，则至少有4种途径可使顾客获得折价券：一是放在售车现场；二是销售员外发；三是邮寄；四是附在广告媒体上。每一种途径的送达率和成本都不相同。在不同的地方开展活动，可吸引不同特征的消费群体
活动预算分配	汽车促销成本的预算一般应考虑的因素有广告宣传费用、管理组织费用（如印刷费、邮资费等）和附加费用等
协同任务分配	协同任务即制定出配合活动开展的日程安排，以便安排销售和分销，以及礼品供应商、社会力量等汽车公司外部成员的配合

（8）汽车促销的前期准备

①人员安排。促销实施前要对人员进行相关的专项培训。在人员安排方面要做到"人人有事做，事事有人管"。各项工作都要有明确的负责人，各个环节都要考虑清楚。

②物资准备。在物资准备方面，要事无巨细，每一项都要罗列出来，然后按单清点，确保万无一失。

③试验方案。由于活动方案是在经验的基础上确定的，因此有必要进行试验来判断促销工具的选择是否正确，刺激程度是否合适，现有途径是否理想，试验方式有询问消费者、填调查表或在待定的区域试行方案等。

（9）汽车促销变数管理

汽车促销管理变数环节很多，每次活动都可能出现未能预料的危机，如政府部门干预、消费者投诉、天气突变导致户外促销活动无法继续等。促销主管和项目责任人到达出事地点的速度，对问题的解决及企业损失的降低作用显著。另外，必须对各个可能出现的意外事件做必要的人力、物力和财力的准备。

4. 预试汽车促销的方案

任何一次活动，都要在事前做预估的工作，先预估每个阶段的效果，同时在事后针对预估和实际的相关数值及各种缘由加以探讨，为下次活动积累经验。

5. 实施和控制促销方案

对每一项汽车促销工作都应确定实施和控制计划。实施和控制计划必须包括汽车促销前控制、汽车促销活动现场控制和汽车促销后续的控制。

（1）汽车促销前的控制

汽车促销前控制是开始实施促销方案前所必需的准备，它包括最初的计划和设计工作、材料的邮寄和分送、广告的准备工作、销售现场的陈列、现场推销人员的培训、购买赠品和印刷资料、预期的车辆采购等。汽车促销前控制的具体内容如表 10-2 所示。

表 10-2　汽车促销前控制

控制项目	内容	责任人	完成时间	备注
最初的计划和设计工作				
材料的邮寄和分送				
广告的准备工作				
销售现场的陈列				
现场推销人员的培训				
购买赠品和印刷资料				
预期的车辆采购				

（2）汽车促销活动的现场控制

汽车促销活动的现场控制如表 10-3 所示。

表 10-3　汽车促销活动现场控制

注意事项	说明
提前到场巡视	销售人员、促销活动负责人和执行人员要提前到场，再次确认准备工作到位情况，整理广告宣传品的陈列。主管要全程跟进，对准备不足和方案欠妥之处加以调整改善，并对汽车促销人员进行现场辅导
确保库存充足	汽车促销的时间越长，越容易出现断货现象，销售人员必须及时检查库存，以确保供应
明确汽车促销的目的和政策，掌握推销技巧	促销人员应明确促销的目的和政策，掌握推销技巧，促销目标不仅是销售车辆，还包括顾客参与度、品牌形象宣传，以及企业和竞争对手信息反馈，推销技巧主要指各种推销话术

续表

注意事项	说明
管理	①礼仪、服装、工作纪律、需填表单、薪资及奖惩制度 ②主管不定期巡场，检查工作人员工作情况，并及时做出评价，通过公司管理渠道提出评价意见 ③主管在促销期间要每天召开工作人员会议，统计销量，评估业绩，宣读考核结果，了解问题，及时互动并寻求改进
活动现场发布信息	①展示厅要有醒目的促销信息，可以使路过的人看到 ②展示厅内有较详细的促销告知信息 ③广告宣传品尽可能简洁醒目地传达促销内容，让顾客获取易知易懂的信息

（3）汽车促销后续控制

后期延续控制主要涉及媒体宣传的问题，企业单凭活动期间的宣传是不够的，还要关注促销活动完成后的宣传，以最大限度地发挥促销的效果。

6. 评价方案实施的结果

这一阶段的主要目的是对促销活动完成情况以及存在问题的评价。一般从以下方面进行综合评定。

（1）活动目标的达成

将活动中搜集到的数据与促销活动前设定的数据进行比较，得出实际的效果，如吸引新顾客的数量、市场份额的变化情况、汽车促销的预算实际使用如何等。

（2）活动对销售的影响

评价活动对销售的影响有两种方法。

①纵向对比法。将活动前、中、后的销量进行比较，扣除季节等因素的自然增长率，即可得出活动实际对销量的帮助情况。

②横向对比法。选择与自己市场份额、品牌地位相当的竞争车型做同期销量对比。

（3）活动利润的评估

活动利润的评估主要是将活动的开支和预算相比，检查费用的使用情况，并根据实际销量增长数，得出活动的实际成本。

（4）改变顾客的态度

这是指评价促销活动对改变顾客态度的影响情况。

参考文献

[1] 荣建良. 汽车营销实务 [M]. 西安：西安电子科技大学出版社，2014.

[2] 陈永革，徐雯霞. 汽车营销原理与应用 [M]. 北京：机械工业出版社，2015.

[3] 夏志华，汲羽丹，张子波. 汽车营销实务 [M]. 北京：北京大学出版社，2015.

[4] 都雪静，安惠珠. 汽车营销学 [M]. 北京：北京大学出版社，2015.

[5] 孟韬，毕克贵. 营销策划：方法技巧与文案 [M]. 北京：机械工业出版社，2016.

[6] 菲利普·科特勒. 营销管理 [M]. 第15版. 上海：格致出版社，上海人民出版社，2016.

[7] 刘军，汽车营销策划——方法技巧与实践 [M]. 北京：化学工业出版社，2017.

[8] 裘文才. 汽车营销策划 [M]. 北京：机械工业出版社，2017.

[9] 刘凯，鞠鲁粤. 汽车营销 [M]. 北京：清华大学出版社，2019.

[10] 郭国庆，陈凯. 市场营销学 [M]. 北京：中国人民大学出版社，2019.

[11] 杨立君，苑玉凤. 汽车营销 [M]. 北京：机械工业出版社，2019.

[12] 蒋永敏，孙玉明. 汽车营销技术 [M]. 成都：西南交通大学出版社，2020.

汽车市场营销
（实训分册）

任务 ①

汽车营销概论

任务1.1 市场与市场营销

日期：_____ 小组组别：_____

小组成员：_____

任务下达

市场营销就是卖东西吗？汽车营销就是卖汽车的？桐桐觉得应该不会这么简单，因为桐桐很早就听说过，市场营销是一个学科，市场营销也是职场中收入很丰厚的一个岗位。桐桐决定从今天开始系统地学习汽车营销理论。

工具准备

接入互联网的电脑。

任务准备

【引导问题1】市场定义的发展。

_____

_____

_____

_____

【引导问题2】市场营销的概念。

_____

_____

_____

_____

【引导问题3】市场营销的核心概念：需要、欲望和需求；产品；交换和交易；顾客终身价值和顾客权益。

_____

_____

_____

_____

【引导问题4】市场营销组合。

_____

_____

_____

_____

【引导问题5】 汽车市场营销的概念。

_____

_____

_____

_____

任务实施

1. 知识拓展

【知识拓展1】

马斯洛需求层次理论

根据马斯洛需求层次理论，需求的重要性是不同的。

（1）生理需求。包括饥饿、干渴等方面的需求，这是人类最基本的需求，也是人类最首要的需求。在这类需求没有得到满足时，人们一般不会产生更高的需求，或者不认为还有什么需求比这类需求更高、更重要。

（2）安全需求。这是与人们为免遭肉体和心理损害有关的需求，最主要的是为保障人身安全和生活稳定。最一般的表现是对保险、保健、安全的需求。但往往还有一些表现不很明显的需求。例如，在一个安定的社会里，个人还可能通过提高教育和职业培训，加强自己的社会地位来保证生活安定。

（3）社会需求。即爱和归属感的需求，包括感情、亲昵、合群、爱人和被人爱等。希望被别人或相关群体承认和接纳，能给予别人和接受别人的爱及友谊等这些需求，往往是影响人们行为的最重要的因素。

（4）尊重需求。包括威望、成就、自尊、被人看重和有身份等需求。这些具体不同的需求，同样也会从不同的侧面影响人们的行为。

（5）自我实现需求。这是最高层次的需求，包括个人行使自主权及获得成就的需求。人们一般都会有这样的经验，当个人完成一件工作或达到一项目标时，都会感到一种内心的愉悦。马斯洛阐述的这一需求层次和第四需求层次往往是不易明显区分的，因为自我实现的需求往往与受表扬的需求、追求地位的需求密不可分。

马斯洛认为，人们随着收入和环境的变化，需求也会发生变化，只有当较低层次的需求得到部分满足后才会向往高一级的需求。但当较低级的需求受到威胁时，也会向相反的方向发展，如当遇到灾荒时，就可能牺牲较高级的需求去追求衣食等。但是应指出，个人行为也可能会出现某种差异，有的人甚至在其低级需求还未完全满足时，会受到为满足更高需求目标动机的影响，因为人们是可以容忍某种需求只得到部分满足的。马斯洛通过观察研究发现，可能一般人容忍生理需求获得80%的满足，尊重需求得到40%的满足，自我实现的需求得到10%的满足。

学习马斯洛需求层次理论，结合汽车产品谈谈你对马斯洛需求层次理论的理解。

_____

_____

_____

_____

【知识拓展2】

顾客让渡价值

顾客让渡价值是指顾客购买的总价值与总成本之间的差额。顾客购买的总价值是指顾客购买某种产品与服务所期望获得的一组利益，它包括产品价值、服务价值、人员价值和形象价值等。而顾客购买的总成本是指顾客为购买某种产品所消耗的时间、精神、体力以及所支付的货币等，它包括货币成本、时间成本、精神成本和体力成本等。

产品价值：是由产品的功能、特性、品质、品种和式样等所产生的价值。它是顾客需要的中心内容，也是顾客选购产品的主要因素。

服务价值：是指伴随产品实体的出售，企业向顾客提供的各种附加服务，包括产品介绍、送货、安装、调试、维修、技术培训和产品保证等所产生的价值。

人员价值：是指企业员工的经营思想、业务能力、知识水平、工作效益等所产生的价值。

形象价值：是指企业及其产品在社会公众中形成的总体形象所产生的价值。形象价值包括企业的产品、技术、质量、包装、商标、工作场所等有形形象所构成的价值，还包括企业及其员工的职业道德行为、经营行为、服务态度、作风等行为形象所产生的价值。

货币成本：顾客购买商品时实际支出的货币。

时间成本：顾客为得到所期望的商品或服务而必须处于等待状态的时期和代价。

体力和精神成本：顾客购买商品时，在体力、精神方面的耗费与支出。

顾客让渡价值理论表明：

销售者必须在顾客总价值和顾客总成本之间估算并考虑它们与竞争者的差别。企业的竞争优势就在于扩大总价值，减少顾客总成本，上述因素中，任何一个都可能增加企业的市场优势。前者要求强化或扩大应该提供的产品功能、产品服务、人员和形象利益；后者则要求降低价格，简化订购和送货程序，或者提供担保减少顾客风险等。

不同的消费者对上述因素的重视程度是不同的，企业应针对不同顾客有针对性地设计营销方案。

对于一般企业来说，扩大顾客总价值、减少顾客总成本的结果，可能会导致企业无利可图。因此，企业应该找到两者的平衡点。

阅读文字材料，谈谈你的感受。

_____

_____

_____

_____

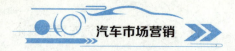

【知识拓展3】

一个假设的 CLV 计算范例

顾客终身价值（Customer Lifetime Value，CLV）是某个顾客终身购买产品的预期总利润的净现值。计算公式是将公司预期收入减去吸引、销售和服务顾客的预期成本，再用相应的折现率进行换算（10%～20%，大小取决于资金成本和对风险的态度）。

用 10 年的长度对 100 个顾客的 CLV 进行计算，如下表所示。在此例中，公司吸引或获得每一顾客的成本是 40 美元，共获得了 100 名顾客。因此，在初始年度，公司支出 4 000 美元。公司每年都会流失一部分顾客。10 年间公司从这些顾客身上共获得的总利润为 14 922 美元，总的净现值（减去吸引或获得顾客的成本）是 9 286.52 美元，每个顾客的净现值是 92.87 美元。

一个假设的 CLV 计算范例（折现值为 10%）

	第0年	第1年	第2年	第3年	第4年	第5年	第6年	第7年	第8年	第9年	第10年
顾客数量/人	100	90	80	72	60	48	34	23	12	6	2
顾客平均收入/美元		100	110	120	125	130	135	140	142	143	145
顾客人均可变成本/美元		70	72	75	76	78	79	80	81	82	83
顾客人均收益/美元		30	38	45	49	52	56	60	61	61	62
顾客人均获得成本/美元	40										
总成本或总利润/美元	-4 000	2 700	3 040	3 240	2 940	2 496	1 904	1 380	732	366	124
现值/美元	-4 000.00	2 454.55	2 512.40	2 434.26	2 008.06	1 549.82	1 074.76	708.16	341.48	155.22	47.81

此计算范例给你哪些启示？

_____

_____

_____

_____

_____

_____

【知识拓展4】

4Ps 理论 1964 年由美国的麦卡锡教授首先提出。1984 年，美国著名的市场学家菲利普·科特勒提出大市场营销理论，称为 6Ps 理论，在原有的 4Ps 基础上，再加上两个 P，即政治权力策略（Power）与公共关系策略（Public Relations）。6Ps 理论认为，要打入封闭或保护的市场，首先应该运用政治权力策略，必须得到有影响力的政府部门和立法机构的支持，从而进入市场。其次，还须运用公共关系策略，利用各种传播媒介与目标市场的广大公众搞好关系，树立良好的企业和产品的形象。1986 年，菲利普·科特勒又进一步提出了 10Ps 理论，即在 6Ps 基础上再加上战略性的 4Ps：市场研究——探索（Probing）、市场划分（Partitioning）、优先——择优选定目标市场（Prioritizing）、产品定位（Positioning)。科特勒用 10Ps 理论全面概括了市场营销学的研究内容，他认为，麦卡锡的 4Ps 仅仅是市场营销战术，其目的是在已有的市场中提高本企业产品的市场占有率，它们的组合是否得当，是由战略性的 4Ps 决定的。

20 世纪 80 年代，随着消费者个性化日益突出，市场竞争日趋激烈，美国的劳特朋提出了 4Cs 营销理论，传统的 4Ps 开始逐渐受到现代 4Cs 的挑战。4Cs 分别指 Customer's wants and needs（顾客的需要）、Cost（成本）、Convenience（便利）和 Communication（沟通）。4Cs 营销理论注重以消费者需求为导向，与市场导向的 4Ps 相比，4Cs 有了很大的进步和发展。但从企业的营销实践和市场发展的趋势看，4Cs 依然存在不足，主要表现在：忽视市场经济所要求的竞争导向，无助于形成不同企业的营销个性或营销特色，在兼顾顾客需求的合理性和企业成本方面有待找到理想的平衡模式，没有解决满足顾客需求的操作性问题，如提供集成解决方案、快速反应等，4Cs 总体上虽是 4Ps 的转化和发展，但被动适应顾客需求的色彩较浓。

美国的舒尔兹提出了 4Rs（关联、反应、关系、回报）营销新理论，阐述了一个全新的营销四要素：第一，强调与顾客建立关联，认为重要的营销策略是通过某些有效的方式在业务、需求等方面与顾客建立关联，形成一种互助、互求、互需的长期、稳定的关系。第二，提高市场反应速度。在相互影响的市场中，对经营者来说最现实的问题不在于如何控制、制订和实施计划，而在于如何站在顾客的角度及时地倾听顾客的希望、渴望和需求，并及时答复和迅速做出反应，满足顾客的需求。第三，关系营销越来越重要。在企业与客户的关系发生了本质性变化的市场环境中，抢占市场的关键已转变为与顾客建立长期而稳固的关系，从交易变成责任，从顾客变成用户，从管理营销组合变成管理和顾客的互动关系。第四，回报是营销的源泉，对企业来说，市场营销的真正价值在于其为企业带来短期或长期的收入和利润的能力。

在一定时期内，4Ps 还是营销的一个基础框架，4Cs 也是很有价值的理论和思路。4Rs 不是取代 4Ps、4Cs，而是在 4Ps、4Cs 基础上的创新与发展，所以不可把三者割裂开来，甚至对立起来。企业根据实际情况，把三者结合起来指导营销实践，会取得更好的效果。

牢记 4Ps 理论，熟悉各营销组合理论。

_____

_____

_____

_____

2. 案例分析

20 世纪七八十年代，凯迪拉克拥有行业内最忠诚的顾客。对整整一代汽车购买者而言，"凯迪拉克"的名字定义了美国式的奢华。1976 年，凯迪拉克在豪华汽车市场的份额令人吃惊地高达 51%。从市场份额和销售来看，该品牌的前景一片光明。然而，顾客权益的测量为此蒙上一层阴影。凯迪拉克的顾客正在渐渐老去（平均年龄 60 岁），平均顾客终身价值正在下降。许多凯迪拉克的购买者买的是他们的最后一辆车。于是，尽管凯迪拉克的市场份额很高，其顾客权益则不然。

与之相比，形象更加年轻也更具活力的宝马虽然在早期的市场份额之战中失利，但因其更年轻的顾客拥有更高的顾客终身价值而在顾客权益上远远胜出。随后几年，宝马的市

场份额和利润一路飙升，而凯迪拉克的财富却被侵蚀得相当厉害。宝马于20世纪80年代击败了凯迪拉克。最近几年，凯迪拉克竭尽全力瞄准更年轻一代的消费者，凭借前卫和高性能的设计再次焕发活力。现在，该品牌基于"动力、性能和设计"等有效对抗宝马和奥迪的属性展开营销宣传，将自己定位为"世界的新标准"。但是，过去10年，凯迪拉克在豪华汽车市场的份额一直停滞不前。

此案例告诉我们什么道理？

_____

_____

_____

_____

任务评价

请对照任务考核工单1.1进行评价

任务考核工单1.1

任务1.1 市场与市场营销				
任务标准	分数/分	任务评价		
		学生自评	小组互评	教师评价
1. 知识拓展1 回答准确	20			
2. 知识拓展2 回答准确	20			
3. 知识拓展3 回答全面、准确	30			
4. 案例分析 回答准确	30			
合计	100			

任务总结

完成较好的方面：

_____

_____

_____

有待改进的方面：

_____

_____

_____

任务1.2　市场营销观念的发展

日期：_____　小组组别：_____
小组成员：_____

任务下达 〉〉〉

通过上一个任务的学习，桐桐明白了市场营销的定义，企业的营销活动一定要满足消费者的需求。但是，桐桐也听说过 T 型车的案例，福特汽车创始人曾声称"不管顾客需要什么颜色的车，我的汽车都是黑色的"，这又是怎么一回事呢？

工具准备 〉〉〉

接入互联网的电脑。

任务准备 〉〉〉

【引导问题1】市场营销观念的发展历程。

_____

_____

_____

_____

_____

【引导问题2】市场营销观念的核心思想。

_____

_____

_____

_____

_____

【引导问题3】社会营销观念的核心思想。

_____

_____

_____

_____

_____

任务实施

案例分析

福特公司的几起几落

福特汽车公司位于美国密歇根州的迪尔本市，拥有占地1 200英亩的钢铁铸件厂、玻璃厂和110英里长的专用铁轨。自从1896年老亨利·福特的第一号试验车试制成功，汽车就成了人们生活中取代马车的主要交通工具，汽车业也迅速发展起来。

当时的汽车制造者一般都致力于高档汽车的设计生产，推出的都是价格昂贵的豪华车型，只有少数富人有购买能力，一般人根本不敢问津。作为汽车行业佼佼者的福特公司推出了8种以A、B、C等字母为标志的高档车型，指望这些豪华车能给公司带来更为火爆的行市，谁料事实正好相反，福特汽车的销量大幅度下降，利润仅为前一年的1/3。

老福特大为震惊，他意识到汽车业要大发展，必须满足大多数人的需求，而不是仅仅局限于生产高档汽车。面对市场的选择，他决心来一次汽车制造业革命，让汽车实用化、大众化，走入千家万户。

福特首先想到了农村这一广阔的市场。他自己出身于农民家庭，知道农民最需要的是一种便于农用的工具车。这种车不仅要价格便宜，而且除乘坐外，最好还能拆开来拼成农具。这一思路完全突破了以往的汽车概念，非常大胆。福特亲自上阵，精心设计出一种万能农用车——T型车。这种全新的T型车造型简单，就像是在四个轮子上安装了一个大黑匣子，各部分可装可拆，可以自由组装成多种实用的农用机械，可用来锯木、抽水、搅拌等。由于去除了不必要的附件，车身重量减轻了，造价也大大降低。另外它还有一大优势，那就是适合乡间路况。当时，美国内陆地区没有多少正规公路，落基山区弯弯的山路、密西西比河谷的狭窄泥路便是典型的路况。T型车针对这种情况，设计了较高的底盘，可以像踩高跷一样在凹凸不平的路上顺利行驶。

1912年，福特公司聘用詹姆斯·库兹恩任总经理。库兹恩上任后实施了三项决策。

第一，对主产品T型车做出了降价的决策，将售价从1910年年底的950美元，降到850美元以下。

第二，按每辆T型车850美元售价的目标，着手改造公司内部的生产线。在占地面积为278英亩的新厂中首先采用现代化的大规模配件作业线，使生产速度由过去12.5小时生产一辆T型车，提高到9分钟生产一辆，大幅度地降低成本。

第三，全世界设7 000多家代销商，广设销售网点。

这三项决策的成功，使T型车走向全世界，市场占有率为美国汽车行业之首。

1919年，老亨利·福特独占福特公司，库兹恩被解雇，福特自任总经理。福特一方面采用低价策略，到1924年，每辆T型车售价已降到240美元；另一方面又提出"不管顾客需要什么颜色的车，我的车都是黑色的"的"以我为主"的策略，以黑色车作为福特汽车公司的特征。到1928年，福特汽车公司的市场占有率被通用汽车公司超过，退居第二位。

美国通用汽车公司于1908年成立，由杜邦财团控制（成立时称为美国新泽西通用汽车公司，1916年改为美国通用汽车公司）。在1928年前，通用汽车公司是市场占有率远远低于福特汽车公司的一个小公司。1923年，斯隆任通用汽车公司总经理。他改造了经营组织，使公司高层领导人主抓经营，抓战略性决策，日常的管理工作由事业部去完成；同时提出"汽车形式多样化",以满足各阶层消费者需要的经营方针,推出了高级舒适的"凯迪拉克"车、中级的"奥尔茨莫比尔"车和低级的"雪佛兰"车。1923 年,该公司市场占有率为 12%,远远低于福特汽车公司;1928 年市场占有率超过 30%,超过福特汽车公司;1956 年市场占有率达 53%,成为美国最大的汽车公司。

20 世纪 40 年代初,作为美国汽车行业元老的福特公司渐渐显出老态,许多原有车型都面临被淘汰的危险。

1943 年秋,26 岁的亨利·福特从海军复员,进入福特汽车公司工作,1945 年被任命为福特公司的总经理,摆在他面前的是一个每月亏损 900 万美元的濒临破产的公司。亨利·福特从引进人才入手,引进了通用汽车公司副总经理欧内斯特·布里奇及另外几个高级管理人员,并雇用了十个战争期间在空军中从事管理工作的、被称为"神童"的年轻人,通过成本控制、产品开发,使公司扭亏为盈。

1962 年,亚科卡担任福特汽车公司分部总经理,他决心力挽狂澜,重振福特雄风。亚科卡首先意识到福特原有车型在外观上与潮流不符,人们都偏爱美观新潮的车型,而福特在设计上观念陈旧,忽视外形,一味注重车辆机械性能。在一些细节设计上,也为用户考虑得不够周到,如车上没有行李架,给人们造成不便。在研究市场的过程中他发现,上一代汽车用户的原有车辆已基本老化,许多人正准备购买一辆时髦新颖的豪华车。另外,"二战"后生育高峰中出生的孩子都已长大成人,西方世界仅 20～24 岁的人就增加了50% 以上,这代人追求高档、新潮,原有车型很难满足他们的需求,而他们正是一个巨大的汽车消费群体。

基本思路确定后,亚科卡马上组织专业人员,开始全力设计市场需要的新车型。新车大体模型出来了,该取一个什么名字来吸引消费者呢?在车名研讨会上,一位设计人员提到"二战"中所向披靡的"野马"式战斗机。这个名称一下子吸引了亚科卡,他想到,以一种人们熟悉的战斗机为汽车命名,本身就带有一种狂放不羁的意味,何况"野马"还能让人们产生风驰电掣、不拘一格的感觉,对"二战"后的新一代来说一定具有强烈的吸引力。

车名定下来后,设计者们又根据"野马"(Mustang)这一名称对新车的外形作了一些改进。他们将车身涂成白色,却将车轮涂成红色,车尾的保险杠向上弯曲,整辆车看上去仿佛一匹正在昂首阔步向前奔跑的骏马,独特而抢眼。他们还把车的标志设计成狂奔的野马,安装在车前护栏中。这下,新车真的成了一匹不驯的"野马"。

亚科卡对新车的性能与外形都很满意,接下来他关注的便是在推出新车的同时,用怎样的广告攻势抓住人心。对这次广告策划,亚科卡着重强调的是那些铺天盖地、不可阻挡的感觉。大家决定多渠道出击:发动新闻战,让广大拥护者了解新产品;向消费者本人直接促销;在最佳时机做广告,实施连续不断的广告攻势,大做户外广告。

亚科卡的心血没有白费,"野马"上市第一天,就有 400 万人涌到福特销售店购买新车。一年内,销售量达到 418 812 辆,创下了惊人的纪录。

(1)分析福特公司营销观念的演变过程。

_____

_____

_____

_____

（2）福特公司的发展过程中，有哪些成功的经验和失败的教训？

_____

_____

_____

_____

（3）面对 21 世纪新的营销环境，福特公司应如何更新营销观念？

_____

_____

_____

_____

任务评价

请对照任务考核工单 1.2 进行评价

任务考核工单 1.2

任务 1.2　市场营销观念的发展			
任务标准	分数/分	任务评价		
		学生自评	小组互评	教师评价
1. 案例分析（1）回答全面、准确	30			
2. 案例分析（2）总结全面	30			
3. 案例分析（3）观点新颖、正确	40			
合计	100			

任务总结

完成较好的方面：

_____

_____

_____

_____

有待改进的方面：

_____

_____

_____

_____

任务1.3 我国汽车工业与汽车市场的发展

日期：＿＿＿＿＿＿＿＿＿＿＿ 小组组别：＿＿＿＿＿＿＿＿＿＿
小组成员：＿＿＿＿＿＿＿＿＿＿＿＿＿＿＿＿＿＿＿＿

任务下达 ▨▨▨

桐桐知道，我国汽车工业起步较晚，但我国的汽车产业已经连续多年产销量第一。不过一些具体的时间点上所发生的事件，桐桐不是很清楚。而且，近几年互联网等新技术的发展，加速了汽车产业的革新。桐桐决定通过学习，尽快了解我国汽车产业的过去、现在和未来。

工具准备 ▨▨▨

接入互联网的电脑。

任务准备 ▨▨▨

【引导问题1】我国汽车工业的发展历程。

＿＿＿＿＿＿＿＿＿＿＿＿＿＿＿＿＿＿＿＿＿＿＿＿＿＿＿＿＿＿＿＿＿＿＿＿
＿＿＿＿＿＿＿＿＿＿＿＿＿＿＿＿＿＿＿＿＿＿＿＿＿＿＿＿＿＿＿＿＿＿＿＿
＿＿＿＿＿＿＿＿＿＿＿＿＿＿＿＿＿＿＿＿＿＿＿＿＿＿＿＿＿＿＿＿＿＿＿＿
＿＿＿＿＿＿＿＿＿＿＿＿＿＿＿＿＿＿＿＿＿＿＿＿＿＿＿＿＿＿＿＿＿＿＿＿

【引导问题2】我国汽车市场的发展。

＿＿＿＿＿＿＿＿＿＿＿＿＿＿＿＿＿＿＿＿＿＿＿＿＿＿＿＿＿＿＿＿＿＿＿＿
＿＿＿＿＿＿＿＿＿＿＿＿＿＿＿＿＿＿＿＿＿＿＿＿＿＿＿＿＿＿＿＿＿＿＿＿
＿＿＿＿＿＿＿＿＿＿＿＿＿＿＿＿＿＿＿＿＿＿＿＿＿＿＿＿＿＿＿＿＿＿＿＿
＿＿＿＿＿＿＿＿＿＿＿＿＿＿＿＿＿＿＿＿＿＿＿＿＿＿＿＿＿＿＿＿＿＿＿＿
＿＿＿＿＿＿＿＿＿＿＿＿＿＿＿＿＿＿＿＿＿＿＿＿＿＿＿＿＿＿＿＿＿＿＿＿

任务实施 ▨▨▨

要求学生结合教材上的知识点，上网检索中国汽车工业和汽车市场的相关信息，制作PPT，进行课堂汇报，培养学生对中国汽车工业和自主品牌汽车的认同感。

＿＿＿＿＿＿＿＿＿＿＿＿＿＿＿＿＿＿＿＿＿＿＿＿＿＿＿＿＿＿＿＿＿＿＿＿
＿＿＿＿＿＿＿＿＿＿＿＿＿＿＿＿＿＿＿＿＿＿＿＿＿＿＿＿＿＿＿＿＿＿＿＿
＿＿＿＿＿＿＿＿＿＿＿＿＿＿＿＿＿＿＿＿＿＿＿＿＿＿＿＿＿＿＿＿＿＿＿＿

任务评价

请对照任务考核工单 1.3 进行评价

任务考核工单 1.3

任务 1.3　我国汽车工业与汽车市场的发展				
任务标准	分数/分	任务评价		
		学生自评	小组互评	教师评价
1. PPT 制作	50			
2. 语言表达	50			
合计	100			

任务总结

完成较好的方面：

_____

_____

_____

_____

_____

有待改进的方面：

_____

_____

_____

_____

_____

任务 2

汽车营销战略与营销管理

任务2.1 汽车企业的战略规划

日期：＿＿＿＿＿＿＿＿＿＿＿＿＿ 小组组别：＿＿＿＿＿＿＿＿＿＿＿＿＿

小组成员：＿＿＿＿＿＿＿＿＿＿＿＿＿＿＿＿＿＿＿＿＿＿＿＿＿＿＿＿

任务下达 ////

桐桐平时看新闻的时候，总会听到"公司战略"这个词，究竟什么是公司战略？怎样制定公司战略？今天桐桐就学习这些内容。

工具准备 ////

接入互联网的电脑。

任务准备 ////

【引导问题1】企业战略规划制定的步骤。

＿＿＿＿＿＿＿＿＿＿＿＿＿＿＿＿＿＿＿＿＿＿＿＿＿＿＿＿＿＿＿＿＿＿＿＿

＿＿＿＿＿＿＿＿＿＿＿＿＿＿＿＿＿＿＿＿＿＿＿＿＿＿＿＿＿＿＿＿＿＿＿＿

＿＿＿＿＿＿＿＿＿＿＿＿＿＿＿＿＿＿＿＿＿＿＿＿＿＿＿＿＿＿＿＿＿＿＿＿

＿＿＿＿＿＿＿＿＿＿＿＿＿＿＿＿＿＿＿＿＿＿＿＿＿＿＿＿＿＿＿＿＿＿＿＿

【引导问题2】如何界定公司使命？

＿＿＿＿＿＿＿＿＿＿＿＿＿＿＿＿＿＿＿＿＿＿＿＿＿＿＿＿＿＿＿＿＿＿＿＿

＿＿＿＿＿＿＿＿＿＿＿＿＿＿＿＿＿＿＿＿＿＿＿＿＿＿＿＿＿＿＿＿＿＿＿＿

＿＿＿＿＿＿＿＿＿＿＿＿＿＿＿＿＿＿＿＿＿＿＿＿＿＿＿＿＿＿＿＿＿＿＿＿

＿＿＿＿＿＿＿＿＿＿＿＿＿＿＿＿＿＿＿＿＿＿＿＿＿＿＿＿＿＿＿＿＿＿＿＿

【引导问题3】如何用波士顿法规划企业投资组合？

＿＿＿＿＿＿＿＿＿＿＿＿＿＿＿＿＿＿＿＿＿＿＿＿＿＿＿＿＿＿＿＿＿＿＿＿

＿＿＿＿＿＿＿＿＿＿＿＿＿＿＿＿＿＿＿＿＿＿＿＿＿＿＿＿＿＿＿＿＿＿＿＿

＿＿＿＿＿＿＿＿＿＿＿＿＿＿＿＿＿＿＿＿＿＿＿＿＿＿＿＿＿＿＿＿＿＿＿＿

＿＿＿＿＿＿＿＿＿＿＿＿＿＿＿＿＿＿＿＿＿＿＿＿＿＿＿＿＿＿＿＿＿＿＿＿

【引导问题4】密集化成长战略、一体化成长战略与多角化成长战略。

＿＿＿＿＿＿＿＿＿＿＿＿＿＿＿＿＿＿＿＿＿＿＿＿＿＿＿＿＿＿＿＿＿＿＿＿

＿＿＿＿＿＿＿＿＿＿＿＿＿＿＿＿＿＿＿＿＿＿＿＿＿＿＿＿＿＿＿＿＿＿＿＿

＿＿＿＿＿＿＿＿＿＿＿＿＿＿＿＿＿＿＿＿＿＿＿＿＿＿＿＿＿＿＿＿＿＿＿＿

任务实施

案例分析

【案例分析1】

福特汽车公司的战略选择

一、集中生产单一产品的早期发展战略

在早期，福特公司的发展是通过不断改进它的单一产品——轿车实现的。1908年，T型车上市，与以前所有的车型相比，T型车有相当大的改进，在它生产的第一年，就销售了10 000多辆。1927年，T型轿车开始将市场丢给了它的竞争对手。福特公司又推出了A型轿车，该型车流行了几种车体款式和富于变化的颜色。当A型轿车开始失去市场、输给它的竞争对手的时候，1932年，福特汽车公司又推出了V-8型汽车。6年后，在1938年，Mercury型车成为福特汽车公司发展中档汽车市场的突破口。

福特汽车公司通过扩大地区范围进行发展。在1904年，它进入加拿大市场的举动就证明了这一点。在它的发展早期，福特公司采用了同心多角化战略，在1917年，开始生产卡车和拖拉机，并且在1922年，收购了林肯汽车公司。

二、纵向一体化战略

福特汽车公司的生产集团是后向一体化战略的杰出实例。下面介绍福特公司在这一集团中几个部门的作用。

1. 塑料生产部门——供应福特公司百分之三十的塑料需求量和百分之五十的乙烯需求量。

2. 福特玻璃生产部门——供给福特北美公司的轿车和卡车所需的全部玻璃，同时也向其他汽车制造商供应玻璃。这个部门也是建筑业、特种玻璃、制镜业和汽车售后市场的主要供应商。

3. 电工和燃油处理部门——为福特汽车供应点火器、交流发电机、小型电机、燃油输送器和其他部件。

三、福特新荷兰有限公司——同心多角化战略

在1917年，福特公司通过生产拖拉机开始了同心多角化战略。福特新荷兰有限公司现在是世界上最大的拖拉机和农用设备制造商之一，它于1978年1月1日成立。福特新荷兰有限公司是由福特公司的拖拉机业务和新荷兰有限公司联合而组成的，后者是从Sperry公司收购来的农用设备制造商。

福特新荷兰有限公司随后兼并了万能设备有限公司，它是北美最大的四轮驱动拖拉机制造商。这两项交易是福特公司通过收购实行同心多角化战略的最好例证。

四、金融服务集团——水平多角化战略

福特汽车信贷公司，是向经销商和零售汽车顾客提供贷款，这可以说是水平多角化经营。

20世纪80年代，福特公司利用这个部门积极从事水平多角化经营。在1985年它收购了国家第一金融有限公司，后者是北美第二大储蓄和贷款组织。在1987年后期，它收购了美国租赁公司，它涉及企业和商业设备融资、杠杆租赁融资、商业车队租赁、公司融资和不动产融资等。

五、跨行业多角化战略

福特汽车土地开发有限公司是一个经营多样化产品的部门，也是跨行业多角化战略的典型实例。到 1920 年，这个部门围绕着密歇根福特世界总部建立了 59 个商用建筑。由这个部门所拥有和管理的设施及土地的市场价值估计有十多亿美元。

六、放弃战略

多年来，福特公司不得不放弃它的某些经营单位。例如，在 1989 年 10 月，福特公司和一伙投资商签署了卖掉 Rouge 钢铁公司谅解备忘录。福特之所以卖掉这家公司是因为它不想支付实现其现代化的成本。估计在其实现现代化的几年中，每年的现代化费用达 1 亿美元。福特公司做出的其他放弃决策包括：在 1987 年和 1986 年，分别把化工业务和漆料业务卖给了杜邦公司。

七、收购和合资经营战略

1989 年 11 月 2 日，福特公司以 25 亿美元收购了美洲豹私人有限公司，以作为消除它在汽车市场上的一个弱点的手段：产品缺乏在豪华轿车市场上的竞争。在 1989 年，豪华轿车的需求是 250 亿美元，预测到 1994 年能增长到 400 亿美元，这个增长速度比整个汽车市场的增长速度要大得多。福特公司把美洲豹轿车看作是进入美国和欧洲豪华轿车市场的机遇。

福特公司也采用了合资经营的战略——具有较重大意义的两项合资经营是和马自达及日产公司实现的。福特公司和马自达公司一起合作生产五种汽车。例如，在马自达生产车间生产的 Probe 汽车，外部和内部的设计由福特公司进行，细节性的工程技术由马自达公司完成。日产公司和福特公司合作开发前轮驱动的微型货车，福特公司在俄亥俄州的卡车厂制造该车，并由两个公司销售。在澳大利亚，福特公司的 Maverick 汽车是日产四轮驱动车 Patrol 的一种车款，它由福特公司的经销商销售，而日产公司经销商销售福特公司的 Falcon 客货两用车和运货车。

熟读文字资料，评价福特汽车公司的战略选择。

_____

_____

_____

_____

【案例分析 2】

吉利并购沃尔沃

并购是企业实现战略意图的重要举措。任何一次并购，企业要考虑的第一个问题都是"我为什么要实施这次并购"，即并购的必要性。对于这个问题，吉利早在并购沃尔沃的前 8 年就给出了答案。

2001 年，掌门人李书福曾经预言美国三大汽车公司 10 年内将倒闭。次年，李书福萌发了收购世界品牌沃尔沃的梦想。2004 年，李书福提出了从低端品牌向中高端品牌转型的战略构想，陆续开发出多款中高端车型产品，逐步进军商务车和高端车。2007 年 5 月，吉利明确提出战略转型，从"造老百姓买得起的好车"转型为"造最安全、最环保、最节能的好车"，把企业的核心竞争力从成本优势转化为技术优势。

沃尔沃作为欧洲的百年品牌，核心价值就是安全和环保，在汽车安全方面拥有众多专利技术，多次进入世界品牌500强，优异的质量和性能不但在北欧享有很高声誉，而且一度成为美国进口最多的汽车品牌。从这个角度上说，吉利和沃尔沃的战略主张高度契合，如果实施并购的话，沃尔沃的确是吉利的首选。

基于这一战略设想，吉利于2007年开始了对沃尔沃的研究和接触，提出了并购意向。沃尔沃年销售额达到150多亿美元，吉利的资产总额仅几十亿美元。但是，以零部件生产起家的吉利进入轿车领域后，凭借灵活的经营机制和自主创新，迅速壮大，连续多年进入中国500强、汽车行业10强、"中国汽车工业50年发展速度最快、成长最好"的企业。2002年到2010年，吉利对沃尔沃进行了8年的研究，无论对汽车行业，还是对沃尔沃、福特都有深刻的理解。两家车企最终牵手，依托"天时、地利、人和"，可以说是在资源诉求上形成了"量体裁衣"般的匹配。

首先，"天时"出现。沃尔沃1994年被福特收购后，经营状况很不理想。2008年金融风暴来袭，主营豪华车业务的沃尔沃轿车公司遭到重创：2008年销量仅约36万辆，比上年降幅达20%以上；总收入也出现了大幅下滑，由2007年的约180亿美元跌至约140亿美元。2009年，沃尔沃累计亏损达到6.53亿美元（税前）。可见，沃尔沃公司已经病入膏肓。此时，福特进行战略调整，要实现"福特式的归核战略——回归到福特收购欧日汽车名牌前的状态"，以减少日渐增长的巨额经营性亏损，摆脱沃尔沃等公司的拖累，这就给吉利收购沃尔沃提供了机会。

其次，业务相关和资源互补。两家均是汽车相关业务，高度统一；资源上沃尔沃最引以为自豪的是品牌和专利技术以及部分欧美的营销网络，而对于处于扩张期善于创新的吉利来说，这些正是它发展最缺的短板；销量无法抑制的下滑、市场疲软，是沃尔沃亏损的痛点，但吉利背后是广阔、潜力巨大的中国汽车市场。未来随着中国人口比例的增加、城市化进程的加快，对豪华车需求将继续增大，中国市场潜力无穷。

再次，政府的支持力压千钧。吉利为这次并购，建立了北京吉利万源国际投资有限公司，注册资本为81亿元人民币，吉利、大庆国资、上海嘉尔沃出资额分别为41亿元、30亿元、10亿元人民币，股权比例分别为51%、37%和12%。政府背景的资金支持达到一半，再加上商务部的高调支持和国内银行的贷款安排，并购资金问题顺利解决。

最后，吉利近年来的快速发展、对知识产权的尊重、善于学习的企业文化、掌舵人李书福的个人魅力，也是福特选择沃尔沃新东家的重要元素。

并购前，吉利对沃尔沃进行了长达8年的研究，一切细节了然于心。2010年3月28日，吉利与美国福特汽车公司在瑞典正式签署收购沃尔沃汽车公司的协议。4个多月后，吉利完成对沃尔沃及相关资产的收购，实现了"成功的并购"。"成功的并购"不等于"并购的成功"。衡量并购成功与否，短期内看企业盈利，长远看企业间的协同发展。吉利并购沃尔沃实现了从"成功的并购"到"并购的成功"，沃尔沃在并购后摆脱了原来的巨亏，并连续两年盈利。2011年全球销量达到44.9万辆，日本、德国、中国等几大市场同样实现了50%以上的销量增长。同时，在欧洲很多国家经济停滞、公司大批裁人的情况下，沃尔沃在欧洲增加了5 000多个就业岗位。并购至今，沃尔沃表现优异。2014年前4个月，沃尔沃在华销量近2.4万辆，同比增长30%。

今天的吉利依然在为并购沃尔沃后的经营而努力，我们期待吉利继续谱写汽车行业海外并购的"神话"。

（1）吉利并购沃尔沃，属于一体化战略中的哪种？

_____

_____

_____

_____

（2）评析此并购案例。

_____

_____

_____

_____

任务评价

请对照任务考核工单 2.1 进行评价

任务考核工单 2.1

任务 2.1 汽车企业的战略规划				
任务标准	分数/分	任务评价		
		学生自评	小组互评	教师评价
1. 案例分析 1 观点正确	40			
2. 案例分析 2（1）回答准确	30			
3. 案例分析 2（2）分析全面、准确	30			
合计	100			

任务总结

完成较好的方面：

_____

_____

_____

_____

有待改进的方面：

_____

_____

_____

_____

 任务2.2 汽车市场营销竞争战略

日期：_____ 小组组别：_____
小组成员：_____

任务下达 〉〉〉

凭借以往对市场知识的了解，桐桐知道很多品牌是靠低成本、低价格占领市场的。然而，也有很多品牌，比如一些奢侈品牌价格高得离谱，但是市场上同样有很高的认可度和占有率。这种现象从营销理论上怎么解释呢？

工具准备 〉〉〉

接入互联网的电脑。

任务准备 〉〉〉

【引导问题1】如何识别竞争者？

_____
_____
_____
_____

【引导问题2】三种基本竞争战略。

_____
_____
_____
_____

【引导问题3】市场领导者、挑战者、跟随者以及补缺者的竞争战略。

_____
_____
_____
_____

任务实施

案例分析

20世纪70年代，当时恰逢能源危机，美国汽车的三巨头仍秉承"越大越好"的观念在汽车市场上相互较劲，没有人愿意去开发一种紧凑、省油的新车型，即便它们已经看到了市场的这种新需求。日本汽车企业抓住了这一市场契机，及时推出了节能的小型车挑战美国市场，很快赢得了消费者的青睐。日本人在捕捉和开辟蓝海领域机会上表现出的高效率让当时的美国汽车企业几乎一蹶不振。

（1）如何评价日本汽车的竞争战略？

_____

_____

_____

_____

（2）查找蓝海战略与红海战略，制作PPT，进行课堂汇报。

_____

_____

_____

_____

_____

任务评价

请对照任务考核工单2.2进行评价

任务考核工单2.2

任务2.2　汽车市场营销竞争战略				
任务标准	分数/分	任务评价		
		学生自评	小组互评	教师评价
1. 案例分析（1）观点正确	40			
2. 案例分析（2）PPT制作	30			
3. 案例分析（2）语言表达	30			
合计	100			

任务总结

完成较好的方面：

_____

_____

_____

_____

有待改进的方面：

任务2.3 汽车市场营销管理

日期：_____ 小组组别：_____

小组成员：_____

任务下达 ///

桐桐发现，不同车型在市场上的受欢迎程度相差很多。有的车型供不应求，消费者要提车需要等几个月的时间；有的车型则少有人问津，经销店的库存车一直卖不出去。面对各种需求状态，经销店需要如何调整营销策略呢？

工具准备 ///

接入互联网的电脑。

任务准备 ///

【引导问题1】市场营销管理的过程。

_____

_____

_____

_____

_____

【引导问题2】市场需求管理的八种典型状态。

_____

_____

_____

_____

_____

任务实施 ///

知识拓展

营销计划的基本内容：

（1）内容提要。它是对主要营销目标和措施所做的简要概括说明。内容提要之后便是计划内容的目录表。

（2）当前营销状况。一般应简要而明确地说明目前市场情况（目标市场过去几年的销售量等）、产品情况（各产品的价格、销售额、利润率等）、竞争情况（竞争者辨认、

竞争者的营销策略、市场份额及发展趋势等)、分销渠道情况（各个分销渠道上的销售数量及变化、分销商力量变化、激发分销商所必要的价格和贸易条件等）等主要问题。

（3）机会与威胁分析。它是对企业面临的营销机会和可能受到的威胁的说明，是年度计划的依据。

（4）目标与差距。它是市场营销计划的核心内容之一。营销目标包括市场占有率、销售量或销售收入、利润率、投资收益率等财务目标和营销目标；差距是要达到计划目标所应解决的主要问题。根据计划目标和现存差距，营销计划中还拟订出消除差距的具体措施。

（5）营销策略。它是达到营销目标的途径和手段，包括选择目标市场和市场定位、确定营销组合、营销费用预算等。

（6）营销活动方案。它是营销活动的具体实施步骤。一般应详细编制，以便执行和检查。

（7）营销预算，即盈亏分析报告。它是对销售收入及对生产、运输和营销成本的预算。

（8）营销控制。它是营销计划执行的控制原则和方法，其典型情况是将计划目标和预算按月或按季度分解，以便于检查、监督和及时调整。

参照文字资料，撰写营销计划书。提交 Word 原文件，并制作 PPT，课堂展示。

背景：假定毕业后你准备经营一个实体店（经营范围自己拟定）。

_____

_____

_____

_____

任务评价

请对照任务考核工单 2.3 进行评价

任务考核工单 2.3

任务 2.3 汽车市场营销管理				
任务标准	分数/分	任务评价		
		学生自评	小组互评	教师评价
1. 营销计划书 Word 版文字内容	40			
2. PPT 制作	30			
3. 语言表达	30			
合计	100			

任务总结

完成较好的方面：

_____

_____

_____

_____

_____

有待改进的方面：

_____

_____

_____

_____

_____

汽车营销环境分析

任务3.1 市场营销环境分析要素

日期：_____ 小组组别：_____
小组成员：_____

任务下达 ////

桐桐知道环境对企业有着非常重要的影响，但是环境分析应该包括哪些方面呢？桐桐不是十分清楚。通过本任务的学习，桐桐将系统地学习市场营销环境分析的各个要素。

工具准备 ////

接入互联网的电脑。

任务准备 ////

【引导问题1】市场营销环境的概念。
_____
_____
_____
_____

【引导问题2】汽车市场营销环境分析的意义。
_____
_____
_____
_____

【引导问题3】汽车微观环境分析的要素。
_____
_____
_____
_____

【引导问题4】汽车宏观环境分析的要素。
_____
_____

任务实施

选定一汽车品牌，对该品牌的汽车营销环境进行分析，提交 Word 原文件，并制作 PPT，课堂展示。

要求：①从宏观环境和微观环境两个方面进行分析。

②不要求面面俱到，但环境分析必须紧密结合该汽车品牌。

任务评价

请对照任务考核工单 3.1 进行评价

任务考核工单 3.1

任务标准	分数/分	任务评价		
		学生自评	小组互评	教师评价
1. Word 版文字内容	40			
2. PPT 制作	30			
3. 语言表达	30			
合计	100			

表头：任务 3.1 市场营销环境分析要素

任务总结

完成较好的方面：

有待改进的方面：

任务3.2 市场营销环境分析方法

日期：_____ 小组组别：_____

小组成员：_____

任务下达 ////

经过上一个任务的学习，桐桐知道了微观环境和宏观环境分析的要素。但是，桐桐总是觉得这些要素很零散，缺少内在的联系，通过什么样的方法能使这些环境分析要素系统地整合到一起呢？这是本任务要学习的内容。

工具准备 ////

接入互联网的电脑。

任务准备 ////

【引导问题1】SWOT 分析法。

_____

_____

_____

_____

【引导问题2】PEST 分析法。

_____

_____

_____

_____

【引导问题3】PESTEL 分析法。

_____

_____

_____

_____

任务实施

案例分析

汽车界的新潮牌——领克

领克（LYNK&CO）是由吉利控股集团、吉利汽车集团与沃尔沃汽车合资成立的全新品牌，定位在吉利品牌和沃尔沃品牌之间。2017年4月16日，领克品牌在中国正式发布，领克01准量产车和03概念车全球首秀。2017年11月，领克01正式上市。2018年6月，跨界紧凑型SUV领克02发布上市。2018年10月，领潮运动轿车领克03在日本发布上市。

领克品牌营销环境如下：

（1）优势（Strengths）

第一，基于CMA平台打造，越级对标。

领克01诞生于CMA平台，CMA平台是基于沃尔沃PSA平台打造的全新平台，是继承PSA的优势并利用先前的经验打造的。CMA平台是领克一个非常重要的战略性平台，具有非常强的延展性和灵活性，在CMA平台上可以诞生出A0级—B级的车型，并与沃尔沃维持同样的质量标准、制造工艺，在沃尔沃位于浙江路桥的基地共线生产，这也成为领克对外竞争的核心优势。

第二，独创"都市对立美学"全新设计理念。

"都市对立美学"是领克汽车设计理念的核心，灵感来源于都市年轻人的生活，通过自我、尊重、颠覆与深邃四个核心要素呈现，这四个核心要素不仅是LYNK&CO设计的指路灯，更是引导其拥有自我特性而区别他人的格调。整体观念非常前卫，很大程度上迎合年轻人意识，容易引起品牌共鸣。

第三，自带潮牌属性，熟练新媒体运营传播。

领克品牌自发布以来，无论是在传播内容形式还是产品设计方面，都非常具有创新性。精心打造领克新媒体阵地，并且已经积累良好的运营基础和案例，线下玩个性品牌发布会、举办线上网购活动、与时装周跨界合作，以及官网自媒体的运营，使得领克自带潮牌属性，同时非常懂得把握新媒体趋势，利用新媒体平台扩大品牌传播效应，随时随地能与年轻用户产生互动。

第四，独创6S服务体系，推出"Co客领地"。

领克中心、领克空间以及领克商场这三大要素已经成为领克汽车重要的标志。作为领克品牌"三位一体"渠道模式中重要的一环，领克中心将在传统汽车4S服务体系之上，融入Social和Share理念，创新性地提出了"6S模式"，打造不仅服务于车，更服务于人的服务体系。在6S服务模式基础上，正式推出了领克"Co客领地"，集分享、体验于一体的品牌专属社交平台，以定期社交和分享活动的形式，结合相应参与激励机制，承担6S服务模式中Social和Share的功能，进一步践行"不止于车"的品牌理念。

（2）劣势（Weaknesses）

第一，领克是新成立的品牌，缺乏品牌底蕴。

领克品牌发展时间短暂，品牌历史与底蕴方面无法与主流外资、合资品牌相比较。用户品牌认可度与忠诚度的建立都需要较长周期。

第二，产能紧张，新车交付周期长。

首款量产车 01 在全国各地争相出现排队提车的情况，产能供应不足，消耗消费者等待的耐心。目前，领克的生产基地只有两个：台州路桥生产基地和河北张家口生产基地。发动机生产供应量不足是其产能受限的最大原因。

（3）机会（Opportunities）

第一，销量稳步增长，市场反响积极。

2018 年 1—6 月，领克汽车总计销量 46 252 辆，营业收入达到 73.89 亿元，税后利润达到 3.42 亿元。7 月，领克汽车销量 12 300 辆，单月首次破万，前七个月总计销量已达 58 552 量，相对其他竞争车型，可谓遥遥领先。领克汽车整体市场向好，未来也会有很大上升空间。

第二，新一代消费者消费需求变化，喜欢尝新，个性鲜明，与领克本身潮牌属性相符合。

互联网的发展以及消费升级，越来越多年轻人逐渐成为消费主力群体。他们个性鲜明，标新立异，喜欢突破自我、创新潮流。这与领克"个性、开放、互联"的品牌理念不谋而合，领克品牌容易快速得到年轻人的认同和参与。

第三，新媒体营销是大势所趋。

新媒体条件下，传播环境更开放，信息传播更快捷、创新空间也更大。领克汽车大力发展新媒体传播，是顺势而为，更容易获得品牌传播增值效应。

第四，新能源汽车在国内有很大市场前景。

一方面是国家对于环境友好的要求，另一方面是技术的提升和进步。领克于 2018 年 7 月推出首款混合动力车型 01 PHEV，未来领克汽车的新能源战略将分阶段实施规划，从插电式混合动力、油电混合动力迈向纯电动汽车阶段。

（4）威胁（Threats）

主流合资品牌把持市场多年，深厚的品牌历史以及技术沉淀给消费者留下深刻印象，领克作为后来者，有较大的市场竞争压力。此外，虽然中国汽车市场仍在增长，但 SUV 细分市场增长却明显下降，领克目前产品主要集中在 SUV，未来市场压力较大。

领克在开展新媒体品牌营销的同时，其他主流合资品牌与自主品牌均纷纷开始重视新媒体阵营，推陈出新地进行品牌营销推广，将品牌推广目标聚焦到年轻用户身上。

（1）熟读此案例，掌握 SWOT 分析法。

_____

_____

_____

_____

_____

（2）结合案例分析内容，思考领克汽车应如何制定营销策略。

_____

_____

_____

（3）在任务3.1任务实施的基础上，采用SWOT法对某一汽车品牌的营销环境进行分析，提交Word原文件，并制作PPT，课堂展示。

任务评价

请对照任务考核工单3.2进行评价

任务考核工单3.2

任务标准	分数/分	任务评价		
		学生自评	小组互评	教师评价
1. 案例分析（2）回答准确	30			
2. 案例分析（3）Word版文字内容	30			
3. 案例分析（3）PPT制作	20			
4. 案例分析（3）语言表达	20			
合计	100			

任务3.2　市场营销环境分析方法

任务总结

完成较好的方面：

有待改进的方面：

任务 4

汽车市场购买行为分析

任务4.1 汽车消费者市场的购买行为

日期：_____ 小组组别：_____

小组成员：_____

任务下达 ////

都说做销售其实就是和人打交道，做销售很简单。桐桐为人热情友善，有很多的好朋友。可是，做了一段时间的汽车销售工作，桐桐遇到了各式各样的顾客，有的顾客彬彬有礼，有的顾客则有些蛮横霸道……到底要怎样应对呢？桐桐决定系统地学习汽车消费者购买行为的理论知识。

工具准备 ////

接入互联网的电脑。

任务准备 ////

【引导问题1】汽车消费者市场的概念和特征。

_____

_____

_____

_____

【引导问题2】汽车消费者购买行为模式。

_____

_____

_____

_____

【引导问题3】消费者购买行为的类型及营销者的应对策略。

_____

_____

_____

_____

【引导问题4】影响消费者购买行为的因素。

_____

_____

_____

_____

【引导问题5】消费者购买决策过程。

_____

_____

_____

_____

任务实施 ◢◢◢

1. 知识拓展

生活方式与个性既有联系又有区别。一方面，生活方式很大程度上受个性的影响。一个具有保守、拘谨性格的消费者，其生活方式不大可能太多地包容诸如登山、跳伞、丛林探险之类的活动。另一方面，生活方式关心的是人们如何生活、如何花费、如何消磨时间等外显行为，而个性则侧重从内部来描述个体，它更多地反映个体思维、情感和知觉特征。两者是从不同的层面来刻画个体。区分个性和生活方式在营销上具有重要的意义。一些研究人员认为，在市场细分过程中过早以个性划分市场，会使目标市场过于狭窄。因此，营销者应先根据生活方式细分市场，然后再分析每一细分市场内消费者在个性上的差异。这样，可使营销者识别出具有相似生活方式特征的消费者。

阅读文字资料，举例说明不同车型体现了购买者不同的生活方式。

_____

_____

_____

_____

2. 案例分析

如何把消费者的潜在需求转化为现实需求

韩先生夫妇都是40岁左右的大学教师，现在月收入12 000元左右，他们的儿子刚满10岁。目前一家3口，刚买了新房，新房三室一厅，100多平方米。买新房花去了夫妻俩多年的积蓄，但尚无任何债务。只是新房在市郊，离单位路程较远，小孩上学也不是很方便。夫妻生活稳定，无其他后顾之忧。

最近，夫妻俩很想购买一辆私家车，以解决上班远和小孩上学不便的问题，但他们不懂汽车方面的专业知识，怕买车时上当受骗，因此一直犹豫不决。

试从购买动机与购买行为角度，分析如何说服韩先生一家购买你的汽车。

_____

_____

3. 思考

互联网经济的发展对人们的购买行为产生了哪些影响？作为营销者，又应该如何应对？

任务评价 ////

请对照任务考核工单4.1进行评价

任务考核工单4.1

任务4.1 汽车消费者市场的购买行为				
任务标准	分数/分	任务评价		
		学生自评	小组互评	教师评价
1. 知识拓展 回答准确	30			
2. 案例分析 回答准确	30			
3. 思考 回答全面、准确	40			
合计	100			

任务总结 ////

完成较好的方面：

有待改进的方面：

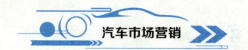

任务4.2 汽车组织市场的购买行为

日期：_____ 小组组别：_____
小组成员：_____

任务下达

桐桐上岗不久，就遇到了一位特殊顾客。简单攀谈过后，桐桐得知对方是为公司采购并非私用，准备一次采购几辆车。桐桐一听心里就慌了，桐桐对大客户的购买行为完全不了解。恰巧对方接了个电话就匆匆离开了，看来桐桐得好好学一学组织市场的知识了。

工具准备

接入互联网的电脑。

任务准备

【引导问题1】汽车组织市场的类型。

_____

_____

_____

_____

【引导问题2】汽车组织市场的特点。

_____

_____

_____

_____

_____

【引导问题3】影响组织市场购买行为的主要因素。

_____

_____

_____

_____

_____

【引导问题4】汽车组织市场购买决策的参与者。

_____

_____

_____

【引导问题5】汽车组织市场购买行为的过程。

任务实施 ///

思考

如果你未来从事汽车组织市场的销售工作，需要做好哪些工作？与汽车消费者市场的销售工作有哪些明显的不同？

任务评价 ///

请对照任务考核工单4.2进行评价

任务考核工单4.2

任务4.2 汽车组织市场的购买行为				
任务标准	分数/分	任务评价		
		学生自评	小组互评	教师评价
思考 回答准确	100			
合计	100			

任务总结 ///

完成较好的方面：

有待改进的方面：

_____

_____

_____

_____

_____

任务 5

汽车市场调研与需求预测

⚙ 任务5.1 汽车市场调研

日期：_____ 小组组别：_____
小组成员：_____

任务下达 ////

桐桐之前做过问卷调查员的兼职工作，对市场调研的工作有一些了解。不过，问到市场调研还有哪些方式的时候，桐桐就说不清楚了。桐桐决定开始汽车市场调研理论知识的学习。

工具准备 ////

接入互联网的电脑。

任务准备 ////

【引导问题1】汽车市场调研的概念及作用。

_____
_____
_____
_____

【引导问题2】汽车市场调研的类型。

_____
_____
_____
_____

【引导问题3】市场调研的方法。

_____
_____
_____
_____

【引导问题4】汽车市场调研的步骤。

_____

任务实施

1. 知识拓展

问卷设计的格式

调查问卷通常包括问卷标题、问卷说明、被调查者信息、调查内容、编码等。

（1）问卷标题

问卷标题的作用是说明调查的主题，使被调查者对所要回答的问题有一个大致了解。标题要简明扼要，并能引起被调查者的兴趣，例如，可以采用"你最喜欢的车型调查"等，而不要采用"问卷调查"这样的标题，它容易引起回答者的怀疑而拒绝回答。

（2）问卷说明

问卷说明旨在向被调查者说明调查的目的、意义。问卷说明一般放在问卷开头，并尽可能简明，通过它可以使被调查者了解调查目的、消除顾虑，并按照一定的要求规范填写。

（3）被调查者信息

此部分主要包括被调查者的基本特征，包括性别、年龄、民族、家庭人口、婚姻状况、文化程度、职业、收入水平、地区等。通过分析被调查者特征与所回答问题的关系，可以得出很多有价值的市场信息。

（4）调查内容

调查内容是调查者所要了解的基本内容，也是调查问卷中最重要的部分。它主要以提问的形式提供给被调查者，这部分内容设计的质量直接影响调查的价值。

（5）编码

编码是将问卷中的调查项目和选项变成数字的工作过程。多数市场调查问卷均需要加以编码，以便于分类整理和后期计算机处理分析。

问卷设计的方法

（1）二元选择法

二元选择法也称为二分法，是指提出的问题仅有两种答案可以选择。如"是"或"否"、"有"或"无"等，一般两种答案是对立的，被调查者从中选择一项作答。

例如："您家里现在有汽车吗?"答案只能是"有"或"无"。

这种方法的优点是易于理解，能迅速得到明确答复，而且便于统计分析；缺点是被调查者没有机会进一步做出说明，对真实情况的了解不够深入。

（2）多项选择法

多项选择法是指提出的问题有两个以上的答案可供选择，被调查者可以选择其中一项或几项。

例如：您喜欢下列汽车品牌中的哪几个?（在您认为合适的□内打√）

奔驰□ 红旗□ 丰田□ 宝马□ 大众□ 日产□ 奇瑞□ 其他□

应用此方法，一般可以在问题最后设置"其他"选项，以便被调查者表达自己的观点。此种方法的优点是比二元选择法的选择范围更广，也便于统计处理。

(3) 顺位法

顺位法是列出若干项目，由被调查者按重要性进行排序。顺位法主要有两种：一种是对全部答案排序，另一种是只对其中部分答案排序。具体的排列顺序，由被调查者根据自己的喜好和认识程度来决定。

例如："您选购汽车时要考虑的因素是什么？"（将答案按重要顺序，以"1、2、3、……"的方式填写在□中）

价格□ 外观□ 售后□ 品牌□

油耗□ 内饰□ 空间□ 动力□

顺位法便于被调查者对其意见、动机、感觉等做出衡量和比较性的表达，也便于对调查结果进行统计。但调查项目不宜过多，否则容易分散，导致被调查者难以排序。

(4) 李克特量表

它是由伦斯·李克特根据正规量表的方法发展来的。它的设计过程是：给出一句话，让被调查者在类似"非常同意""同意""中立""有点不同意""很不同意"这5个等级上做出与其想法一致的选择。

例如：请您从以下三个方面对这款车进行评价。

外观设计：非常喜欢○ 喜欢○ 一般○ 不喜欢○ 非常不喜欢○

内饰设计：非常喜欢○ 喜欢○ 一般○ 不喜欢○ 非常不喜欢○

动力水平：非常喜欢○ 喜欢○ 一般○ 不喜欢○ 非常不喜欢○

(5) 自由回答法

自由回答法是指提问时可以自由提出问题，被调查者可以自由发表意见，没有固定格式的限制。

例如："您觉得这款车在哪些方面可以改进"等。

这种方法涉及面广，灵活性大，被调查者可以充分发表意见，便于使调查者收集到更有价值的资料；但由于被调查者的情况不同，答案的分类整理往往比较困难，而且可能出现由于被调查者表达能力的差异导致的调查偏差。由于时间关系或缺乏心理准备，被调查者往往不愿回答此类问题或答非所问，因此，在设计问卷时，此类问题不宜过多。

问卷设计注意事项

●问句表达要简洁，通俗易懂，意思明确，不要模棱两可，避免用"一般"或"经常"等意思的语句。

例如问："您最近经常驾驶汽车吗？"这里"最近"是指"近一周"还是"近一月""近一年"；"经常"是指间隔多久，意思不明。

问："购车时您首要考虑的是汽车的输出功率吗？"这一问题有专业术语，消费者可能不理解。

●问题要单一，避免多重含义。

例如问："您认为我公司的维修技术和服务质量怎样？"维修技术和服务质量是两个问题，消费者不好作答。

●要注意问题的客观性，避免有诱导性和倾向性的问题，以免使答案和事实产生

误差；

  例如问："捷达车坚实耐用，维修方便，您是否喜欢？"

  应该问："府上用的是××牌子的汽车吗？"

●避免过于涉及个人隐私。

  例如问："您今年几岁？""您结婚了吗？"可转换为"您是哪一年出生的？""您先生从事何种工作？"

●问题要具体，避免抽象和笼统。

  问题太抽象和笼统会使被调查者无从答起。

  例如问："您认为当前汽车行业的发展趋势怎样？"这一问题过于笼统，调查范围可以是全国，也可以是指全省，也可以是各种汽车车型的未来发展趋势，被调查者很难回答。

●调查语句要有亲切感，并考虑到答卷人的自尊。

  例如：

A．买不起   B．款式不好   C．使用率不高   D．不会驾驶

这种提问方式易引起反感，选项可以调整为

A．价格不满意 B．款式不合适 C．使用率不高   D．准备买

●问题的顺序：

①第一个问题必须有趣且容易答复，以引起被调查者的兴趣。

②重要问题放在重要地方。

③问卷中问题之间的间隔要适当，以便答卷人看卷时有舒适感。

④容易回答的问题在前面，慢慢引入比较难的问题。

⑤问题要一气呵成，且应注意问题前后连贯性，不要让答询人情感或思绪中断。

⑥私人问题和易引起对方困扰的问题应最后提出。

参考知识拓展内容，设计调研问卷，提交 Word 文档。问卷主题自行拟定。

_____

_____

_____

_____

2. 知识实践

  自行拟定主题（最好选择上题的主题），参考主教材，撰写市场调研报告，提交 Word 文档。

_____

_____

_____

_____

任务评价

请对照任务考核工单 5.1 进行评价

任务考核工单 5.1

任务 5.1 汽车市场调研				
任务标准	分数/分	任务评价		
		学生自评	小组互评	教师评价
1. 知识拓展 Word 文档	50			
2. 知识实践 Word 文档	50			
合计	100			

任务总结

完成较好的方面：

_____

_____

_____

_____

有待改进的方面：

_____

_____

_____

_____

任务5.2 市场需求预测

日期：_____ 小组组别：_____

小组成员：_____

任务下达

上一个任务点，桐桐学习了汽车市场调研的相关知识，通常的说法是"调研与预测"，本次任务桐桐将学习市场预测的理论知识，让自己的营销知识体系更完善。

工具准备

接入互联网的电脑。

任务准备

【引导问题1】市场需求、市场预测与市场潜量、企业需求、企业预测与企业潜量。

_____

_____

_____

_____

【引导问题2】定性预测方法。

_____

_____

_____

_____

【引导问题3】定量预测方法。

_____

_____

_____

_____

【引导问题4】市场预测的步骤。

_____

_____

_____

任务实施 ◢◢◢◢

案例分析

科学的预测，要有科学的程序。不同的预测，程序的繁简有所不同，但一般来讲，程序的过程是相互接近的。通过下面的案例，可以说明预测的一般过程。

1998 年 8—10 月，浙江某汽车销售公司在消费者协会的支持下，对中档家用轿车省内市场需求量进行预测，其过程如下：

第一步，确定市场预测目的。

在省内对国产中档家用轿车的需求量迅速上升且有不断发展趋势的情况下，为了充分把握市场的需求状况，该公司围绕以下四个目标开展市场预测。

(1) 调研全省中档家用轿车销售的基本情况，分析本公司经营产品的市场地位和竞争能力。

(2) 做好中档家用轿车省内市场需求量的定量预测，为公司近期安排进货与合理库存提供数据。

(3) 了解各类型用户使用中档家用轿车的情况和需要，确定推出新产品的方向。

(4) 对发展与扩大用户群作可行性论证。

第二步，搜集并整理信息资料。

根据确定的预测目标，他们着重搜集了下列资料：

(1) 本公司历年的品种、销售量、成本、盈利率指标等资料。

(2) 同行业销售资料及国内同类产品的技术性能、价格、成本、产量等情报。

(3) 全省中档家用轿车历年社会保有量及各类产品市场占有率资料。

(4) 全省历年的汽车进口资料。

(5) 汽车行业研究所的有关报告、文章和研究成果。

(6) 有关发展家用汽车工业技术经济政策的文件、社论文章等材料。

通过这些资料的整理分析，他们对公司经营产品在省内市场的地位、优势和企业发展生产的有利条件、不利因素及国家发展汽车工业、扩大汽车消费群、开拓家用汽车市场的有关政策规定都有了比较清晰的了解，做到了知己、知彼、知政策、知市场。

第三步，多种方法开展调研。

为了补充资料的不足，他们还采取多种方法开展市场调研，以便进一步掌握有关情况。主要有：①重点调研；②访问会谈；③发信征询；④专题调研。如为了摸清中档轿车消费者最低的心理价位，他们走访了许多中高收入者，获得了消费者对家用轿车的外观、内在质量、价格、售后服务等各方面的详细资料，并将资料经计算机处理，掌握了浙江省家用汽车市场的翔实资料。

第四步，回归预测方法的运用。

根据调研整理前 10 年间的国产中档家用轿车的年销售量资料，推算了全省每年的需求量。

做出销售量和年份相互之间的相关图。从中看出，市场需求量和年份这两个变量之间为直线趋势，对它们的相关关系可配以直线方程 $y = a + bt$，进而用最小二乘法求得 a, b 两个参数，并计算相关系数 r 及标准离差。最后测得该省当年中档家用轿车的需求量为 6 000 辆左右。根据本公司的市场占有率，计算出本公司的预测值。

第五步，市场预测结果的运用。

（1）为企业的经营决策提供了依据。通过预测，看到了近期中档家用轿车供求趋势，做出了大力促销家用中档汽车的决策。确定了三年的销售计划，设想逐年递增30%。

（2）促进新产品开发，通过预测，看到了汽车工业的重点向环保化、小型化的发展趋势，将市场的调研与预测的信息反馈给生产企业，建立松散型的产销联合体，最大限度地满足消费者的需求。

（1）阅读资料，总结市场预测的步骤。

_____

_____

_____

_____

（2）以小组为单位，对我国当年汽车销量进行科学预测，提交 Word 文档，制作 PPT，课堂展示。

_____

_____

_____

_____

_____

任务评价

请对照任务考核工单5.2进行评价

任务考核工单5.2

<table>
<tr><td colspan="5" align="center">任务5.2 市场需求预测</td></tr>
<tr><td rowspan="2" align="center">任务标准</td><td rowspan="2" align="center">分数/分</td><td colspan="3" align="center">任务评价</td></tr>
<tr><td align="center">学生自评</td><td align="center">小组互评</td><td align="center">教师评价</td></tr>
<tr><td>1. 案例分析（1）回答准确</td><td>30</td><td></td><td></td><td></td></tr>
<tr><td>2. 案例分析（2）Word 文档</td><td>30</td><td></td><td></td><td></td></tr>
<tr><td>3. 案例分析（2）PPT 制作</td><td>20</td><td></td><td></td><td></td></tr>
<tr><td>4. 案例分析（2）语言表达</td><td>20</td><td></td><td></td><td></td></tr>
<tr><td align="center">合计</td><td>100</td><td></td><td></td><td></td></tr>
</table>

任务总结 \\\\

完成较好的方面：

_____

_____

_____

_____

_____

有待改进的方面：

_____

_____

_____

_____

_____

任 务 6

汽车目标市场营销策略

任务6.1 汽车市场细分

日期：_____ 小组组别：_____
小组成员：_____

任务下达

今天桐桐开始学习目标市场营销策略，进入营销策略阶段的学习。目标市场营销策略包括市场细分、目标市场选择、市场定位三个环节，首先开始市场细分阶段的学习。

工具准备

接入互联网的电脑。

任务准备

【引导问题1】市场细分的定义和作用。

_____
_____
_____
_____

【引导问题2】市场细分的原则。

_____
_____
_____
_____

【引导问题3】市场细分的标准。

_____
_____
_____
_____

【引导问题4】汽车市场细分的步骤。

_____
_____
_____
_____

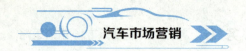

任务实施

案例分析

【案例分析1】

福特公司的市场细分

福特汽车公司曾经在20世纪50年代打算专门为1.2m以下的侏儒生产特制汽车。特殊的产品设计、与大众化汽车生产不同的生产线及工装设备，这必然造成成本的大量增加，但更好地满足了特殊消费者的需求。通过市场调研与细分后，福特汽车公司发现这一汽车细分市场的需求极其有限，人口较少，盈利前景暗淡，最终放弃了这一构想。

福特公司市场细分失败的原因是什么？市场细分应坚持哪些基本原则？

_____

_____

_____

_____

【案例分析2】

德国大众汽车公司的生活方式细分

德国大众汽车公司适应各种消费者的生活方式，设计出不同类型的汽车。供"循规蹈矩者"使用的汽车突出表现经济、安全、符合生态学的特点；供"玩车者"驾驶的汽车则突出易驾驶、灵敏和运动娱乐性等特点。

市场上的一些热销车型，体现了消费者怎样的生活方式？

_____

_____

_____

_____

任务评价

请对照任务考核工单6.1进行评价

任务考核工单6.1

任务6.1 汽车市场细分				
任务标准	分数/分	任务评价		
		学生自评	小组互评	教师评价
1. 案例分析1回答准确	60			
2. 案例分析2回答准确	40			
合计	100			

任务总结 ////

完成较好的方面：

_____

_____

_____

_____

有待改进的方面：

_____

_____

_____

_____

任务6.2 汽车目标市场选择

日期：_____ 小组组别：_____
小组成员：_____

任务下达 ▸▸▸

市场细分之后，企业要进行目标市场的选择。如何选择目标市场？目标市场营销策略又有哪些？桐桐将开始本任务点学习。

工具准备 ▸▸▸

接入互联网的电脑。

任务准备 ▸▸▸

【引导问题1】目标市场分析的内容。
_____
_____
_____
_____

【引导问题2】如何选定目标市场。
_____
_____
_____
_____

【引导问题3】目标市场营销策略。
_____
_____
_____
_____

【引导问题4】确定目标市场策略应考虑的因素。
_____
_____
_____
_____

任务实施

1. 知识拓展

五力竞争模型是由迈克尔·波特于 20 世纪 80 年代初提出的用于竞争战略的分析模型，可以有效地分析企业的竞争环境，即一个行业的竞争程度和行业利润潜力可以由 5 个方面的竞争力量反映并决定，包括新进入者的威胁、供应商讨价还价能力、买方讨价还价能力、替代品的威胁以及竞争对手之间的竞争。

理解五力竞争模型，尝试结合某一主体，进行其 5 个方面竞争力量的分析，制作 PPT，进行课堂汇报。

_____

_____

_____

_____

2. 知识实践

对某一汽车品牌旗下的几款车型进行目标市场分析，制作 PPT，进行课堂汇报。

_____

_____

_____

_____

任务评价

请对照任务考核工单 6.2 进行评价

任务考核工单 6.2

任务 6.2 汽车目标市场选择				
任务标准	分数/分	任务评价		
		学生自评	小组互评	教师评价
1. 知识拓展 PPT 制作	30			
2. 知识拓展 语言表达	20			
3. 知识实践 PPT 制作	30			
4. 知识实践 语言表达	20			
合计	100			

任务总结

完成较好的方面：

_____

_____

_____

_____

_____

有待改进的方面：

_____

_____

_____

_____

_____

_____

_____

任务6.3 市场定位

日期：_____ 小组组别：_____

小组成员：_____

任务下达 ///

"市场定位"这个词桐桐之前也经常会听到，究竟什么是定位呢？企业如何进行市场定位？市场定位的策略有哪些？这是本任务桐桐要学习的内容。

工具准备 ///

接入互联网的电脑。

任务准备 ///

【引导问题1】市场定位的定义和原则。

_____

_____

_____

_____

【引导问题2】市场定位的指标。

_____

_____

_____

_____

【引导问题3】市场定位的步骤。

_____

_____

_____

_____

【引导问题4】市场定位的策略。

_____

_____

_____

任务实施

1. 阅读材料

市场定位的误区

一般来说，企业的市场定位容易引起公众误解的情况有以下几种：

（1）定位过高，容易造成消费者可望而不可即的心理，从而失去一部分有望成为企业产品拥护者的顾客。例如，面向出租行业销售的轿车，就不应该给人以档次过高的印象。

（2）定位过低，不能显示企业或产品的特色。例如，面向社会高端阶层、大集团销售的轿车就不应该给人以档次过低的印象。

（3）定位怀疑，容易使顾客觉得企业的产品在特色、价格或者制造商方面的一些宣传与实际不符，从而产生不信任感。

（4）定位混乱，会让企业产品在公众中没有明确统一的认知。这种混乱可能是由于多层次宣传主题所致，也可能是由于产品定位变换太频繁所致。

以上误解都会给企业形象和经营效果造成不良影响，企业应特别注意，避免这些情况的发生。

阅读材料，评说你所了解的市场定位产生明显误区的案例。

_____

_____

_____

_____

2. 案例分析

【案例分析1】

上海大众POLO车型最早于2002年在我国上市，上市之初即以全球同步的精良品质、舒适性、安全性和科技感成为精品小车的代名词，其定位是"汇聚全球尖端技术和潮流魅力的车"，售价高达11万~15万元，主要针对都市白领群体，这一车型的销售取得了巨大的市场成功。然而，随着汽车市场的不断发展，POLO在都市白领群体中的竞争力越来越弱。上海大众对市场进行调查分析后，率先提出"第五代人"的概念，即出生于1975—1985年，被称为真正跨世纪一代的"新新人类"，他们注重彰显自我，又注重内心感受，应该是POLO的新目标客户群。此后，上海大众采取了适当的策略，改变了POLO的市场定位，由原来的30~35岁消费者，转变为25~30岁这个群体，同时采取了相应的营销策略，如降低售价至8万~12万元，着重宣传产品的时尚外观、品牌个性，将新产品命名为"劲情""劲取"等。上海大众积极改变POLO的市场定位，使POLO这款精品小车在激烈的市场竞争中始终能适应环境，确保了自己在小型轿车市场中的竞争优势。由此可见，在市场中找准企业自身的位置，才能发挥竞争优势，从而适应外部环境的变化。

阅读材料，总结上海大众POLO的目标市场与市场地位。

_____

_____

_____

【案例分析2】

宝马与奔驰的市场定位

宝马和奔驰是同级别竞争者，当然，这种竞争并不是针尖相对的，宝马偏向于运动型，而奔驰偏向于商务型，所以就有了"坐奔驰，开宝马"这句家喻户晓的俗语。

宝马是驰名世界的汽车企业，也被认为是高档汽车生产业的先导。宝马公司创建于1916年，总部设在慕尼黑。一百多年来，它由最初的一家飞机引擎生产厂发展成为今天以高级轿车为主导，并生产飞机引擎、越野车和摩托车的享誉全球的企业集团，名列世界汽车公司前10名。

梅赛德斯－奔驰是世界知名的德国汽车制造商，创立于1900年，公司总部设在斯图加特，创建人为卡尔·本茨和戈特利布·戴姆勒。梅赛德斯－奔驰以高质量、高性能的汽车产品闻名于世，除了高档豪华轿车外，奔驰公司还是世界上最著名的大客车和重型载重汽车的生产厂家。在十大汽车公司中，它产量最小，而利润和销售额却名列前茅。

宝马的定位是最完美的驾驶工具。宝马要传递给顾客创新、动力、美感的品牌魅力。这个诉求的三大支持是：设计、动力和科技。公司的所有促销活动都以这个定位为主题，并在上述三者中选取至少一项作为支持。每个要素的宣传都要考虑到宝马的顾客群，要使顾客感觉到宝马是"成功的新象征"。要实现这一目标，宝马公司采取两种手段，一是区别旧与新，使宝马从其他品牌中脱颖而出；二是明确那些期望宝马成为自己成功和地位象征的车主有哪些需求，并去满足它。

奔驰的定位则是"高贵、王者，显赫、至尊"。奔驰沉稳大气、制作精细，是老板的选择，也是各个国家首脑的最佳选择。奔驰的电视广告中较出名的系列是"世界元首使用最多的车"。高品质、信赖性、安全性、先进技术、环境适应性是奔驰轿车的基本理念，凡是公司所推出的汽车均需达到五项理念的标准，缺少其中任何一项或未达标准者均被视为缺陷品。

结合宝马、奔驰的案例，分析汽车企业应如何进行市场定位。

_____

_____

_____

_____

_____

3. 知识实践

在本任务案例分析2的基础上，对这几款车型的市场定位进行分析，制作PPT，进行课堂汇报。

_____

_____

_____

_____

_____

任务评价

请对照任务考核工单6.3进行评价

任务考核工单6.3

任务6.3 市场定位				
任务标准	分数/分	任务评价		
		学生自评	小组互评	教师评价
1. 阅读材料 回答准确	20			
2. 案例分析1 回答准确	20			
3. 案例分析2 回答准确	20			
4. 知识实践 PPT 制作	20			
5. 知识实践 语言表达	20			
合计	100			

任务总结

完成较好的方面：

_____

_____

_____

_____

有待改进的方面：

_____

_____

_____

_____

_____

任 务 7

汽车产品策略

任务7.1 汽车产品的整体概念

日期：_____ 小组组别：_____

小组成员：_____

任务下达 ////

桐桐是 A 汽车经销店新入职的一名销售顾问，工作了几个月，他发现同城的 B 经销店，虽然经营同一品牌的汽车，但是 B 店的销量总是比自己所在的经销店高出很多。桐桐百思不得其解，这到底是为什么呢？

工具准备 ////

接入互联网的电脑。

任务准备 ////

【引导问题1】什么是产品？什么是汽车产品？

_____

_____

_____

_____

【引导问题2】B 经销店销量高的原因可能是什么？

_____

_____

_____

_____

【引导问题3】产品的整体概念包括哪些层次？

_____

_____

_____

_____

【引导问题4】学习完本任务，对你有哪些启示？

_____

_____

任务实施

为了更好地理解产品的整体概念，请完成以下问题。

调研当地两家汽车经销店，从产品整体概念的角度，对两家经销店的竞争力进行分析，并提出改进建议，制作 PPT，进行课堂汇报。

任务评价

请对照任务考核工单 7.1 进行评价

任务考核工单 7.1

任务 7.1 汽车产品的整体概念				
任务标准	分数/分	任务评价		
		学生自评	小组互评	教师评价
1. 分析全面、客观	30			
2. 建议可行、有效	30			
3. PPT 制作	20			
4. 语言表达	20			
合计	100			

任务总结

完成较好的方面：

有待改进的方面：

任务7.2 汽车产品生命周期理论

日期：_____ 小组组别：_____
小组成员：_____

任务下达 ////

通过上一个任务的学习，桐桐知道了，虽然 A 店和 B 店都卖同一品牌的汽车，两家店出售的产品在核心产品和形式产品层次上相同，但是 B 店在附加产品的层次上具有明显优势。所以，B 店每个月销售额才会遥遥领先。看来需要学习的东西真的很多，桐桐的下一个任务是学习汽车产品生命周期理论。

工具准备 ////

接入互联网的电脑。

任务准备 ////

【引导问题1】什么是产品的市场生命周期？产品的市场生命与使用寿命有什么不同？

_____
_____
_____
_____

【引导问题2】产品生命周期各阶段的特点是什么？

_____
_____
_____
_____
_____

【引导问题3】汽车产品市场生命周期各阶段的营销策略。

_____
_____
_____
_____

【引导问题4】汽车新产品的概念。

_____

_____

_____

_____

任务实施

案例分析

【案例分析1】

耐人寻味的车型"生命周期"

由于技术日臻成熟和市场竞争日趋激烈，中国车市上的车型生命周期正变得越来越短，甚至超过了国际市场的车型交替频率。通常，跨国汽车公司每隔5~6年就会在全球各地推出一款基于全新平台设计开发的新车型，虽然经常会有外观内饰方面的小改动，但一般是一年一次。而在观察国内车市之后可以发现，两年引进一款新车已不是什么新鲜事，每家公司每年推出两款集20多种改进于一身的改良款新车，更是司空见惯的事情。如新出的威驰还未尽兴，花冠却已按捺不住上市的冲动；赛欧在车市上才驰骋两年多，却已被称为老将，一款同档次的新车型正准备"上场换人"；风神蓝鸟上市才两年多，却已将推出第4代车型……对于中国车市如此快的推陈出新速度，跨国公司也感到压力很大，以至于丰田中国一位已经离职的总经理在离开北京时提出的唯一建议便是：丰田应该调整在中国市场的产品生命周期战略，国际上按6~8年市场周期设计、制造汽车的通行规则，在中国市场已行不通，这个数据应被缩短为不超过4年。

当今的中国车业已融入全球一体化，世界汽车研发水平的提升及新车研发周期的缩短，是"中国车市周期"出现的前提。经过不断探索，国际上目前的新车平均研发时间已由过去的36个月缩短到24个月左右，日本丰田甚至在其新推出的花冠车型上实现了12个月完成研发的目标。这种日新月异的速度，使各车型在进入中国市场时旨在适应国内路况和消费者口味的改进变得更快。从POLO和GOLF开始，中国车市的新车投放开始与全球同步，研发周期的缩短，为"中国车市周期"的持续缩短提供了有力保障。

（1）阅读此案例，你有哪些体会和感受？

_____

_____

_____

_____

（2）中国车市日益缩短的产品生命周期，给车企带来了哪些机遇和挑战？

_____

_____

_____

_____

【案例分析 2】

国外汽车公司新产品开发模式

新产品开发首先必须确定产品战略。新产品战略决定了汽车公司的产品发展方向。

世界知名汽车公司一般都设有各类企划室，这些企划室围绕着本公司的经营理念，分别从事业战略、环境安全战略、技术战略、企业形象战略、地域战略等方面进行研究，并广泛搜集世界汽车相关产品的市场情报信息，仔细分析市场需求，从而提出新产品战略。新产品战略确认后，就进入了新产品开发阶段。现代汽车产品要赢得市场，必须在安全、可靠、舒适、环保、技术领先、价格合理等方面达到和谐。

按目前的状况，一般汽车新产品的寿命周期大致为 5 年左右。在这 5 年中，产品并非一成不变，在新产品投入市场后的一两年，汽车公司将根据市场的反馈，每年对产品进行小的改进或加装装备，这类改进主要是为了改善产品的质量或满足顾客对装备的要求，这样的产品可以称为年度小变型产品；在产品上市 3 年左右，即产品进入成熟期，为了避免其老龄化，吸引消费者的目光，汽车公司将对产品进行一些外观和内饰的改动，这样的产品可以称为中变型产品。当然小变型和中变型产品都属于局部变型产品，而每隔 5 年推出的下一代全新产品，则称为全换代产品。

（1）新车型上市成功的案例有哪些？新车型上市失败的案例有哪些？

_____

_____

_____

_____

_____

_____

（2）查找市场上两款热销车型的产品更新历程，制作 PPT（附车型更新图片），
进行课堂汇报。

_____

_____

_____

_____

_____

_____

任务评价

请对照任务考核工单 7.2 进行评价

任务考核工单 7.2

任务 7.2　汽车产品生命周期理论				
任务标准	分数/分	任务评价		
		学生自评	小组互评	教师评价
1. 案例分析 1 回答准确	30			
2. 案例分析 2 回答准确	30			
3. PPT 制作	20			
4. 语言表达	20			
合计	100			

任务总结

完成较好的方面：

_____

_____

_____

_____

有待改进的方面：

_____

_____

_____

_____

任务7.3 汽车产品组合策略

日期：＿＿＿＿＿＿＿＿＿＿＿＿＿　　小组组别：＿＿＿＿＿＿＿＿＿＿＿＿＿

小组成员：＿＿＿＿＿＿＿＿＿＿＿＿＿＿＿＿＿＿＿＿＿＿＿＿＿＿＿＿＿

任务下达 ////

桐桐从小就对奥迪品牌情有独钟，慢慢地桐桐了解到奥迪除了 A 系列、Q 系列，还有 S 系列、RS 性能系列等车型。而且，这些奥迪车价格差异很大，A 系列的车型从 20 万元的 A3 到 100 万元的 A8 价格不等。能够拥有一辆属于自己的 A3 成为桐桐的梦想，桐桐为这个目标一直努力奋斗着。

工具准备 ////

接入互联网的电脑。

任务准备 ////

【引导问题1】什么是产品组合？什么是产品项目？什么是产品组合的宽度、长度、深度和产品组合的相关性？

＿＿＿＿＿＿＿＿＿＿＿＿＿＿＿＿＿＿＿＿＿＿＿＿＿＿＿＿＿＿＿＿＿＿＿

＿＿＿＿＿＿＿＿＿＿＿＿＿＿＿＿＿＿＿＿＿＿＿＿＿＿＿＿＿＿＿＿＿＿＿

＿＿＿＿＿＿＿＿＿＿＿＿＿＿＿＿＿＿＿＿＿＿＿＿＿＿＿＿＿＿＿＿＿＿＿

＿＿＿＿＿＿＿＿＿＿＿＿＿＿＿＿＿＿＿＿＿＿＿＿＿＿＿＿＿＿＿＿＿＿＿

＿＿＿＿＿＿＿＿＿＿＿＿＿＿＿＿＿＿＿＿＿＿＿＿＿＿＿＿＿＿＿＿＿＿＿

【引导问题2】扩大产品组合的方式有哪些？扩大产品组合的动因和风险是什么？

＿＿＿＿＿＿＿＿＿＿＿＿＿＿＿＿＿＿＿＿＿＿＿＿＿＿＿＿＿＿＿＿＿＿＿

＿＿＿＿＿＿＿＿＿＿＿＿＿＿＿＿＿＿＿＿＿＿＿＿＿＿＿＿＿＿＿＿＿＿＿

＿＿＿＿＿＿＿＿＿＿＿＿＿＿＿＿＿＿＿＿＿＿＿＿＿＿＿＿＿＿＿＿＿＿＿

＿＿＿＿＿＿＿＿＿＿＿＿＿＿＿＿＿＿＿＿＿＿＿＿＿＿＿＿＿＿＿＿＿＿＿

＿＿＿＿＿＿＿＿＿＿＿＿＿＿＿＿＿＿＿＿＿＿＿＿＿＿＿＿＿＿＿＿＿＿＿

【引导问题3】缩减产品组合的方式有哪些？缩减产品组合的动因和风险是什么？

＿＿＿＿＿＿＿＿＿＿＿＿＿＿＿＿＿＿＿＿＿＿＿＿＿＿＿＿＿＿＿＿＿＿＿

＿＿＿＿＿＿＿＿＿＿＿＿＿＿＿＿＿＿＿＿＿＿＿＿＿＿＿＿＿＿＿＿＿＿＿

＿＿＿＿＿＿＿＿＿＿＿＿＿＿＿＿＿＿＿＿＿＿＿＿＿＿＿＿＿＿＿＿＿＿＿

＿＿＿＿＿＿＿＿＿＿＿＿＿＿＿＿＿＿＿＿＿＿＿＿＿＿＿＿＿＿＿＿＿＿＿

【引导问题4】产品线延伸的方式有哪些？适用于哪些情况？需要注意哪些问题？

任务实施

1. 案例分析

大众公司 MQB 平台

大众集团 MQB 平台是大众集团的横置发动机模块化平台，从 2012 年开始启用。MQB 是大众集团全面的 MB（Modularer Baukasten）计划的一种，同类的计划还包括大众集团 MLB 平台，即发动机纵置平台。MQB 平台是一种高效的生产方式，它通过模块化的应用，来降低设计、制造成本，并通过更高级别车型科技配置的引入，来实现新车的溢价。

当提及某个车型是"使用 MQB 平台搭建"的时候，其本质上并不是指某个平台，而是指一个合理引入了共用发动机放置方向的系统。MQB 使大量的汽车零部件实现标准化，令它们可以在不同品牌和不同级别的车型中实现共享。这一技术的应用可以使不同品牌的不同车型在同一个工厂里生产出来，这将极大地降低车型的开发费用、缩短周期以及降低生产环节的制造成本。大众汽车开发业务总监 Ulrich Hackenberg 把 MB 计划称为"战略武器"。

模块化生产的优势在于：第一是降低成本；第二是方便进行造型设计的改进。模块化的开发，不仅可以共享部分整车零部件，同时可在外形和轴距等方面根据产品需求进行定制，以达到跨级别生产的目的。

MQB 平台可以生产从 A00，A0，A 到 B 四个级别的车型，并将取代目前的 PQ25 平台、PQ35 平台和 PQ46 平台。所有使用 MQB 平台的车型，无论轴距、外部尺寸如何，均可共享相同的前轴、变速箱、发动机布置。

（1）阅读此案例，评述模块化生产的优势。

（2）你所知道的其他汽车集团的模块式生产平台有哪些？谈谈你对模块化生产的

认识。

_____

_____

_____

_____

2. 知识实践

采集某一大型汽车集团汽车产品组合的信息，分析这种产品组合的利弊，制作 PPT，进行课堂汇报。

数据要求：数据准确，数据来自门户网站。

_____

_____

_____

_____

_____

任务评价

请对照任务考核工单7.3进行评价

任务考核工单7.3

任务标准	分数/分	任务评价		
		学生自评	小组互评	教师评价
1. 案例分析（1）回答准确	40			
2. 案例分析（2）数据准确	20			
3. 知识实践 PPT 制作	20			
4. 知识实践 语言表达	20			
合计	100			

任务 7.3 汽车产品组合策略

任务总结

完成较好的方面：

_____

_____

_____

_____

有待改进的方面：

_____

_____

_____

_____

_____

任务7.4 汽车品牌策略

日期：_____ 小组组别：_____
小组成员：_____

任务下达 ////

说起国内的豪华汽车品牌，人们都会想到BBA，也就是奔驰、宝马和奥迪。除了精湛的技术工艺，桐桐认为这些汽车的畅销也和其品牌本身有很大的关系，桐桐决定一探究竟。

工具准备 ////

接入互联网的电脑。

任务准备 ////

【引导问题1】 如何从广泛的意义理解品牌？

_____
_____
_____
_____
_____

【引导问题2】 品牌统分策略有哪几种？每种策略的优缺点各是什么？

_____
_____
_____
_____
_____

【引导问题3】 品牌延伸策略有哪几种形式？

_____
_____
_____
_____
_____
_____

任务实施 ////

1. 知识拓展

商标是一个专门的法律术语，品牌或品牌的一部分在政府有关部门依法注册登记后，

获得专用权，受到法律保护的，称为商标。经注册登记的商标有"R"标记，或"注册商标"的字样。汽车商标就是利用文字和图案等符号，表达所象征的意义，促使人们在见到汽车商标后引起一定的联想，从而产生"诉求"，区别不同的产品。

商标与品牌的区别与联系

两者的联系：商标的实质是品牌，两者都是产品的标记。

两者的区别：并非所有的品牌都是商标，品牌与商标可以相同也可以不同；商标必须办理注册登记，品牌则无须办理；商标是受法律保护的品牌，具有专门的使用权。

阅读文字资料，明确商标与品牌的区别和联系。

_____

_____

_____

_____

_____

2. 案例分析

<h3 style="text-align:center">一个理想品牌应包含的要素</h3>

（1）能使人联想到产品的质量和利益

如：宝马（BMW），即"卓越动力性能""享受驾驶乐趣"的高档品牌轿车形象。

（2）应该易读、易认、易记

如：大众汽车商标，它像一个大圆"眼睛"，"眼睛"中叠加着"V""W"两个德文字首（Volks Wagen），其意义是"大众化车"。

（3）必须鲜明独特

如：奔驰汽车的商标似转向盘，用月桂枝包裹着，围着中间的三叉星。三叉星表示在海陆空领域全方位的机动性，环形图显示着营销全球的发展势头。整个品牌图案展示出奔腾飞跃，驰骋千里，充满活力的动感气势，这正是对梅赛德斯－奔驰汽车的写照。

（1）世界知名的汽车品牌是否都具有以上特征？请举例说明。

_____

_____

_____

_____

_____

（2）查找某一汽车品牌标志的寓意、发展史，制作PPT，进行课堂汇报。

_____

_____

_____

_____

_____

3. 知识实践

2019 年 2 月，大众品牌有史以来的第一个子品牌——捷达品牌在大众总部德国沃尔夫斯堡市正式亮相。2019 年 3 月，捷达品牌进入中国市场。

问：大众推出捷达品牌，属于哪种品牌策略？这种品牌策略有什么好处？又有什么潜在的风险？

_____
_____
_____
_____
_____

任务评价 ////

请对照任务考核工单 7.4 进行评价

任务考核工单 7.4

任务 7.4　汽车品牌策略				
任务标准	分数/分	任务评价		
		学生自评	小组互评	教师评价
1. 知识拓展　回答准确	30			
2. 案例分析（1）分析准确	20			
3. 案例分析（2）PPT 制作	10			
4. 案例分析（2）语言表达	10			
5. 知识实践　回答准确	30			
合计	100			

任务总结 ////

完成较好的方面：

_____
_____
_____
_____

有待改进的方面：

_____
_____
_____

任　务 ⑧

汽车定价策略

任务8.1 汽车定价概述

日期：_____ 小组组别：_____

小组成员：_____

任务下达 ///

汽车价格逐渐走低，成为每个家庭的必需品。价格从几万元、十几万元到几十万元、上百万元，价格差距悬殊。桐桐想，这巨大价格差异的背后，除了成本因素一定还有其他更为重要的因素，桐桐决定好好学习下。

工具准备 ///

接入互联网的电脑。

任务准备 ///

【引导问题1】汽车产品价格的构成包括哪些方面？

_____

_____

_____

_____

【引导问题2】影响汽车定价的主要因素有哪些？

_____

_____

_____

_____

【引导问题3】根据市场的竞争程度，市场结构可以分为哪几种类型？

_____

_____

_____

_____

_____

任务实施

知识拓展

需求价格弹性是商品需求量的变化与该商品价格变化的比值，表明需求量变动随价格变动之间的关系，用 E_P 表示需求价格弹性，即：

$$E_P = 需求量变化百分比/价格变动百分比$$

由于需求与价格的变动有方向问题，因而有正负之分，但实际运用时，为比较需求价格弹性的大小，取其绝对值。

当 $E_P < 1$，表明需求量变化的幅度小于价格变化的幅度，也就是说价格的上涨或下降对需求量的影响不大，这视为缺乏弹性。

当 $E_P > 1$，表明需求量变化的幅度大于价格变化的幅度，也就是说价格的上涨或下降会对需求量产生很大影响，这视为富有弹性。

当 $E_P = 1$，表明需求量变化的幅度随价格变化而等量变化，这视为单位弹性。

当 $E_P = 0$，表明需求量变化与价格变化无关，即价格的变化对需求量不产生影响，这视为完全无弹性。

当 $E_P = \infty$，完全弹性，这种情况在现实经济生活中极为少见。

在现实中，缺乏弹性和富有弹性的情况较为多见。

（1）阅读文字资料，理解什么是需求价格弹性。

_____

_____

_____

_____

（2）思考：需求价格弹性大于 1 和小于 1 的情况下，企业应该如何进行价格调整？

_____

_____

_____

_____

（3）计算：某种品牌的洗衣粉每袋从 15 元降到 10 元，需求量由原来的 1 000 万袋增加到 1 900 万袋，试计算此价格条件下的需求弹性系数，并分析这次降价能否增加收益。

_____

_____

_____

_____

任务评价

请对照任务考核工单 8.1 进行评价

任务考核工单 8.1

任务 8.1　汽车定价概述				
任务标准	分数/分	任务评价		
		学生自评	小组互评	教师评价
1. 知识拓展（1）回答准确	30			
2. 知识拓展（2）回答准确	30			
3. 知识拓展（3）计算准确	40			
合计	100			

任务总结

完成较好的方面：

_____

_____

_____

_____

_____

有待改进的方面：

_____

_____

_____

_____

_____

_____

任务8.2 汽车定价的目标、方法与策略

日期：_____　　小组组别：_____

小组成员：_____

任务下达

通过之前的学习，桐桐了解了影响汽车产品定价的因素。而且，桐桐发现，不同品牌、不同车型的定价方法也是不一样的。桐桐决定系统地学习汽车产品定价的目标、方法与策略。

工具准备

接入互联网的电脑。

任务准备

【引导问题1】汽车企业的定价目标有哪些？

_____

_____

_____

_____

_____

【引导问题2】定价的三种基本方法是什么？

_____

_____

_____

_____

【引导问题3】理解盈亏平衡定价法的基本思想。

_____

_____

_____

_____

_____

【引导问题4】什么是需求差异定价法？实行需求差异定价法需要哪些条件？

_____

_____
_____
_____
_____

【引导问题5】新产品定价策略有哪几种？

_____
_____
_____
_____

任务实施 ▰▰▰

1. 案例分析

【案例分析1】

本田飞度和奥迪A6L的定价策略分析

本田飞度

在国内经济型轿车市场上，像广州本田的飞度一样几乎是全球同步推出的车型还有上海大众的POLO，但与飞度相比，POLO的价格要高得多。飞度1.3L五速手动挡的全国统一销售价格为9.98万元，1.3L无级变速自动挡销售价格为10.98万元。而三厢POLO上市时的价格为13.09万~16.19万元。飞度上市后，POLO及时进行了价格调整，三厢PO-LO基本型的最低报价为11.1万元。即使这样，POLO的价格还是高于飞度。虽然飞度9.98万元的价格超过了部分消费者的心理预期，但在行家眼里，这是对其竞争对手致命的定价。

飞度的定价体现了广州本田的营销技巧。对于一般汽车企业来说，往往从利润最大化的角度考虑定价，想办法最大限度地获得第一桶金。这体现在新车上市时的定价总是高走高开，等到市场环境发生变化时才考虑降价。但这种方式存在一定的问题，即在降价时，因为没办法传递明确的信号，消费者往往更加犹豫，因为他们不知道企业是否已经将价格降到谷底。

飞度的做法则不同，它虽然是一个技术领先的产品，但采取的是一步到位的定价。虽然这种做法会使消费者往往要向经销商交一定费用才能够快速取得汽车，增加了消费者的负担。但供不应求的现象会让更多的消费者产生悬念。如果产量屏障被打破以后，消费者能够在不加价的情况下就可以买到车，满意度会有很大的提高，因为它给予了消费者心理满足上的附加值。对于飞度为什么能够实现如此低的定价这个问题，广州本田方面的解释是，飞度起步时国产化就已经超过80%。而国产化比例是决定国内轿车成本的重要因素之一。

整体来看，飞度良好的市场表现最重要的原因之一是广州本田采用了一步到位的低价策略。汽车性能和价格在短期内都难以被对手突破。这就使得长期徘徊观望的经济型轿车潜在消费者打消了顾虑，放弃了持币待购的心理，纷纷选择了飞度。

279

大众奥迪

2005年，作为国内中高档车标杆的奥迪A6的换代车型——新奥迪A6公布国产3.0版正式售价，除了核心配置和美国版有差异外，比美国版高出了20万元。

此外，一汽大众正式公布了全新奥迪A6/L2.4和A6/L3.0共6款车型的价格和详细装备表。其中A6/L2.4三款车型的厂家指导价格区间为46.22万~57.02万元；A6/L3.0三款车型的价格区间为56.18万~64.96万元。

据了解，自1999年投产以来，上一代国产奥迪A6经历了五次升级，在不到5年的时间里销量超过20多万辆，在国内豪华车市场多年来可谓是"一枝独秀"，直到2004年市场份额仍维持在60%左右。

按照这个价格，新奥迪A6的最高价格已经超过了当时国产豪华轿车最贵的一款宝马530i，国产宝马5系价格是53万~61万元，市场报价还更低；日产的价格是24.98万~34.98万元、丰田的报价是32.8万~48万元，新奥迪A6等于"让出"了原来销量最大的价格区间。

奥迪采取高价策略，也可称为撇脂定价策略，指企业以较高的成本利润率为汽车定价，以求通过"厚利稳销"来实现利润最大化。这种策略也是一种较特殊的促销手段，利用了人的求名、求美心理。一般运用于价格弹性小的产品，或消费者对价格反应迟钝的产品，比如具有新款式和新功能的中档汽车，以及高档豪华汽车。比如，奥迪A8加长型3.0在中国上市时卖118万元，同级别的奔驰S350售价为120万元，宝马730售价为110万元，而这些车在国外市场的定价也就10万美元左右。

（1）本田飞度使用了什么样的定价策略？阐明这一策略的优缺点。

_____

_____

_____

_____

（2）大众奥迪使用了什么样的定价策略？阐明这一策略的优缺点。

_____

_____

_____

_____

【案例分析2】

红旗H9新品上市定价

红旗H9是2020年最重磅的一款车型。这款新车有着劳斯莱斯的外形气场，在人民大会堂首发，定位红旗的量产旗舰。而猜测红旗H9的价格，则成为汽车行业热议的焦点。红旗H9的定价将会很艰难，高低进退，都是大坑陷阱。如果定价高了，担心不被市场接受，如果销量贫乏中途降价，又会严重影响品牌形象；定价低了，又会降低品牌定位，并且对现有车型的价格体系形成干扰。

结合新产品定价理论，你认为H9上市应如何定价？

2. 知识实践

搜集汽车新产品上市定价成功的案例，制作 PPT，进行课堂汇报。

任务评价 ////

请对照任务考核工单 8.2 进行评价

任务考核工单 8.2

任务标准	分数/分	任务评价		
		学生自评	小组互评	教师评价
1. 案例分析 1（1）回答准确	20			
2. 案例分析 1（2）回答准确	20			
3. 案例分析 2 回答准确	20			
4. 知识实践 PPT 制作	20			
5. 知识实践 语言表达	20			
合计	100			

任务 8.2　汽车定价的目标、方法与策略

任务总结 ////

完成较好的方面：

有待改进的方面：

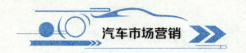

任务8.3 汽车价格变化及企业对策

日期：＿＿＿＿＿＿＿＿＿＿＿　小组组别：＿＿＿＿＿＿＿＿＿＿＿
小组成员：＿＿＿＿＿＿＿＿＿＿＿＿＿＿＿＿＿＿＿＿＿＿＿

任务下达

桐桐几个月前拿到了驾照，这段时间桐桐去看了几款比较中意的车型。当桐桐拿定了主意准备购买 A 车型时，从销售顾问那里得知由于芯片价格上涨 A 车型涨价了。桐桐很困惑，原本是想等价格降一些再买，怎么反倒涨价了呢？

工具准备

接入互联网的电脑。

任务准备

【引导问题1】企业提价需要注意哪些问题？
＿＿＿＿＿＿＿＿＿＿＿＿＿＿＿＿＿＿＿＿＿＿＿＿＿＿＿＿＿＿＿
＿＿＿＿＿＿＿＿＿＿＿＿＿＿＿＿＿＿＿＿＿＿＿＿＿＿＿＿＿＿＿
＿＿＿＿＿＿＿＿＿＿＿＿＿＿＿＿＿＿＿＿＿＿＿＿＿＿＿＿＿＿＿
＿＿＿＿＿＿＿＿＿＿＿＿＿＿＿＿＿＿＿＿＿＿＿＿＿＿＿＿＿＿＿

【引导问题2】企业降价的原因有哪些？
＿＿＿＿＿＿＿＿＿＿＿＿＿＿＿＿＿＿＿＿＿＿＿＿＿＿＿＿＿＿＿
＿＿＿＿＿＿＿＿＿＿＿＿＿＿＿＿＿＿＿＿＿＿＿＿＿＿＿＿＿＿＿
＿＿＿＿＿＿＿＿＿＿＿＿＿＿＿＿＿＿＿＿＿＿＿＿＿＿＿＿＿＿＿
＿＿＿＿＿＿＿＿＿＿＿＿＿＿＿＿＿＿＿＿＿＿＿＿＿＿＿＿＿＿＿

【引导问题3】为什么企业要把握降价的主动权？
＿＿＿＿＿＿＿＿＿＿＿＿＿＿＿＿＿＿＿＿＿＿＿＿＿＿＿＿＿＿＿
＿＿＿＿＿＿＿＿＿＿＿＿＿＿＿＿＿＿＿＿＿＿＿＿＿＿＿＿＿＿＿
＿＿＿＿＿＿＿＿＿＿＿＿＿＿＿＿＿＿＿＿＿＿＿＿＿＿＿＿＿＿＿
＿＿＿＿＿＿＿＿＿＿＿＿＿＿＿＿＿＿＿＿＿＿＿＿＿＿＿＿＿＿＿

【引导问题4】企业在主动调价前需要明确哪些问题？
＿＿＿＿＿＿＿＿＿＿＿＿＿＿＿＿＿＿＿＿＿＿＿＿＿＿＿＿＿＿＿

【引导问题5】面对竞争者调价，企业应如何做出反应？

任务实施 ////

阅读材料

汽车企业降价时机的选择

（1）在产品销售量增长时降价

这种策略的主要目的是主动出击，以价格换市场。厂商在一种产品销量增长时主动降价，在同样的市场环境下产品的销量一定增长；而当产品销量下滑时，厂商被动降价，产品的销量则不一定增长。2004 年 9 月的降价行动为北京现代进入汽车厂商中的第一阵营立下了汗马功劳。北京现代旗下全线产品平均降价 10%，其中伊兰特价格为 11.28 万～11.58 万元。这样，最低售价在 12 万元以下，由此冲破消费者的心理底线，以更低的售价、更高的性价比占据更多的市场份额。这种做法除了能抢到实惠之外，还能获得消费者良好的口碑，出乎竞争对手的意料，从而在争夺市场时比较容易占据主动。

（2）在竞争对手与其经销商签订大批销量合同时降价

当经销商与厂家签订完合同后，会形成大幅压货的情况，这时的汽车厂家一般是很难降价跟进的。因为按照厂家和经销商的汽车销售政策和合同，如果厂家在把汽车卖给经销商之后再调低汽车的市场指导价，厂家要赔偿旧价格与新价格的差额；如果合同另有约定，汽车厂家还需要另外向经销商支付违约金。如果厂家在此时降价，就意味着汽车厂家在约定的付款时段内不仅利润将大幅减少，同时还要向下游的经销商付款，这么多的付款额度，将让企业的财务不堪重负，难以承受。

（3）在竞争产品成长期降价

考虑在这个时机降价，一般来说，是因为可以通过降价遏制新的竞争车型成长。由于在成长期的车型，消费者对该车还处于一个认知过程，并没有完全接受并形成品牌忠诚度，这时的降价策略的实施就可以在一定程度上改变消费者行为。如果等到新车型成长起来、消费者认可之后再去降价拼抢，就很难遏制新车型的增长势头了。

另外，在企业选择降价时机时，还有一个重要问题是降价周期如何把握。如果降价周期太短，容易打击消费者的信心，反而造成新一轮的持币待购；降价周期太长，产品销量有可能受到更大的抑制，等于是把市场拱手让给了竞争对手，而且容易错失降价的最好时机。也就是说，企业在降价过程中要正确把握降价的周期。

（1）理解案例分析文字内容，并进行总结。

（2）查找企业实施降价策略成功和不成功的案例，制作 PPT，进行课堂汇报。

任务评价

请对照任务考核工单 8.3 进行评价

任务考核工单 8.3

任务标准	分数/分	任务评价		
		学生自评	小组互评	教师评价
1. 案例分析（1）总结到位	20			
2. 案例分析（2）案例选取得当	30			
3. PPT 制作	30			
4. 语言表达	20			
合计	100			

任务 8.3　汽车价格变化及企业对策

任务总结

完成较好的方面：

有待改进的方面：

任务 9

汽车分销策略

任务9.1 分销渠道理论

日期：_____   小组组别：_____

小组成员：_____

任务下达 ////

桐桐作为一名汽车销售人员，从事分销渠道工作。但是，桐桐并不了解分销渠道作为市场营销非常重要的一个环节具体包括哪些工作，桐桐需要系统地学习分销渠道理论。

工具准备 ////

接入互联网的电脑。

任务准备 ////

【引导问题1】分销渠道的特点。

_____

_____

_____

【引导问题2】分销渠道的功能。

_____

_____

_____

_____

任务实施 ////

案例分析

李书福淘宝商城卖汽车，大宗消费品进入网购时代

吉利上淘宝商城卖汽车，这应该算是继2010年3月吉利汽车以18亿美金收购沃尔沃后，第二次爆出的大新闻。2010年12月6日，吉利汽车正式进驻淘宝商城开启旗舰店，成为淘宝商城中的首家汽车销售企业。此次开设旗舰店的品牌为新吉利旗下三大品牌之一——全球鹰。在运营初期，吉利将采取网络4S店销售与线下4S店体验及售后服务相结合的方式进行网上销售。网购成为主流生活方式，作为大宗消费品的汽车也开始进入网购

时代。

据吉利集团副总裁刘金良介绍，吉利此次推出的网络专供款只能在网上购买。消费者可以在网上支付保证金购车，也可以分期付款或者支付全款买车。提车和售后服务在实体店完成。

淘宝网副总裁叶朋认为，随着电子商务的成熟和网络人群消费的多样化，汽车销售必然会进行渠道创新，网络人群将成为汽车市场新焦点。

来自淘宝网的数据显示，超过90%的消费者会在购车前通过网络搜集信息并进行比较。

"目前购车需求旺盛的人群多为20～35岁的年轻人，这和淘宝网购用户的年龄层重合度非常高。"叶朋说，这让淘宝看到了电子商务与传统汽车销售融合的契机。

据介绍，吉利网上卖车将主打网络专供产品，与4S店实现差异互补。为此，吉利方面从2009年开始加大研发力度，打造合适的网络专供款车型，以满足网购群体的个性化需求。

业内人士认为，传统品牌针对网购消费者推出专门产品已经成为风潮。仅在淘宝商城，目前已有两万多款来自各个行业品牌厂商的网店专供产品，包括服装、笔记本电脑等。对于拥有超过4.5亿网民、1.4亿网购消费者的中国而言，通过电子商务推行个性化定制或将挖掘出新的内需。从长远来看，跟其他行业正在发生的颠覆一样，传统的汽车销售模式将因电子商务而发生颠覆性的变化。

（1）作为一个未来的汽车销售的从业者和汽车产品的购买者，你如何看待汽车产品网上销售？

_____

_____

_____

_____

_____

（2）网络检索其他品牌汽车的网络销售情况，制作PPT，进行课堂汇报。

_____

_____

_____

_____

_____

任务评价

请对照任务考核工单9.1进行评价

任务考核工单9.1

任务9.1　分销渠道理论				
任务标准	分数/分	任务评价		
		学生自评	小组互评	教师评价
1. 案例分析（1）回答全面、准确	50			
2. 案例分析（2）PPT 制作	30			
3. 案例分析（2）语言表达	20			
合计	100			

任务总结

完成较好的方面：

_____

有待改进的方面：

_____

任务9.2 汽车分销渠道的设计、组织与管理

日期：_____ 小组组别：_____
小组成员：_____

任务下达

桐桐发现有的汽车品牌在当地仅有一家经销店，有的品牌则有几家经销店，而且，这几个店销售的车型很多情况下还是有差别的，这是为什么呢？桐桐发现需要学习的东西太多了，桐桐决定利用闲暇时间多探访不同的品牌经销店，更为深入地学习汽车渠道知识。

工具准备

接入互联网的电脑。

任务准备

【引导问题1】影响分销渠道设计的因素有哪些？

_____
_____
_____
_____

【引导问题2】理解渠道长度。

_____
_____
_____
_____
_____

【引导问题3】理解渠道宽度。

_____
_____
_____
_____

【引导问题4】渠道冲突与渠道冲突的管理。

_____
_____

_____

_____

_____

任务实施 ▰▰▰

1. 案例分析

宝马汽车的良好分销渠道

同那些驰名世界的老牌汽车公司相比，BMW（宝马）公司不算大，然而，由于 BMW 公司在产品制造上坚持创新和个性多样化的方针，同时 BMW 公司拥有庞大的分销网络和对中间商的良好管理，使宝马车在日新月异的汽车市场竞争中，总是别具一格，引导产品新潮流。

BMW 公司在世界各地有 16 个大型销售网络和无数的销售商，BMW 公司 90% 的新产品是通过这些网络和中间商推向市场的。有人估算过，全世界每天平均有数以万计的人同宝马公司销售网络的成员进行联系、洽谈。BMW 公司通过它的这些销售渠道同客户建立起密切的联系，并随时掌握市场消费心理和需求变化。

BMW 公司十分重视营销渠道的建设和管理。它的决策者们特别清醒地认识到，无论宝马车的质量多么优良，性能多么先进，造型多么优美，没有高效、得力的销售渠道，产品就不会打入国际市场，就不可能在强手如林的竞争中站稳脚跟。因此，BMW 公司从来都不惜巨资地在它认定的目标市场建立销售网点或代理机构，发展销售人员，并对销售商进行培训。

在 BMW 公司的经营战略中，"用户意识"这一概念贯穿始终。同样，在销售环节，BMW 公司严格要求它的销售人员和中间商牢固地树立为用户服务的思想，因为他们直接同用户接触，代表着 BMW 公司的形象。所以，BMW 公司对销售商的遴选十分严格，实行优胜劣汰的办法选择良好得力的合作伙伴。

BMW 公司遴选中间商的标准首先是了解其背景、资金和信用情况。其次便是该中间商的经营水平和业务能力，具体包括以下几方面。

1. 中间商的市场经验和市场反馈能力

BMW 公司要求它的中间商必须有很好的推销能力。它认为中间商只有通晓市场销售业务，具有丰富的市场经验，才可能扩大 BMW 车的销售量。同时，中间商的市场信息搜集能力，对于 BMW 公司改进产品的设计和生产至关重要。例如，BMW 公司根据中间商的信息反馈，特别制作和安装了保护汽车后座乘客的安全系统，受到消费者的欢迎。

2. 中间商提供服务的能力

BMW 公司需要通过中间商向用户提供售前与售后服务，如对于汽车的性能、成本、保险、维修，甚至车用移动电话等细节问题，中间商都必须能够提供深入细致的咨询和服务。为此，BMW 公司在美洲、亚洲等地都有培训点，对中间商的特殊服务和全面服务能力进行培训。

3. 中间商的经营设施

中间商所处的地点是否适中，是否拥有现代化的运输工具和储存设施，有无样品陈列

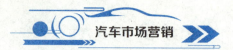
设施等，均是 BMW 公司在遴选中间商时要考虑的重要因素。

BMW 公司在对营销渠道的管理上也极具特色。BMW 公司设有专门负责中间商管理的机构，经常进行监督管理。要评估中间商的业绩好坏，涉及他们的推销方面的努力程度、市场信息的搜集和反馈能力，对用户售前与售后服务的态度和效果等。BMW 公司还经常走访用户或问卷调查，以了解用户对销售商的评价。

在 BMW 公司进行的大规模问卷调查中，参加调查的用户对 BMW 公司的销售商的评价普遍很好。因此，尽管 BMW 公司在与中间商签订的合同中已有奖励条款，但 BMW 公司对于受到用户赞扬的销售商仍然予以重奖。这样做的结果，使销售商更加起劲地帮助 BMW 公司扩大影响，促进宝马车不断提高质量，真正起到 BMW 公司与用户间的桥梁作用。当然，对于受到用户不满和批评的 BMW 公司产品销售商，经过核查属实后，BMW 公司坚决解除合同，另选销售商。BMW 公司的这些做法，从一个侧面说明了它对销售渠道管理的严格和对"用户意识"的重视程度。

此外，BMW 公司还大力发展销售信息交换系统，这对于现代国际企业应对日趋激烈的市场竞争是不可缺少的。这可以使销售商之间，他们与销售网、生产厂家的信息交流快捷、方便，而用户的一些临时要求也能最大限度地得到满足。

BMW 公司生产汽车的历史仅有 60 多年，但它的汽车同雍容华贵、硕大威武的奔驰、劳斯莱斯、凯迪拉克一样驰名世界，成为现代汽车家族中的佼佼者；而它的销售网络和广大销售商本着"用户第一"的宗旨所提供的优质服务，更是得到用户的交口称赞，连 BMW 公司的竞争对手对此也是钦佩不已。

阅读此案例，总结宝马渠道管理的成功之处。

_____

_____

_____

_____

2. 阅读材料

窜货是指经销商置经销协议和制造商长期利益于不顾，进行产品跨地区降价销售。窜货是商业行为，其目的是获利。

一、窜货的类型

窜货类型的划分有多种方法，按窜货的性质可划分为以下几种：

（1）恶性窜货：经销商为了牟取非正常利润，蓄意向非辖区倾销货物。

（2）自然性窜货：一般发生在辖区临界处或物流过程中，非供销商恶意所为。

（3）良性窜货：经销商流通性很强，货物经常流向非目标市场。

按窜货的区域，窜货可分为以下几种：

（1）同一市场内部的窜货：甲乙互相倒货。

（2）不同市场之间的窜货：两个同一级别的总经销之间相互倒货。

（3）交叉市场之间的窜货：经销区域重叠。

二、形成窜货的原因

窜货可能是由以下原因造成的：

（1）多拿回扣，抢占市场。

（2）供货商给予中间商的优惠政策不同。

（3）供应商对中间商的销货情况把握不准。

（4）辖区销货不畅，造成积压，厂家又不予退货，经销商只好拿到畅销市场销售。

（5）运输成本不同，自己提货，成本较低，有窜货空间。

（6）厂家规定的销售任务过高，迫使经销商去窜货。

（7）市场报复，目的是恶意破坏对方市场。

三、解决窜货问题的办法

发生窜货需要具备三个条件：窜货主体、环境、诱因。所以，要想从根源上解决窜货问题，就必须从这三点入手。

1. 选择好经销商

在制定、调整和执行招商策略时，要明确的原则就是避免窜货主体出现或增加。要求企业合理制定并详细考察经销商的资信和职业操守，除了从经销商的规模、销售体系、发展历史考察外，还要考察经销商的品德和财务状况，防止有窜货记录的经销商混入销售渠道。对于新经销商，企业不是太了解他们的情况，一定做到款到发货。宁可牺牲部分市场，也不能赊销产品，防止某些职业道德差的经销商挟持货款进行窜货。此外，企业一定不能让经销商给市场拓展人员发工资，企业独立承担渠道拓展人员的工资。

2. 创造良好的销售环境

（1）制订科学的销售计划。企业应建立一套市场调查预测系统，通过准确的市场调研，搜集尽可能多的市场信息，建立起市场信息数据库，然后通过合理的推算，估算出各个区域市场的未来进货量区间，制定出合理的任务量。一旦个别区域市场进货情况发生暴涨或暴跌，超出了企业的估算范围，就可初步判定该市场存在问题，企业就可马上对此做出反应。

（2）合理划分销售区域。合理划分销售区域，保持每一个经销区域经销商密度合理，防止整体竞争激烈，产品供过于求，引起窜货；保持经销区域布局合理，避免经销区域重合，部分区域竞争激烈而向其他区域窜货；保持经销区域均衡，按不同实力规模划分经销区域、下派销售任务。对于新经销商，要不断考察和调整，防止对其片面判断。

3. 制定完善的销售政策

（1）完善价格政策。许多厂家在制定价格政策时由于考虑不周，隐藏了许多可导致窜货的隐患。企业的价格政策不仅要考虑出厂价，而且要考虑一批出手价、二批出手价、终端出手价。每一级别的利润设置不可过高，也不可过低。过高容易引发降价竞争，造成倒货；过低调动不了经销商的积极性。价格政策还要考虑今后的价格调整，如果一次就将价格定死了，没有调整的空间，对于今后的市场运作极其不利。在制定了价格以后，企业还要监控价格体系的执行情况，并制定对违反价格政策现象的处理办法。企业有一个完善的价格政策体系，经销商就无空可钻。

（2）完善促销政策。企业面对销不动的局面，常常是促销一次，价格下降一次。这就表明企业制定的促销政策存在着不完善的地方。完善的促销政策应当考虑合理的促销目标、适度的奖励措施、严格的兑奖措施和市场监控。

（3）完善专营权政策。在区域专营权政策的制定上，关键是法律手续的完备与否。企业在制定专营权政策时，要对跨区域销售问题做出明确的规定：什么样的行为应受什么样的政策约束，使其产生法律约束力。此外，还应完善返利政策。完善的营销政策可以从根本上杜绝窜货现象。

阅读文字材料，总结窜货的类型、原因和管理办法。

_____

_____

_____

_____

_____

任务评价

请对照任务考核工单9.2进行评价

任务考核工单9.2

任务9.2　汽车分销渠道的设计、组织与管理				
任务标准	分数/分	任务评价		
		学生自评	小组互评	教师评价
1. 案例分析 总结全面、准确	50			
2. 阅读材料 总结全面、准确	50			
合计	100			

任务总结

完成较好的方面：

_____

_____

_____

_____

_____

有待改进的方面：

_____

_____

_____

_____

_____

任务9.3 汽车销售方式

日期：_____ 小组组别：_____
小组成员：_____

任务下达 ////

桐桐逛了当地的一些4S店，最终选定了A款车。无意中发现这款车在网上商城的旗舰店也在售卖，价格还低一些。习惯了网上购物的桐桐想，这车要不要在网上买呢？桐桐有些犹豫，她决定全面了解下汽车销售的各种方式。

工具准备 ////

接入互联网的电脑。

任务准备 ////

【引导问题1】汽车销售方式有哪些？

_____
_____
_____

【引导问题2】品牌专卖制有哪些优势和问题？

_____
_____
_____

【引导问题3】汽车网络销售的一般流程是什么？

_____
_____
_____
_____

任务实施

1. 案例分析

【案例分析1】

特斯拉直销模式触动经销商利益遭起诉

俄亥俄州汽车经销商声称，特斯拉违反了俄亥俄州法律，因为特斯拉"没有提供一份与汽车制造商关于销售汽车的合同"，有关它的许可是错误的，应该被取消。因此，俄亥俄州汽车经销商协会携当地5家主要汽车经销商，向俄亥俄州富兰克林县民事诉讼法院递交诉状，将特斯拉公司、俄亥俄州公共安全部、俄亥俄州机动车辆管理局告上了法庭。

在美国，根据特许经营法的要求，几乎所有的汽车销售都要通过经销商来完成。美国汽车经销商协会（NADA）称："美国有48个州拥有特许经营法，各州具体条款有所不同，但都禁止或严格限制汽车制造商直接向终端消费者销售汽车。"该法律在20世纪初制定的初衷是保护汽车经销商的权益，防止汽车制造商的垄断行为。如今，它却成了汽车经销商阻止汽车直销的利器。

作为新兴的电动汽车制造商，特斯拉没有采取传统的特许经营模式，而是复制了"苹果"的直销模式，这就触犯了各州汽车经销商的利益，引起"众怒"。汽车经销商不愿意看到特斯拉开启直销先例，以免影响自身利益，而庞大的经销商网络提供的税收及就业机会也使得州政府不敢轻易允许直销。除了少量没有出台特许经营法的州（例如加州）以外，特斯拉在其他州都多多少少遇到了一些阻碍，俄亥俄州就是其中一例。

这并不是特斯拉与俄亥俄州汽车经销商的第一次冲突。本月初，特斯拉决定在俄亥俄州开设直销店，这一举措引起了该州汽车经销商的不满。在经销商的支持下，一份针对特斯拉的提案被递到了俄亥俄州议会的案头，该提案禁止特斯拉在俄亥俄州开设直销店和服务中心。

幸运的是，得益于特斯拉强大的公关能力，该提案没有获得通过。于是，汽车经销商想出了新主意：通过起诉来禁止特斯拉在俄亥俄州销售汽车。

对此，特斯拉在一份声明中称："这种琐碎的诉讼是在浪费纳税人的钱，不能代表俄亥俄州消费者或居民的意见。相反，它们扼杀创新，损害经济，站在了自由市场的对立面。"特斯拉监管事务副总裁及首席顾问詹姆斯·陈表示："这与我们在其他州受到的来自经销商的欺凌一样。这些经销商，当他们在公共舆论、媒体、议会面前没占到便宜后，他们就会去法院。"特斯拉拥有自己的网上销售系统，并一直声称，纯电动车不能由传统经销商来销售。特斯拉CEO伊隆·马斯克表示："我们的直销模式与传统车的特许经营模式并不冲突，电动汽车不能与传统车放在一起卖，电动汽车的受众群体是少数人。经销商的绝大多数利益来自传统车，他们不太可能以削弱传统车业务为代价来向人们积极推广电动汽车。"负责商务拓展的特斯拉副总裁迪尔来德·康奈尔也说道："我们正在引导一种新颖的、创新的技术，这需要大量的消费者的支持。"

阅读此案例，评价特斯拉的直销模式。

_____

_____

_____

_____

_____

_____

【案例分析2】

奇瑞汽车销售渠道策略

在奇瑞公司十几年的发展历程中，根据企业实际的发展情况和市场形势，奇瑞公司由4S渠道模式先后进行了分网销售、直营店销售和汽车城等创新。

一、4S渠道模式

奇瑞公司从成立之初就开始采用4S渠道模式。但是，2004年年底渠道中出现了严重冲突，此后，奇瑞公司按照分销模式建立了专卖店。但奇瑞公司的专卖店有三种形式：有"四位一体"的4S店，有做销售功能的3S店、有专做售后服务的1S店。奇瑞公司的该分销模式主要是按国内合资厂家模式建立起来的，但由于奇瑞公司和这些合资公司在市场上存在明显不同的特点，如企业经营管理能力、经销商实力、市场环境等因素不同，所以在实行相同的专卖店分销模式时却出现不同的市场反应。2004年，全国汽车行业整体增幅较大，但是奇瑞的销量却大幅下降。

随着奇瑞公司的不断发展，4S渠道模式运作一段时间以后，奇瑞公司渠道中逐步出现了以下一些问题：

1. 经销商不愿意开发周边市场，也不愿意采取任何市场推广，经销商没有开发市场的积极性。

2. 在一个城市中同一车型有多个经销商，相互之间以价格战的形式进行恶性竞争，这极大地影响了奇瑞品牌战略的实施。

3. 有一部分经销商伴随着奇瑞公司的发展而逐步发展壮大，但后来由于竞争激烈，它们中的相当一部分奇瑞汽车的经销商开始兼营其他品牌，甚至有的经销商脱离了奇瑞公司而加入其他品牌的行列。

二、分网销售渠道模式

从2005年1月开始，奇瑞公司着手对销售渠道进行重大调整，重点推行了分网销售和品牌专营制度。奇瑞公司进行分网时采取的主要措施有：

1. 奇瑞公司将现有车型划分为S系列（QQ）、A系列（风云和旗云）、B系列（东方之子）、T系列（瑞虎）四大系列。将这些车型分成两张网：一张网销售ST系列车，也就是QQ与瑞虎这两款车放在同一个经销店里销售；另一张网销AB系列车，主要是东方之子和风云这两款车型。

2. 奇瑞公司分配品牌的依据是经销商的实力。具体方法就是通过竞标方式，经销商上报自己期望销售的车型、目标销售量，随后厂家进行分配。

3. 减少销售网络中一级成员的数量，增加市场覆盖面。要求每一个区域只容许一家销售AB系列车的一级经销商和一家销售ST系列车的一级经销商，所以每个区域最多只有2家一级经销商。如果一个地区只有一家奇瑞的4S店，那么它可以销售奇瑞的所有车型。如果某个区域内没有奇瑞一级经销商，其他区域的销售商可以在那里建店。

4. 在实行专卖店的基础上，建立二级代理销售制。奇瑞公司所有的一级经销商都必须互为二级代理。对于经销商而言，作为一级经销商和二级经销商的最大不同就是奖励方式。一级经销商在销售自身代理的车型时，可按双方拟定条款进行阶梯式返利；但作为二级代理商销售车辆，仅能获取销售奖励提成，其销售业绩将被计入该车型一级代理商名下。一级经销商享受到的是奇瑞公司的统一销售政策，二级经销商则根据自身的销量和能力受到一级经销商的管理。

5. 在分网销售的基础上建立了一系列严格的规章管理制度。为了保证分网销售取得成功，奇瑞公司实行了一些市场网络管理、经销商管理和服务支持的措施。分网销售使得奇瑞公司渠道系统得到了进一步的优化。由于分网销售，奇瑞公司具备了在同一地区选择不同销售平台的机会，授权经销商范围的扩大保证了奇瑞公司的运行效率。

三、直营店销售方式

2005 年，奇瑞公司在销售欠佳的广州建立了第一个厂家直营店，之后由于广州市场表现提升比较快，奇瑞公司很快就把直营店转给当地的经销商来运营。作为市场推动的一种方式，直营店存在的时间并不长。2007 年 7 月，为了更好地推动浙江市场的发展，奇瑞在杭州建立了第二家直营店。这个直营店经营的效果非常好，不仅直接带来销量的增长，还大大提高了当地经销商的积极性，为当地市场注入了极大的活力。后来又由于 2006 年江苏市场上奇瑞车型的销售达不到奇瑞公司全国的年平均增长水平，于是 2007 年 10 月奇瑞公司在南京的直营店开业。奇瑞公司除了重资营建南京直营店，还抽调优秀的销售人员给予支持。南京直营店对当地市场起到了很好的推动作用。在表现欠佳的市场，奇瑞公司采用这种直营店来帮助当地经销商进行市场开拓，因此直营店是其他渠道模式重要的补充形式。

四、汽车城渠道模式

2007 年年初，作为对分网渠道模式的补充，奇瑞公司推出了另一创新的渠道模式，提出了建立超级 4S 店集群的“纵横中国”计划。这是在中国首次出现的单品牌汽车城，奇瑞公司计划于 2007 年在全国共规划 20 个汽车城。经销商只要有一张独立营业执照、一个独立 4S 店、一个独立的组织机构、一笔独立且封闭的运营资金就可以申报奇瑞汽车城，不受一个企业只能代理一个事业部产品的政策影响。这种设置若干个经销不同奇瑞产品的销售大厅，配备统一的服务及配套设施，成为“品”字布局的奇瑞汽车城。奇瑞汽车城的功能在 4S 店功能外继续向外延伸，为用户提供保险、上牌、客户联谊等“一站式”的附加服务。之所以叫作“纵横中国”，是因为从地理方位上，奇瑞公司在整个中国市场进行了新一轮的营销版图布局：纵线是指北起哈尔滨，通过长春、沈阳，沿 102 国道线到达北京，再沿着 107 国道南至深圳、东莞、广州。横线则是东始上海，向西延伸，顺着 312 国道一直到达乌鲁木齐。2007 年 4 月，奇瑞公司第一个中国汽车城在西安开业；5 月，北京、上海的两个汽车城同时开业；随后其他的汽车城陆续建立起来。

结合本任务所学理论知识，阅读文字资料，谈谈你的体会和感受。

2. 知识实践

调查学生所在地区某一汽车品牌的销售渠道情况，制作 PPT，进行课堂汇报。
要求：数据可为二手资料，但鼓励学生通过直接拜访、问卷调查等方式获取
一手资料。

任务评价 ////

请对照任务考核工单 9.3 进行评价

任务考核工单 9.3

任务标准	分数/分	任务评价		
		学生自评	小组互评	教师评价
1. 案例分析 1 评价客观、条理清晰	40			
2. 案例分析 2 总结全面	20			
3. 知识实践 PPT 制作	20			
4. 知识实践 语言表达	20			
合计	100			

任务 9.3　汽车销售方式

任务总结 ////

完成较好的方面：

有待改进的方面：

_____

_____

_____

_____

_____

_____

汽车促销策略

任务10.1 促销策略概述

日期：_____ 小组组别：_____

小组成员：_____

任务下达 ///

桐桐知道营销组合最为经典的4P理论，前面已经学习了产品策略、价格策略、渠道策略，今天就要开始学习最后一个P——促销策略。想到《汽车市场营销》这本书即将学完，桐桐还真是有些小兴奋。

工具准备 ///

接入互联网的电脑。

任务准备 ///

【引导问题1】促销的定义和作用。

_____

_____

_____

_____

【引导问题2】推式策略和拉式策略。

_____

_____

_____

_____

【引导问题3】影响促销组合的因素有哪些？

_____

_____

_____

_____

任务实施

知识拓展

整合营销沟通（Integrated Marketing Communications，IMC），指公司整合各种沟通渠道，传播关于组织及其品牌的清晰、一致和有说服力的信息。整合营销是以消费者为核心，综合营销过程中的各种利害关系体，整合各种营销工具，以统一的目标和统一的传播形象，传播一致的产品信息，从而使营销作用长期化、最大化。

（1）网上搜索整合营销成功的案例，制作 PPT，进行课堂汇报。

_____

_____

_____

_____

（2）网上搜索较新的营销理论，制作 PPT，进行课堂汇报。

_____

_____

_____

_____

任务评价

请对照任务考核工单 10.1 进行评价

任务考核工单 10.1

任务 10.1 促销策略概述				
任务标准	分数/分	任务评价		
		学生自评	小组互评	教师评价
1. 知识拓展（1）PPT 制作	30			
2. 知识拓展（1）语言表达	20			
3. 知识拓展（2）PPT 制作	30			
4. 知识拓展（2）语言表达	20			
合计	100			

任务总结

完成较好的方面：

_____

_____

_____

有待改进的方面：

任务10.2 促销组合认知

日期：_____ 小组组别：_____

小组成员：_____

任务下达

通过上一个任务的学习，桐桐知道了常规的汽车促销组合有人员推销、广告、公共关系、营业推广4种方式，在本任务中桐桐将系统学习这4种促销方式。

工具准备

接入互联网的电脑。

任务准备

【引导问题1】人员推销的概念、特点、步骤。

_____

_____

_____

_____

【引导问题2】广告的作用、策划程序、广告媒体的特点及选择。

_____

_____

_____

_____

_____

【引导问题3】公共关系的特征及公共关系活动的方式。

_____

_____

_____

_____

【引导问题4】营业推广的特征及营业推广的方式。

_____

_____

_____

任务实施 ◢◢◢◢

1. 知识拓展

推销方格理论，由布莱克与蒙顿教授提出。他们根据推销员在推销过程中对买卖成败及与顾客的沟通重视程度之间的差别，将推销员在推销中对待顾客与销售活动的心态划分为不同类型。将这些划分表现在平面直角坐标系中，即形成了推销方格。推销方格中显示了由于推销员对顾客与销售关心的不同程度而形成的不同的心理状态。

推销方格中横坐标表明推销人员对销售的关心程度，纵坐标表示对顾客的关心程度。坐标值越大，表示关心程度越高。图中各个交点代表着不同的推销心态，侧重标明了具有代表性的5种基本心态。

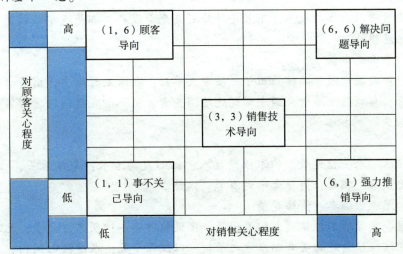

（1，1）事不关己型：要买就买，不买拉倒。推销员无明确工作目的，缺乏强烈的成就感，对顾客实际需要漠不关心，对公司业绩也不在乎。

（1，6）顾客导向型：只知道关心顾客，不关心销售，十分重视推销工作中的人际关系，自认为是顾客的好朋友。处处顺应顾客的心意，与顾客保持良好的主顾关系。他们把建立和保持良好的人际关系作为自己推销工作的首要目标，为达此目标，可以不考虑推销工作本身的效果。

（6，1）强力推销型：只关心推销效果，不管顾客的实际需要和购买心理。

（3，3）推销技术型：既不一味取悦于顾客，也不一味强行推销于顾客，往往采用一种比较可行的推销战术，稳扎稳打，力求成交。他们十分注重顾客的购买心理，但可能忽略顾客的实际需求。常常费尽心机，说服顾客高高兴兴购买了一些不该买的东西。

（6，6）解决问题型：既了解自己，也了解顾客，既知道所推销的东西有何用途，也知道顾客到底需要什么样的东西；既工作积极主动，又不强加于人。善于研究顾客心理，发现顾客真实需求，把握顾客问题，然后展开有针对性的推销，利用所推销的产品，帮助顾客解决问题，消除烦恼。同时，自己也完成任务。

美国《训练与发展》专刊报道，在推销业绩上，（6，6）型推销员比（3，3）型高3

倍，比（6，1）型高75倍，比（1，6）型高9倍，比（1，1）型高75倍。

结合文字内容，作为营销从业者，你应当如何从事汽车营销工作？

_____

_____

_____

_____

_____

_____

2. 案例分析

奇妙的促销方式可以取得意想不到的效果，这种模式的营销比单纯打广告、降价更能吸引消费者的目光。

强硬派

特点：此派惯以价格打天下，不管是降价还是免费服务，都是汽车经销商变着法子想出来的价格优惠措施。

代表作：降价退车款

招数详解：某国产汽车品牌推出了一项重大举措：在限定时间内，消费者购买的新车如果发生降价，车商将把降价金额全部退还给消费者，从而彻底打消消费者害怕因车市降价而带来"损失"的担心。

婉约派

特点：此派不求一招见效，但求以情动人，细心是其专长：先试后买、办车友之家、宣扬汽车文化，每一招都让消费者感到温馨、体贴。

代表作：无理由退车、价格竞猜

招数详解：某品牌车经销商大胆甩出了一张促销牌——"买东方之子，无理由退车"。只要消费者在该经销商处购买奇瑞东方之子，可以试开十天，在这段时间内，消费者如果对该车的品质有任何不满意，即可提出退车要求。

在新车公布价格上市之前，一些车商会发动潜在客户参与有奖竞猜车价，谁预估的价格最接近实际定价，谁就能获得丰厚的大奖，以此来为新车造势。

文化派

特点：用传统文化衬托汽车包含的现代文明创意，但效果能否充分体现需要看目标群体的修养和品位。

代表作：汽车主题文化活动

招数详解：南方某汽车经销商，就曾在某高档楼盘，举行名为"黑白感悟"的主题文化展示。当时，车商调集了一批黑色和白色的不同车型，并配以古色古香的中国书法展。白色的宣纸和黑色的墨字，白色的家用车和黑色的豪华车相映成趣。

创意派

特点：秒杀颠覆了传统经济规则，依托网络平台，肆意吸引着买家的眼球，堪称网络奇迹。

代表作：1元钱秒杀酷熊

招数详解：2009年12月31日，长城汽车联手淘宝网，开展秒杀价值6.39万元的长城酷熊活动。规则介绍：秒友们必须事先填写并提交专属个人信息，并且拥有驾照2年以上，只有具备这些条件才能参与秒杀。最快拍下并成功付款的秒友即可获得酷熊多功能家庭车3年的使用权。主办方会在秒杀结束后按付款时间依次筛查，直到筛查到符合规定的秒杀者才算成功。没有秒杀成功但已付款的网友，秒杀金额将如数返还。

（1）评价以上几种促销方式。

_____
_____
_____
_____
_____

（2）评说你所知道的出奇制胜的汽车促销实例，制作PPT，进行课堂汇报。

_____
_____
_____
_____
_____
_____

任务评价 ///

请对照任务考核工单10.2进行评价

任务考核工单10.2

任务标准	分数/分	任务评价		
		学生自评	小组互评	教师评价
1. 知识拓展 观点正确、回答全面	30			
2. 案例分析（1）分析到位	30			
3. 案例分析（2）PPT制作	20			
4. 案例分析（2）语言表达	20			
合计	100			

任务10.2 促销组合认知

任务总结 ///

完成较好的方面：

_____
_____
_____
_____

有待改进的方面：

_____

_____

_____

_____

_____

任务10.3 汽车营销策划

日期：_____ 小组组别：_____
小组成员：_____

任务下达 ///

现在汽车市场的竞争非常激烈，经销店的促销活动除了降价吸引力大，其他的活动好像都收效甚微。好的汽车促销策划应该是什么样的呢？桐桐决定好好学习下汽车促销策划相关的理论知识，希望对未来的工作有所帮助。

工具准备 ///

接入互联网的电脑。

任务准备 ///

【引导问题1】汽车营销策划广义和狭义的定义。

_____
_____
_____
_____
_____

【引导问题2】编制营销策划书的原则。

_____
_____
_____
_____

【引导问题3】汽车促销策划的步骤。

_____
_____
_____
_____
_____

任务实施

知识实践

撰写促销活动策划方案，制作PPT，进行课堂汇报。

背景："十一黄金周"即将到来，对某一车型进行促销，因为这款车目前库存量太大。

_____

_____

_____

_____

任务评价

请对照任务考核工单 10.3 进行评价

任务考核工单 10.3

任务 10.3　汽车营销策划				
任务标准	分数/分	任务评价		
		学生自评	小组互评	教师评价
1. 策划方案考核（层次清楚、重点突出、便于操作、创意新颖、广受认可）	40			
2. PPT 制作	20			
3. 语言表达	20			
4. 团队合作	15			
5. 时间控制	5			
合计	100			

任务总结

完成较好的方面：

_____

_____

_____

有待改进的方面：

_____

_____

_____

_____